우리 영토 이야기

우리 영토 이야기

정희철 지음

한국인문진흥원

머리말

'우리 영토 이야기'는 우리의 시간과 공간에 대한 이야기이다.

시간과 공간으로 이루어진 광활한 세상에서 현재는 가상의 시점에 불과하다. 현재는 과거와 미래를 연결할 뿐, 실제 존재하지 않는다. 현재가 중요할 뿐 어차피 과거는 지나간 것이라는 주장은 유감스럽게도 과거가 투영된 허상을 진짜로 착각하여 오류를 범한 것이다.

미래는 무한히 기약되어 있을 것 같지만 과거 역시 끝없이 확장된다. '현재'라고 말을 내뱉는 순간 그 '현재'는 이미 과거가 된다. 이와 같은 무한한 과거의 확장성은 자칫 미래에 대한 기약을 무의미하게 만들 수 있다.

그래서 역사가 필요하다. 역사란 시간과 공간이 만났다 헤어지기를 반복하는 무대에서 우리 역사주체가 행한 유의미한 활동을 '현재'라는 기준시점에서 조명하고 정의하는 작업이다. 역사는 과거를 규명하여 현재를 확인하고 우리에게 미래에 대한 희망을 제공한다. 어쩌면 우리의 삶이란 부단히 과거를 찾고 만들어 내는 작업의 연속이며, 누구라도 '현재'의 시점에서 이러한 역사작업을 게을리 한다면, 암울하게 확장된 과거의 제물이 되고 말 것이다.

사실 우리 대한민국의 현재 모습은 과거가 투영된 것이고, 앞으로 대한민국이 나아갈 방향 역시 우리가 과거를 얼마나 찾아내고 이를 어떻게 조명하는지에 달려있다고 해도 과언이 아니다.

그렇다면 과연 대한민국은 언제 건국되었는가? 우리 민족은 이미 대한제국이 끝나는 날이 곧 대한민국이 시작된 날이라고 밝힌 바 있다. 대한민국은 1910년 8월 29일 성립된 것이고 그렇다면 일제의 침략에 맞서 특히 드넓은 만주 벌판을 누비며 펼친 투쟁은 모두 '대한민국의 전쟁'이며, 그 역사의 무대는 바로 우리의 영토가 된다.

그런데, 1919년 대한민국이 건국되었다는 주장이 있다. 이 주장은 10년간의 총독부 정권을 인정하는 것으로 역사에 대한 무지에서 비롯된 것이다. 나아가 1948년 대한민국이 건국되었다는 황당한 주장도 있는데, 이야말로 역사적 자해이다. 일제가 설정해 놓은 이념의 굴레에 갇힌 나머지, 제 스스로도 그 주장의 유의성을 인식하지 못한다. 이들 두 주장은 모두 대한민국의 건국과 정부(또는 임시정부)의 수립을 혼동하여 현재 대한민국의 정체성을 왜곡시키고 있다는 공통점을 갖고 있다. 우리 현대사의 많은 질곡과 시련이 바로 여기서 출발한다. 이처럼 과거를 몰각한다면 현재를 제대로 알 수 없으며, 미래에 대한 희망 따위도 기대할 수 없다.

'과거'는 '현재'를 잉태한 어머니이며, 우리 역사는 우리의 젖줄이자 힘의 원천이다. 오늘날 우리가 역사적 시련에 부딪혀 괴로운 지경이라면, 마치 아이가 뒤돌아 엄마 품에 안기듯이 잠시 진정한 역사를 찾아 달려가 보자.

우리 영토 이야기는 그 길을 제시하고 있다. 이 책을 통하여 우리 영토가 어떻게 변천해 왔는지를 확인하고 우리의 참모습을 찾기 바란다.

2020년 7월 22일
저자 정희철 씀

우리 영토 이야기
CONTENTS

제1부 한반도와 우리 영토의 비밀 ········· 11
   1. 우리의 헌법과 영토 프레임 ········· 13
   2. 대한민국의 건국과 식민사관 ········· 16
   3. 각인되는 반도 삼천리 ········· 20
   4. 한반도와 4천리 영토의 비밀 ········· 24

제2부 분단과 만주의 운명 ········· 27
   1. 할힌골 전투와 하얼빈 대전투 ········· 29
   2. 만주는 잊혀져 가고… ········· 36
   3. 친일파들의 한반도 ········· 45
   4. '북·소 평양협약'의 비밀 ········· 53
   5. 동상이몽 ········· 58
   6. 만주를 건 도박, 6·25 ········· 60
   7. 항미원조와 북중변계조약 ········· 67
   8. 주은래의 이중성 ········· 74

제3부 대한제국의 부침과 만주의 운명 ········· 91
   1. 대한제국 4천리 강토 ········· 93
   2. 대한제국의 만주정책 ········· 98
   3. 파블로프의 서한과 연해주에 대한 영토분쟁 ········· 101
   4. 러일전쟁과 만주의 운명 ········· 104
   5. 미국의 배신, 가쓰라 태프트 밀약 ········· 107
   6. 아! 대한의군 ········· 112

7. 나이토 조서와 간도협약 ·· 114
  8. 북만주에 울린 코레아 우라!(Корея! Ура!) ···················· 118
  9. 장작림의 등장과 만주이야기 ·· 121

제4부 대한민국의 성립과 만주의 실효적 지배 ························ 125
  1. 대한민국의 건국과 우리의 영토 ···································· 127
  2. 장작림과 미쓰야 협정 ·· 131
  3. 장작림 폭사와 만주의 실효적 지배 ······························ 134
  4. 만주사변과 복어계획 ·· 136
  5. 국민부 정부와 만주국 정부의 군사충돌 ······················· 140
  6. 한국독립군 중동철도 동쪽을 지배하다 ························· 145
  7. 한국독립군의 이동범위 및 전투지역 ···························· 148
  8. 하얼빈 쌍성보 전투 ·· 152
  9. 경박호 전투 ·· 157
  10. 동경성전투와 대전자령전투 ·· 162

제5부 조선과 청의 국경분쟁 ··· 167
  1. 애신각라 부족의 이동과 장백산 ··································· 169
  2. 만주족의 북경 이주와 봉금정책 ··································· 174
  3. 압록강과 유조변 ··· 176
  4. 무묵눌의 장백산 등정 ·· 180
  5. 장백산과 봉산위장 ··· 186
  6. 목극등(穆克登)의 정계비와 분수령(分水岭)의 위치 ······ 191
  7. 북경의 인구증가와 남만주의 영토잠식 ························· 196
  8. 봉천의 인구증가 봉급정책의 와해 ······························· 202
  9. 조청국경분쟁의 촉발 ·· 207
  10. 조청 감계회담 ·· 211

제6부 명의 건주위와 만주의 실효적 지배 ········· 217

   1. 육룡이 동북면(공주)에서 나르샤 ············ 219
   2. 이성계, 만주를 아우르다 ················ 223
   3. 철령 부근에 있었던 조선의 수도 ············ 227
   4. 만주의 실효적 지배 ·················· 230
   5. 한양에서 즉위한 첫 임금, 세종 ············· 235
   6. 조선의 북방한계선 공험진 ··············· 236
   7. 파저강 이야기 ···················· 238
   8. 조·명의 국경, 용성 ·················· 243
   9. 국경의 요새 영북진 ·················· 245
   10. 단종과 수양대군 ··················· 247
   11. 계유정란과 북해 ··················· 249
   12. 중종과 장백산 ···················· 252
   13. 조선방역지도 ···················· 255
   14. 선조의 만주 경략과 누르하치의 등장 ·········· 257
   15. 임진왜란과 가토의 만주침략 ·············· 260
   16. 누르하치의 참전제의와 선조의 구원요청 ········ 264
   17. 명군의 참전과 경략의 현장보고 ············ 269

제7부 철령위 사건과 명과의 관계 ············ 283

   1. 쌍성총관부와 동북면 ················· 285
   2. 고려 장수 이성계의 동녕부 정벌 ············ 290
   3. 노숙자 주원장과 철령 ················· 293
   4. 고려의 왕경은 철령으로부터 300리에 있었다 ······ 297
   5. 우왕의 요(遼) 정벌과 이성계의 쿠데타 ········· 300
   6. 명나라 정벌의 좌절과 철령위 분쟁의 종결 ······· 303

제8부 고려의 영토 이야기 ·········· 309

   1. 삭주, 왕건과 견훤의 격전지 ·········· 311
   2. 사적 제1호 포석정의 비밀 ·········· 313
   3. 신라의 영토가 고려로 이어지다 ·········· 315
   4. 황산의 승리와 고려의 영토 ·········· 317
   5. 거란(契丹)과 요(遼) ·········· 319
   6. 강동 6주와 압록강의 위치 ·········· 322
   7. 신라의 후예, 여진의 발흥지 ·········· 327
   8. 동북 9성과 공험진 ·········· 330
   9. 몽고와 쌍성총관부 ·········· 335

제9부 고대의 우리 영토 ·········· 339

   1. 우리 고대의 영토를 찾아서 ·········· 341
   2. 소정방과 사비성 함락 ·········· 343
   3. 소정방과 삭주 이야기 ·········· 346
   4. 황산벌의 비밀 ·········· 349
   5. 김유신과 호로하 ·········· 353
   6. 문무왕과 대왕암의 진실 ·········· 356
   7. 부여융과 부여풍 그리고 일본 ·········· 361
   8. 소정방과 유인궤를 능가하는 왕문도의 축지법 ·········· 365
   9. 나당전쟁의 비밀, 마읍과 호로하 ·········· 368
   10. 천문령 대전투 ·········· 371
   11. 진성여왕과 신라영토의 비밀 ·········· 373

제1부
한반도와
우리 영토의 비밀

나라님 허락하신 그 은혜를 잊으리
반도에 태어남을 자랑하여 울면서
바다로 가는 마음 물결에 뛰는 마음
나라님의 병정 되기 소원입니다.

한반도와 우리 영토의 비밀

1. 우리의 헌법과 영토 프레임

현행헌법 제3조는 "대한민국의 영토는 한반도와 그 부속도서로 한다."라고 규정하고 있다.

이 조항은 1948년 헌법을 제정할 때부터 규정된 이후 줄곧 지금에 이르고 있는데, 헌법에 이처럼 영토조항을 둔다는 것은 비교법적으로 상당히 이례적인 일이다. 어떠한 연유로 이 조항이 우리 헌법에 들어온 것일까? 과연 광복 당시 우리 입법자들은 우리 영토를 역사적으로 충분히 고증한 끝에 이를 헌법에 규정한 것이었을까? 여러 의문이 꼬리를 문다. 그러나 분명한 것은 이 영토조항은 한국 현대사에 있어 점철되어 있는 이념적 갈등과 무관하지 않다는 사실이다.

우리 영토조항에 따르자면 북한은 우리 영토를 불법 점거하고 있는 괴뢰집단일 수밖에 없다. 또 영토조항에 근거하자면 태극기를 흔들어 대면서 종북을 몰아내자고 주장하는 것이 젊은이들의 눈총과 조롱을 받을지언정, 스스로는 '애국'이라 포장하며 자부할 수도 있겠다. 심지어 '자유민주주의의 수호'라는 기치아래 인천광역시 중구 송학동에 떡하니 맥아더 동상을 세워 놓고 '표현의 자유'를 내세울 수 있을 것이니, 보자면 재조지은(再造之恩)한답시고 임진왜란 때 지원군을 보내 준 명나라 만력제를 기려 만동묘를 세워 놓고 '성리학적 윤리' 운운하는 것과 무엇이 다르겠는가? 반면, 남북화해와 통일을 염원한다느니 민주·평화가 어떠니, 자주가 어떠니 하며 온갖 논리를 갖다 붙이는 자라면 의례 한반도가 새겨진 깃발을 손에 들고 흔드는 것이 자연스러워 보일 법도 하다. 그래도 이 경우는 좀 더 양식이 있고 진보적인 성향을 가지고 있는 것으로 보여 젊은이들의 호감을 사고 있는 것이 저간의 사실이다.

그런데 참으로 희한한 일이다. 어느 쪽 정파에 속하든지 그들의 머릿속에는 대한민국의 영토가 압록강·두만강을 넘어 서지 못한다. 언제부터 우리 인식의 틀 속에 압록강·두만강 라인이 그어졌던 것일까? 그 연원은 좀 따져 보아야 하겠지만, 적어도 헌법이 제정되고 이승만 정부가 공식 출범하였을 무렵에는 분명 그랬던 것 같다.

1945년 10월, 3·8선 이남에서는 미군정 '임명사령 제12호'에 따라 일본인 판·검사 전원이 모두 면직되고 그 빈자리는 그 밑에 있던 조선인들로 채워졌다. 정식 자격을 갖춘 판·검사들이 임용되기 시작한 것은 고등고시 사법과 제1회 시험이 실시된 1949년 11월 이후부터였다.

그런데 얼마 후 6·25전쟁이 발발했다. 인민군은 파죽지세로 낙동강까지 밀고 내려왔다. 이때 미국을 비롯한 유엔군이 즉각 개입하지 않았더라면 조선민주주의인민공화국의 영토가 '한반도와 그 부속도서'

가 될 뻔했다. 곧이어 맥아더는 인천에 기습 상륙하여 전쟁의 판세를 일거에 뒤집고, 서울을 수복한 뒤 계속 북진했다. 국군의 수통에 압록강 물이 담기려던 순간, 제 앞가림하기도 바쁜 중공이 개입했다. 마치 임진왜란 당시 만력제 주익균의 명을 받은 이여송이 국경을 넘어 들이닥친 것처럼, 1950년 10월 말 팽덕회는 모택동의 명에 따라 군대를 이끌고 산악지대를 넘어왔다. 크리스마스 공세를 펼치던 맥아더의 호언장담이 무색하게도 전세는 곧바로 역전되어 연합군은 후퇴를 거듭하였고, 급기야 서울을 다시 내어주었다. 그러나 연합군은 다시 전력을 정비하여 대공세로 전환하였다. 그리고 휴전선 부근에서 전선은 고착화되고, 전쟁은 소모적인 장기전으로 흘러갔다. 그러자, 임진왜란 당시와 흡사한 상황이 벌어졌다. 명과 일본이 강화회담을 강행하였듯이, 미국과 북한은 정전회담을 진행했다. 그리고 선조가 명과 일본의 강화회담을 반대하였듯이, 이승만은 북진통일의 기치를 내걸고 반공포로를 석방하였다. 그러나 회담 중 임해군과 순화군이 송환되자 선조의 태도가 누그러졌듯이 미국이 한미상호방위조약이라는 미끼를 던지자 이를 덥석 문 이승만이 입을 다물었다.

어쨌든 이 무렵 6·25 전쟁의 발발로 미루어지던 고등고시 사법과 시험이 시행되었다. 국사 과목에서 우리나라의 영토 변천에 대하여 논하라는 취지의 문제가 출제되었다.

한 학생이 다음과 같은 취지로 답안을 작성했다.

"우리의 영토는 신라가 삼국을 통일하여 대동강·원산만에 이르렀고 고려시대에는 서희와 윤관이 강동6주와 동북9성을 각각 확보하여 청천강·영흥만에 미쳤으며, 조선시대에 와서 세종대왕이 김종서와 최윤덕을 보내 4군과 6진을 개척함으로써 압록강·두만강에 이르렀다. 이

제 북진통일을 이루어 압록강·두만강까지 우리의 영토를 수복하자."

그 학생은 국사에서 고득점을 취득하여 결국 수석 합격의 영광을 누렸다. 출제의도에 가장 부합한 모범답안이었던 것이다. 고등고시 사법과에서 수석 합격을 한 것은 퍽이나 장한 일이다. 그러나 한편으로 생각하면 이를 출제한 이는 일제 강점기에 한국사를 전공한 자이었음이 분명하고, 또한 이 학생은 그들이 만든 프레임 아래서 충실히 한국사공부를 하였음이 분명하다.

그로부터 반세기 하고도 그 반이 지나고 있다. 그동안 우리는 '토지개혁'이라는 해묵은 과업을 완수하고 그 후 '산업혁명'을 초고속으로 이루어 냈으며, 동시에 '민주주의'라는 역사적 과업을 성공적으로 달성하는 저력을 보여주었다.

그러나 그 사이 '통일'이라는 새로운 과업이 우리에게 주어졌는데, 우리는 이를 아직 이루지 못하고 있으니, 실로 가슴 아픈 일이다. 게다가 미루어 짐작컨대, 우리의 영토가 대동강·원산만 라인에서 청천강·영흥만 라인을 거쳐 압록강·두만강 라인으로 변천하였다는 영토프레임은 장차 통일의 상한선으로 작용할 것이니, 정말이지 안타까운 일이 아닐 수 없다.

2. 대한민국의 건국과 식민사관

경술년으로 거슬러 돌아가 보자, 1910년 8월 29일 일제가 우리의 영토를 강점하자, 박은식은 우리의 역사의식을 고취하기 위한 일념으로 한국통사를 지었다. 박은식은 한국통사 서문에서 '나라는 형(形)이

요, 역사는 신(神)이다.'라고 하면서, '나라는 없어질 수 있으나 역사는 없어질 수 없으니 그것은 나라는 형체이고 역사는 정신이기 때문이다.'라고 하고, 나아가 '정신이 보존되어 없어지지 않으면 형체는 부활할 때가 있을 것이다.'라고 하였다(1915년).

그 이후 상해에서는 동제사를 중심으로 신규식, 박용만, 조소앙 등 민족지도자들이 모여 다음과 같이 결의하였다(1917년).

"융희 황제가 삼보1)를 포기한 경술년(1910) 8월 29일은 곧 우리 동지가 삼보를 계승한 날이니, 그 사이 대한의 삼보는 한 순간도 빼앗기거나 쉰 적이 없다. 우리 동지들이 대한국을 완전히 상속한 사람들이다. 저 황제권이 소멸한 때가 바로 민권이 발생한 때다. 구한국이 끝나는 날은 곧 신한국이 시작하는 날이니 무엇 때문인가. 우리 한국은 오랜 옛날부터 한인(韓人)의 한(韓)이고 비한인(非韓人)의 한(韓)이 아니다. 한인(韓人)끼리 서로 주권을 주고받음은 역사 이래 불문법으로 이어 온 국헌이다. 따라서 한인(韓人)이 아닌 사람에게 주권을 넘겨주는 것은 그 근본부터가 무효다. 이는 한국민 천성이 절대 허락하지 않는다. 1910년 8월 29일 융희 황제가 주권을 표기하는 순간 그 주권은 우리 국민과 동지들이 돌려받은 것이다. 우리 동지는 당연히 삼보를 계승하여 통치할 특권이 있고 또한 대통(大統)을 상속할 의무가 있다. 2천만 생령(生靈)과 삼천리 국토와 4천년 주권은 우리 동지들이 상속하였으니 우리 동지는 이에 대하여 절대로 피할 수 없는 무한책임을 지게 된 것이다. 이와 같이 먼 옛날부터 끊임없이 이어서 물려받아 온 대로 삼

---

1) 삼보(三寶): 토지, 인민, 정치를 말한다.

보를 상속한 사람은 완전한 통일조직을 만들어야 비로소 그 권리와 의무를 다 할 수 있을 것이다."

우리 민족지도자들은 자랑스런 우리 역사를 근거로, 우리의 주권은 불멸하다는 것을 확인하면서, 황제의 주권포기는 국민에게 주권을 양도한 것이므로 대한제국이 끝나는 날이 곧 대한민국이 시작된 날이라고 밝히고 있다. 나아가 그들은 우리 대한국민이 이제 통일조직 즉 대한민국 정부를 수립해야 한다고 주장하고 있는 것이다.

이에 따라 1919년이 되면 1월 1일 만주에서, 2월 8일 동경에서, 그리고 3월 1일 서울에서 각각 전 국민의 이름으로 나라의 독립을 만천하에 선언하면서 그 결과 대한민국 통합정부가 수립되기에 이른 것이다.

결국 대한민국의 독립이나 대한민국의 주권이나 대한민국 정부나 그 모두의 정당성은 우리 역사에 깊은 뿌리를 박고 있음을 알 수 있다.

사정이 이러하자 총독부는 조선의 역사를 그대로 두고서는 조선을 식민지배하기 어렵다고 판단했다. 총독부는 '조선사편수회'를 발족하고(1925년) 조선의 역사를 그들의 입맛에 맞게 그려 나가기 시작했다. 그들이 조선의 역사를 편수하는데 서기 670년 이후 시작된 '일본'의 역사는 그 상한으로 작용했다.

우선 식민지배를 위한 조선의 역사를 정립하는데 방해가 되는 우리 역사서 20여만 권이 불태워졌다.[2] 신시 배달의 역사가 사라지고 단군이 호랑이, 곰과 함께 신화와 민담의 영역으로 축출되었다.

심지어 삼국사기의 초기기록 마저도 부정되었다. 신대왕 때 고구려

---

2) 출처: 'Asian Millenarianism'.

를 공격한 한나라가 좌원에서 처참히 패배하여 말 한필 살아 돌아가지 못했다는 기록이나 고국천왕 때 재차 침입하여 역시 좌원에서 패배하여 시체가 산을 이루었다는 기록은 믿을 수가 없는 것이 되어 버렸다. 사실 제2차 좌원대첩은 서기 184년의 일로 황건적의 난이 일어난 해와 같다. 결국 좌원대첩으로 한나라는 멸망의 길로 접어들었던 것임에도, 이러한 사실은 감히 조선사 37권에 기록될 수 없었다.

그 결과 만주는 조선과 전혀 별개의 땅이 되어야 했고(만선사관), 조선인은 중국이나 만주에서의 세력다툼에서 실패한 사람들로서 반도로 흘러내려와 대대로 살아온 소위 '루저(loser)'가 되어야 했으며(반도사관), 심지어 조선인은 항상 중국 등에 의지하며 타율적으로 살아왔고(타율성론) 나아가 사색당파나 만들어 서로 싸우는 탓에 발전이 없이 정체되어 찢어지게 못살았다(정체성론)는 날조된 사실을 믿어야 했다.

어느덧, 우리의 역사가 그 모양이니, 일본이 조선을 도와 발전시켜 주겠다는 논리가 정립되었다. 이것이 바로 식민사관의 요체인 것이다. 식민사관에 따라 '반도'라고 이름 붙여진 땅이 만주로부터 분리되어 열도(내지)에 통합되었고(내선일체), 그 결과 '반도'의 조선인들은 황국신민이 되어 창씨개명까지 당해야 했던 것이다.

그런데 가만히 생각해보면, 식민사관의 모든 가설은 우리의 영토가 압록강·두만강 라인 이남이라는 프레임을 대전제로 한다는 사실을 알 수 있다. 압록강·두만강 라인으로부터 만선사관과 반도사관이 나오고 타율성론과 정체성론이 도출되는 것이다.

여기서 분명 지적해 둘 것이 있다. 과연 신라가 삼국을 통일한 이후 우리 역사의 강토가 줄곧 '압록강·두만강 라인'을 넘어가지 못하였다면, 우리는 오늘날에도 식민사관의 음모를 벗어날 길이 없겠지만, 만약 통일신라시대 이래 우리의 영토가 '압록강·두만강 라인'을 돌파한다면 식민사관은 더 이상 존립할 근거가 사라진다는 것이다.

3. 각인되는 반도 삼천리

반도사관이 얼마나 인위적으로 조작된 이론인지는 '반도'라는 단어의 어원만 살펴보아도 알 수 있다. **'반도'라는 단어는 식민사관이 만들어낸 신조어이다.** 일제 강점기 이전까지 반만년 역사를 통해 우리의 영토를 '반도'라는 말로 표현한 사람은 없었다.

20세기 초반 당시 우리의 생활공간으로 들어가 보자.

당시 일본인들은 우리나라 사람들을 멸시하는 의미로 '반도인(半島人; はんとうじん)'이라고 부르기를 주저하지 않았다. 마치 미국인들이 일본인들을 지칭하여 '일본원숭이(Japmonkey)'라고 하거나 우리가 일본인들을 향하여 '쪽발이'라고 부르는 것처럼…….

그런데 가만히 들여다보면, '반도인'이란 단어는 '일본원숭이(Japmonkey)'나 '쪽발이'와는 차원이 다르다. '반도인'이라는 단어에는 모욕적 뉘앙스 외에 우리의 역사 영토를 반도로 제한하려는 소위 '반도사관'이 깔려있다. 실로 놀라운 일이다. 과연 상대방을 멸시하려고 부르는 이름 하나에도 역사적 흉계가 숨어 있다니, 귀신도 곡할 노릇이다. 오죽했으면 중국인들이 그들을 '일귀(一鬼)'라고 불렀을까?

일귀(一鬼)들은 신조어 '반도'를 조선인들의 머릿속에 집어넣으려 안간힘을 썼다. 일제의 주력 항모전단이 미드웨이에서 궤멸된 이후 대동아 공영권이 쭈그러들 무렵, 일제의 발악은 극에 달했다. 당시 조선총독부는 남인수, 이난영 등 인기가수들을 내세워 '반도인'들을 황국신민으로 추켜세우며 전쟁터로 내몰았다. 1943년에 발표된 '이천오백만 감격'이라는 노래는 당시 상황을 조영한다. 조명암이 작사하고 김해송이 곡을 붙였으며 남인수와 이난영이 노래한 '이천오백만 감격'을 감상해보자.

역사 깊은 반도 산천, 충성이 맺혀
영광의 날이 왔다. 광명이 왔다.
나라님 부르심을 함께 받들어
힘차게 나가자 이천오백만
아-아 감격의 피 끓는 이천오백만
아-아 감격의 피 끓는 이천오백만

같은 해에 발표된 '혈서지원'이라는 노래 역시 조명암이 작사한 것인데, 박시춘이 곡을 붙이고 백년설, 남인수, 박향림이 노래했다. 이 곡 역시 '반도'를 세뇌하고 있다.

1. (백년설 노래)
무명지 깨물어서 붉은 피를 흘려서
일장기 그려 놓고 성수만세(聖壽萬歲) 부르고
한 글자 쓰는 사연 두 글자 쓰는 사연
나라님의 병정 되기 소원입니다

2. (박향림 노래)

해군의 지원병을 뽑는다는 이 소식
손꼽아 기달리던 이 소식은 꿈인가
감격에 못니기어 손끗을 깨무러서
나라님의 병정 되기 지원합니다

3. (합창으로)

나라님 허락하신 그 은혜를 잊으리
반도에 태어남을 자랑하여 울면서
바다로 가는 마음 물결에 뛰는 마음
나라님의 병정 되기 소원입니다

4. (남인수 노래)

반도의 핏줄거리 빛나거라 한 핏줄
한나라 지붕아래 은혜닙고 자란 몸
이때를 놓칠 쏜가 목숨을 아낄쏜가
나라님의 병정 되기 소원입니다

5. (합창으로)

대동아공영권을 건설하는 새 아침
구름을 헤치고서 솟아오는 저 햇발
기쁘고 반가워라 두 손을 합장하고
나라님의 병정 되기 소원입니다

총독부의 문화정책은 조선의 자아개념으로 반도를 대중들의 머릿속에 각인시키는데 집중되어 있었다. 그 후 광복이 되었지만, 백년설, 남인수, 박향림 등의 촉촉한 목소리는 민중들의 가슴속에 저며 들며 반도라는 자학적 개념이 머릿속에 점착되어 갔다. 특히 남북분단과 이에 따른 한국전쟁은 결정적인 영향을 미쳤다. 서울을 수복한 우리 국군이 수통에 압록강 물을 퍼서 담았다느니, 중공군이 압록강을 넘어왔다느니 하면서, 민중의 의식은 반도의 굴레에 갇히게 되었다.

이 뿐이 아니다. 조선사편수회가 남긴 영토프레임은 오늘날 정치·경제·사회·문화 등 모든 영역에 있어 (좌우의 진영을 초월하여) 하나의 거대한 프레임으로 작용하고 있다. 애국가를 한 번 감상해보자.

동해물과 백두산이 마르고 닳도록
하느님이 보우하사 우리나라 만세
무궁화 삼천리 화려강산
대한사람 대한으로 길이 보전하세

유감스럽게도 애국가 1절의 주제는 우리나라의 영토는 반도가 전부이며 그 길이는 삼천리에 한정된다는 것이다. 조선총독부의 식민지 반도에 대한 문화정책은 반세기를 훌쩍 넘어 한 세기를 향하는 지금까지도 여전히 맹위를 떨치고 있다.

과연 우리 영토는 '삼천리'를 넘어서면 안 되는 것인가?

4. 한반도와 4천리 영토의 비밀

이번에는 '한반도'란 개념을 살펴보자. 이 역시 예전에는 없던 말이다. '한반도'는 '반도'라는 개념이 등장한 이후에 만들어졌는데, '한국전쟁'이 외신 1면을 연일 장식하면서 국제적으로 통용되는 단어가 되었다.

6·25는 동족상잔의 비극으로 우리 민족에게 씻을 수 없는 커다란 상처를 남겼다. 정말 끔찍한 일이다. 그런데 더 끔찍한 것이 있다. 하나는 패전국 일본이 '한국전쟁 특수'를 누리며 경제대국으로 도약했다는 사실이다. 정말이지 6·25는 그들의 표현대로 하자면 '신의 선물'이었다. 둘은 6·25로 인하여 민족의 인식과 사고가 '한반도'의 굴레에 꽁꽁 갇히게 되었다는 것이다. 압록강·두만강까지 다시 수복하자는 북진통일론은 4·19를 계기로 평화통일론으로 대체되었지만, 양자는 통일의 방법론만 다를 뿐, '압록강·두만강 라인'이라는 한계를 공유하고 있다.

자~ 이제 그 6·25 세대가 은퇴하는 이 시점에서, '한반도'의 개념에 대하여 한 번 따져나 보자.

소위 '한반도'는 반도에 한(韓)이 결합한 단어이니, '한반도'의 개념을 밝히려면 먼저 '한(韓)'의 개념을 정립하는 것이 필요하다. '한(韓)'이라는 자아개념은 '반도'와는 달리 우리 스스로 정립한 개념이다. 서기 1897년 조선의 마지막 임금 고종은 마침내 대한제국(大韓帝國)의 건국을 선포했다. 황제는 환구단을 짓고 환인과 환웅께 그 사실을 고하였다. 그런데 우리 황제는 왜 우리나라 이름을 '대한(大韓)'이라고 하였을까? 조선왕조실록은 고종황제가 대한제국을 선포하며 국호를 대한이라고 한 연유를 설명하고 있다.

고려 때에 이르러서 마한(馬韓), 진한(辰韓), 변한(弁韓)을 통합하였으니, 이것이 '삼한(三韓)'을 통합한 것이다. 우리 태조가 왕위에 오른 초기에 국토 밖으로 영토를 더욱 넓혀 북쪽으로는 말갈의 지경까지 이르러 상아, 가죽, 비단을 얻게 되었고, 남쪽으로는 탐라국을 차지하여 귤, 유자, 해산물을 공납(貢納)으로 받게 되었다. 사천리 강토에 하나의 통일된 왕업을 세웠으니, 예악과 법도는 당요(唐堯)와 우순(虞舜)을 이어받았고 국토는 공고히 다져져 우리 자손들에게 만대토록 길이 전할 반석 같은 터전을 남겨 주었다.

황제는 '한(韓)'이라는 국호가 고려의 삼한(三韓)에서 왔음을 확인하고 있다. 그리고 황제는 조선 태조를 언급하며 조선의 영토를 '사천 리'라고 표현하고 있다. 조선의 영토가 사천리에 이른다는 사실은 조선왕조실록에 수차 언급되고 있거니와 이에 대하여는 후술하기로 하고 여기서는 한(韓)의 개념에 대하여 좀 더 집중하자.

한(韓)은 조선(朝鮮)과 호환할 수 있는 개념으로, '한반도'는 '조선반도'로도 통용되었다. 지금도 북한이나 중국에서는 한반도를 지칭함에 있어 여전히 조선반도라는 단어를 사용한다. 여기서 조선 역시 한(韓)과 마찬가지로 역사적 관점에서 신중한 해석이 필요한 단어이다. 조선은 서기 1392년 이성계가 세운 나라이지만, 그 조선이라는 국호는 기원전 2333년 단군왕검이 세운 나라의 이름을 딴 것이었다. 그렇다면 단군이 조선을 세울 당시 그 영토는 어떠했을까? 대한제국의 영토가 사천리에 이른다고 하여 옛 조선의 영토가 '사천리'에 한정된다고 만연히 단정할 수는 없을 것이다. 사실 우리 역사는 반만년을 넘게 면면히 이어져 왔으니, 우리 역사의 영토를 밝히기 위해서는 많은 논의가 필요하다.

 못내 아쉬운 것은 소위 '고조선'이라는 국가에 대하여는 남아있는 기록들이 많지 않다는 점이다. 그나마 전해지는 기록들조차 이유를 불문하고 '위서' 운운하며 매도당하는 일이 허다하다. 그나마 다행스러운 것은 삼국사기를 통하여 고조선 직후에 해당하는 고대의 영토를 충분히 고찰할 수 있다는 것이고, 또한 고려사나 조선왕조실록의 적절할 해석을 통해서 근대 전후의 영토변천을 쫓아갈 수 있다는 것이다.

 어쨌든, 그러한 논의는 뒤로 미루고, 줄곧 우리의 영토였던 만주가 과연 언제 어떠한 경위로 우리의 품을 떠나게 되었는지를 먼저 살펴보자. 시간을 거슬러 올라가며 우리의 역사를 검토해 보는 것은 어려운 작업이 되겠지만, 우리의 영토에 대한 관심을 환기시킬 수 있는 좋은 방법이 될 것이다.

제2부
분단과
만주의 운명

남쪽에서 헌법의 제정을 통해
스스로 만주를 포기해 버리는 동안,
북쪽에서는 남침을 위한 판돈으로
만주를 날려 먹었다.

분단과 만주의 운명

1. 할힌골 전투와 하얼빈 대전투

　1930년 대 말에 접어들면서 반도 내에서는 '자치론'이니 '애국계몽'을 운운하며 그나마 나름 반일을 가장하던 자들조차도 태도를 바꾸어 스스로 일제의 주구가 되어 부끄럼 없이 나대기 시작했다. 반면, 수십만 규모의 병력으로 만주를 누비며 관동군과 치열하게 싸웠던 독립군은 관동군의 병력이 계속 증파되면서 그 세력이 서서히 위축되어 갔다. 급기야 관동군의 숫자가 무려 백만에 이르게 되면서 대한민국의 투사들은 최후의 일각까지 민족의 터전을 사수하며 하나씩 둘씩 자작나무 뿌리로 스며들어 갔다.
　그 사이 괴뢰정권 만주국의 영토는 점점 불어나 소련 치하의 몽골인민공화국과 접하게 되었다. 당시 만주국과 몽고의 국경선이 불분명하였기 때문에 양측 간에 국경 분쟁이 빈번하게 발생하였는데, 바로

▶ 할힌골(Khalkin Gol)과 하얼빈

그 한 가운데 할힌골(Khalkin Gol)이 자리하고 있었다.

하루는 말을 탄 몽골인 수십 명이 할하강(江)을 건너게 되었는데, 관동군은 이를 월경으로 간주하고 도발을 개시했다(1939. 5. 11). 당초 관동군의 진의는 몽고에 주둔 중인 소련군의 전력을 간보자는 것이었으나, 이후 사태가 급속도로 확대되면서 양측 간 충돌은 수만 명의 병력이 투입되는 대규모 전투로 이어졌다. 처음에는 소련군의 병력이 적었을 뿐만 아니라 공중전에서도 일본군이 우세하였다. 그러나 니콜라이 블리디미로비치 페클렌코는 상대적으로 성능이 우수한 야포를 쏘아대며 장갑차를 앞세워 일본군의 선봉을 격파하고, 마침내 본대를 포위하여 섬멸하였다. 이 전투에서 관동군 병력의 절반 이상이 소멸했다.

관동군은 즉각 보복을 준비했다. 다음달, 관동군 전투기들이 톰스크 일대의 소련군 비행기지를 급습하여 폭탄을 들이부었다(6. 27). 관동군의 공습으로 기지가 거의 초토화되면서 그곳에 대기 중이던 소련군 전투기들은 대부분 파괴되었다. 그러나 새로 사령관으로 부임한 주코프는 서두르지 않았다. 그는 일본군의 파상공세를 거의 두 달이나 막아냈다. 그리고 관동군의 예봉이 무뎌질 무렵, 주코프의 반격이 개시되었다(8. 20). 2개의 전차 여단이 포병의 지원을 받으며 두 방향으로 진격해 나가자 일본군의 주력부대는 꼼짝 없이 포위되었다. 현대화된 막강한 기갑 전력 앞에 고작 총검과 기관총 따위로 무장한 일귀들의 항거는 덧없는 짓이었다. 불과 보름 만에 관동군 1개 사단이 전멸하고 말았다.

일본이 러일전쟁 승리 이후 처음으로 자기최면에서 깨어나 소련군에 대한 공포심을 갖게 된 것은 바로 이때부터이다. 그런데 소련은 많은 것을 요구하지 않았다. 일본군이 할힌골에서 퇴각하고 할하강을 경계로 만주국과 몽골의 국경선을 확정하자는 것이 전부였다. 일본으로서는 실로 감사한 일이 아닐 수 없었다. 소련이 이처럼 아량을 베푼 것은 당시 독일 외무장관 요아힘 폰 리벤트로프가 모스크바로 날아와 있었기 때문이었다. 그리고 며칠 후 소련과 독일 사이에 이른바 '독소불가침조약'이 체결되었다(1939. 8. 23).

그리고 다음 달 독일과 소련은 각각 폴란드를 좌우에서 침공하여 나누어 먹었다. 이듬해에는 독일군이 벨기에, 네덜란드, 룩셈부르크를 쳐들어갔다(1940. 5. 10). 독일군은 불과 수일 만에 이들 나라를 점령하고, 그 다음 달에는 아르덴 고원을 넘어 세계최강 프랑스 육군을 포위·섬멸하였다. 프랑스를 집어삼키고 파죽지세로 진격을 이어나가던 독일의 막강 전차군단을 막아선 것은 세계 최강 영국 해군이 지키는 도버해협이었다. 히틀러는 폭격기를 동원하여 영국의 주요 도시에 공습을 감행하였으나 처칠과 영국인들은 완강히 버텨냈다.

한편, 일본은 일찌감치 노구교를 돌파하여 승승장구 남경까지 함락하였으나, 내륙 침공은 녹녹치 않았다. 장개석이 프랑스령 인도차이나를 통하여 미국의 지원을 받으며 완강하게 저항하고 있었던 것이다. 일본은 내륙으로 들어오는 물자를 차단하기 위하여 인도차이나를 침공했다. 이때 프랑스를 점령하고 있던 히틀러가 비시정권에 압력을 가했다. 비시의 지시를 받은 장 드꾸(Jean Decoux)는 일본군의 인도차이나 주둔을 동의하는 서면에 서명했다(9. 22). 그리고 며칠 후 베를린에서 독일, 이탈리아 외무장관이 만나는 자리에 구루스 사부로 독일 주재 일본 대사가 동석하는데 성공했다(9. 27). 여기서 일본은 독일과 이탈리아가 유럽의 새로운 질서를 구축하는 것을 존중하는 대신, '대동아공영권'이라는 아시아의 새로운 질서를 주도하는 것을 존중한다는 약속을 받아냈다. 이들은 만약 다른 국가로부터 공격받을 경우 모든 정치적, 경제적, 군사적 수단을 동원하여 서로를 지원하기로 약속했다. 이 당시 히틀러는 이미 소련침공을 계획하고 있었다. 사실 히틀러는 내심 일본이 소련의 배후를 공격해주기 바랐던 것이다.

스탈린은 스탈린대로 히틀러의 소련 침공계획을 간파하고 있었다. 스탈린의 입장에서는 장차 있을 독일의 침공을 막는데 집중하기 위해

동쪽 변경의 안정이 무엇보다도 중요했다. 한편, 석유나 목재 등 전쟁 물자가 부족해진 일본으로서는 할힌골을 돌파하거나 동남아를 침공할 필요가 있었는데, 할힌골을 돌파하기에는 과거 할힌골의 패배는 너무나 끔찍했고, 그냥 동남아로 가자니 소련군이 할하강 이남으로 밀고 내려올 까봐 두려웠다. 해가 바뀌면서 소련은 만주와 중국 본토 일대에 대한 일본의 세력권을 인정해주며, 일본과 중립조약을 체결하는데 성공했다(1941. 4. 13).

과연 이로부터 두 달도 채 지나지 않아서 독일이 소련을 전격적으로 침공했다(6. 22). 당시 히틀러는 일본군이 할하강을 넘어주길 기대했으나 할힌골 참패는 일본에게 극복할 수 없는 트라우마가 되어 있었다. 소련이 서쪽변경에서 독일과 싸우느라 죽을힘을 다하고 있었음에도, 일본은 무방비의 할하강을 감히 넘어서질 못했다.

대신 일본은 동남아 침공을 선택했다. 일본군이 필리핀 인근까지 진출하자, 미국은 석유와 고무 등 전쟁 물자에 대하여 일본 수출을 금지하는 조치를 단행했다(1941. 7). 궁지에 몰린 일본은 필리핀에 주둔하던 미군을 고립시키기 위해 경유지인 하와이 진주만을 공격했다(1941. 12. 7).

진주만 공습의 성공과 함께 일본의 소위 '남방작전'은 일사천리로 전개되었다. 말레이 반도에 상륙한 일본군은 영국군을 물리치고 싱가포르까지 점령하였다. 그 후 일본 육군은 루손점에 상륙한 뒤 마닐라를 점령하였고(1942. 1. 2), 석유가 풍부한 네덜란드령 동인도제도까지 차지했다. 이어 일본군은 남으로는 솔로몬제도, 동으로는 마리아나 제도의 괌을 넘어 웨이크까지 뻗어나갔다. 이때까지만 해도 일본이 구축한 대동아공영권은 영원할 것 같았다. 그러나 시간이 흐르면서 히로히토와 대본영은 자신들의 선택을 후회하기 시작했다.

어느덧 태평양의 전황은 일본이 감당할 수 있는 수준을 넘어가고 있었다. 독일군이 스탈린그라드에서 발목을 잡히는 동안 '악마의 군함'이 미드웨이 바다 속으로 사라졌다(1942. 6. 5).

이듬해부터는 연합국이 본격적으로 반격에 나서기 시작하였는데, 여기에 소련이 가세하였다. 특히 소련군은 이 무렵 스탈린그라드에서 독일군 사령관 파울루스로부터 항복을 받아냈다(1943. 1). 한편 북아프리카에서 이탈리아 군을 몰아낸 연합군은 시칠리에 상륙하였다(1943. 7). 시칠리를 점령한 연합군이 이탈리아 본토를 공격하자(9. 3). 이탈리아 국왕이 무솔리니가 체포하고 항복을 선언했다(9. 8). 이 무렵 아시아에서도 한국광복군과 영국군이 버마에서 일본군을 몰아냈다. 연말이 되자 루스벨트와 처칠, 그리고 장개석이 이집트 카이로에서 만났다(1943. 11). 그들이 한국의 독립을 약속한 것은 결코 성급한 것이 아니었다.

그 이듬해에는 아이젠하워가 이끄는 미군이 노르망디에 상륙하였다(1944. 6. 6). 곧이어 나치 하의 프랑스가 수복되었다. 수많은 나치 부역자들이 처단되는 가운데 미군은 파죽지세로 진격을 이어나가, 가을 무렵에는 독일 국경에까지 도달했다.

다시 해가 바뀌면서 처칠과 루스벨트가 크림반도 알타에서 다시 만났을 때, 스탈린이 한자리 차지하고 있었다(1945. 2). 스탈린은 전후 독일의 분할점령 논의의 대가로 대일참전을 약속했으나, 내심으로는 일본과 체결한 불가침조약을 파기하는 것에 소극적인 입장이었다.

그러나 당시 일본은 이미 태평양의 제해권을 상실하고 있었다. 특히 마리아나 제도를 점령당한 것은 결정적이었다. 사이판과 티니언에서 이륙한 폭격기가 동경에 네이팜탄을 퍼부은 것을 시작으로 나고야,

오사카가 차례로 잿더미로 변했다(1945. 3). 독일도 절망적이긴 마찬가지였다. 스탈린그라드의 고난을 극복한 소련군이 베를린을 향해 파죽지세로 진격을 이어나가 마침내 엘베 강에 도달했다(1945. 4. 25). 그 며칠 후 히틀러가 자살했다. 독일의 2대 총통이 된 칼 되니츠는 랭스에서 항복 문서에 서명했다(1945. 5. 7).

독일이 무너지자 미국 대통령 해리 S. 트루먼, 영국 총리 클레멘트 애틀리, 소련 스탈린이 포츠담으로 와서 회담을 가졌다(7. 17). 중일전쟁이 바빠 장개석이 오지 못한 와중에도, 트루먼과 애틀리는 한국의 독립을 확인한 카이로 선언의 실행을 약속했다. 아울러 그들은 일본을 향하여 항복하지 않는다면 즉각적이고 완전한 파멸에 직면하게 될 것이라고 경고하였다. 그러나 이때 스탈린은 여전히 망설이고 있었으며, 선언문에는 스탈린 대신 장개석이 전신으로 서명에 참가했다.

일본은 포츠담의 경고를 무시했다. 일본군은 이오지마와 오키나와에서 '옥쇄작전'을 펼치며 끝까지 발악을 해댔다. 미국의 수많은 젊은이들이 희생을 당하자 국내에서 반전여론이 고개를 들었다. 다급해진 루스벨트는 스탈린에게 포츠담의 약속을 이행해 달라고 간청을 거듭했다. 그러나 스탈린의 입장에서도 당시 유럽에서 입은 병력손실을 계산하면 머리가 어지러웠다. 스탈린은 루스벨트의 요청에 대해 차일피일 결정을 미루고 있었다.

그런데 그 사이 히로시마에 원자폭탄이 떨어졌다. 정신이 번쩍 든 것은 히로히토가 아니라 스탈린이었다. 이대로 가다가는 전리품이 모두 날아갈 버릴 판이었다. 스탈린은 전격적으로 일본에 선전포고를 하였다. 이에 따라 아르카디 표드로비치가 이끄는 기갑부대가 자작나무로 빽빽한 타이가 숲을 헤집으며 진격을 개시했다(8. 9). 항복의사를 타진하던 하토 중장이 일본 당국에 전격 체포되자, 자벨린이 이끄는 공수부대가 일장기를 새긴 수송기를 타고 하얼빈 공군부대에 침투했다. 이를 시작으로 불과 1주일 만에 소련군은 하얼빈을 장악했다. 일본군 수만이 사살되고 60여만 명이 사로잡혔다.

이제 만주의 불법 지배자가 일본에서 소련으로 바뀌게 된 것이다.

2. 만주는 잊혀져 가고…

한편, 서울에서는 일찍이 일제의 패망을 예견한 여운형이 조선건국동맹을 결성하고 좌익과 우익을 오가며 바쁘게 움직이고 있었다. 여운형의 조선독립동맹은 물론 중경의 임시정부와도 연락을 시도하며 광복을 준비하는데 박차를 가하고 있었다.

총독부는 여운형의 움직임을 이미 포착하고 있었다. 해가 바뀌면서 전황이 급격하게 기울며 일제의 패망이 가시화되자, 조선총독 아베 노부유키(阿部信行)의 명에 따라 정무총감 앤도가 여운형에게 줄을 대기 시작했다.

이 무렵, 마리아나 티니언 섬(Tinian Island)을 이륙한 B-29 폭격기가 히로시마에 우라늄 '꼬맹이(Little Boy)'를 떨어뜨렸다(8. 6). 그것은 재앙이었다. 수만의 인명이 순식간에 재로 변했다. 동경에 원자폭탄이 떨어지는 것은 시간 문제였다. 이미 수송기가 원자폭탄을 가지러 워싱턴으로 날아가고 있었다. 그럼에도 불구하고 히로히토는 눈도 깜짝하지 않았다. 그깟 국민들 수십만이 아니라 수백만이 죽어나간들 무슨 상관이랴? 종국에 평화협정만 체결되면 자신의 지위가 보장될 것이니……. 본토만 함락되지 않는다면 말이다. 그렇다면 뭔가를 보여주어야 했다. 끔찍한 패전전략은 실제 먹히고 있었다. 미국의 젊은이들이 이오지마와 오키나와에서 수없이 죽어나가는 것을 본 루스벨트와 미국인들은 일본 본토 상륙을 두려워하고 있었다.

그러나 스탈린의 선전포고와 함께 소련군 기갑부대가 공격을 개시했다는 급보가 올라오자 상황은 급반전되기 시작했다. 소련군이 홋카이도를 통해 내려온다면 모든 것이 끝장이 아닌가? 니콜라이 2세의 끔찍한 최후가 히로히토의 복잡한 머릿속을 스치고 지나갔다. 스탈린에 질세라 트루먼도 같은 날 나가사키에 플로토늄 '뚱땡이(Fat Man)'를 떨어뜨렸지만(8. 9), 이는 아이젠하워의 지적처럼 쓸모없는 짓이었다.

잠시 후 히로히토가 단파를 통해 항복의사를 피력했다(8. 10. 04:00). 그의 메시지는 곧 스위스 및 스웨덴 외교 라인을 통해서 미국, 영국, 중국, 소련 등에 전달되었지만, 군부의 반발로 정작 일본군 일선부대에는 항복명령이 제대로 하달되지 않았다. 연합국 측에서는 지연전술의 가능성을 의심하였고, 실제 전선에서는 크고 작은 전투가 변함없이 이어졌다.

이 무렵 경성 총독부에서는 목욕재계를 마친 아베 노부유키가 미리 준비한 흰 천으로 덮은 다다미 2매를 꺼냈다. 그 때 정무총감 앤도가 들어왔다.

"각하! 박석윤으로부터 연락이 왔습니다."

"……."

"몽양으로부터 승낙을 받았다고 합니다."

여전히 아베는 반응이 없다.

"그런데 이양에 필요한 사항을 몇 가지 요구해 왔다고 합니다."

"……."

"첫째, …"

그제야 아베가 손사래를 치며 말을 끊고 나섰다.

"그가 원하는 건 뭐든지 들어주고 이양에 필요한 모든 협력을 하도록!"

아베의 목소리에는 짜증이 섞여 있었다.

"하이!"

"총감이 직접 여운형을 만나서 종결을 짓게."

"하이"

아베의 표정이 일그러졌다. 단순히 협심증으로 인한 통증 때문만은 아니다.

"건방진 '반도인(半島人; はんとうじん)' 따위가…"

그러나 소련군이 내려오기 전에 도망칠 수 있도록 도와달라고 먼저 매달린 것은 정작 자신이 아니던가? 아베는 조선건국동맹 측의 모든 요구를 들어주어야 했다. 마침내 여운형의 조선건국동맹은 '건국준비위원회'라는 회의제(Assembly) 정부를 구성하고, 총독부로부터 행정권을 이양 받기 시작했다.

한편, 소련군은 불과 엿새 만에 만주에 이어 일본 북방 4개 섬을 차지하였다. 그러자 아베만큼이나 히로히토도 급해졌다. 8월 14일 밤 동경의 궁궐에서는 히로히토의 육성을 아세테이트 디스크에 담아 방송국으로 보냈다. 다음날 아침, 음험한 일왕의 음성이 라디오를 통해 울려 퍼졌다(8. 15). 그리고 두 시간 뒤에, 일왕의 항복 육성은 다시 전파를 타고 퍼져나갔다.

이날 아침 여운형은 필동에서 엔도를 만난 뒤, 남산의 헌병사령부를 찾아가 수감자를 석방시킨 다음 다시 서대문형무소에 들러 유치장에 수감 중인 정치범들을 석방시켰다. 그들은 만세를 불렀으나 그날 일왕이 항복했다는 것을 아는 사람은 경성에 그리 많지 않았다.

다음날이 되자 일본의 항복 소식을 알게 된 사람들이 집집마다 사발을 거꾸로 엎어놓고 태극기를 그리고는, 하나 둘 거리로 나와 만세를 부르기 시작했다. 여운형이 휘문고등학교에 나타나자 운동장을 꽉 메운 대중들이 태극기를 흔들며 환호했다(8. 16). 그의 '건준'은 이미 전국에 지부를 설치하고 주요 공공시설을 하나하나 접수하고 있었다. 광복 정국의 중심에 바로 여운형이 자리하고 있었던 것이다.

한편, 아베는 총독 집무실 창문으로 넘어오는 '반도인'들의 소란에 이맛살을 찌푸렸다. 그 때 엔도가 경무국장 니시히로와 함께 헐레벌떡 들어왔다.

"각하! 얼마 전 연합국 참모장 공동회의가 열렸다고 합니다."

엔도의 표정은 상기되어 있었지만, 그 음성은 유난히 낮고 굵직했다.

"......."

그래서 어쨌단 말인가? 아베는 시큰둥한 표정을 지으며 아무 반응이 없었다.

"각하, 3·8선을 경계로 그 이북은 소련이 그 이남은 미국이 각각 우리 군의 무장을 해제시키자고 제안했다고 합니다."

"뭐라고? 그래서?"

"소련이 이를 수락했다고 합니다."

"그~래? 소련군이 내려오지 않는다는 말이지~"

아베의 입 꼬리가 위로 올라갔다.

"니시히로!"

"하이!"

"사령부에 연락해서 3천 명 정도 서류상 전역처리하고, 경찰복으로 갈아입히도록 하게."

"하이!"

"요시"

아베는 두 주먹을 불끈 쥐었다. 그는 이제 소련군에 대한 두려움으로부터 벗어나 일본군민의 안전한 퇴각에 대한 희망을 갖게 되었고, 이를 위한 치밀한 계략을 마련하기 시작했다. 아베는 사령부로부터 충원한 병력을 동원하여 여운형에게 넘겨주었던 행정권을 다시 탈환하였다. 이어 아베는 막대한 화폐를 발행하여 철수자금을 준비하는 한편, 당시 오키나와에서 한반도를 향해 북상하고 있던 미24군 사령관 하지 중장에게 전보를 보냈다.

'조선의 민족주의자들은 공산주의자들이며 조선인은 부화뇌동적이다.'

처음에 하지는 그 생뚱맞은 전보를 무시했다. 그러나 조선총독부로부터의 전보가 줄지어 들어왔다.

'조선의 치안을 유지하기 위해서는 미군이 올 때까지는 총독부 기능을 유지하는 것이 필요하다.'

거듭되는 전보에 하지의 머릿속에는 조선에 대한 예단이 서서히 형성되고 있었다. 일리노이 촌놈으로 건축학을 조금 공부하다가 겨우 고등사관양성소를 거쳐 입대한 그에게 조선의 유구한 역사와 전통에 대한 이해 따위를 기대하는 것 자체가 어쩌면 사치일런지 모른다.

이 무렵 서울 상공에는 미군 B29가 나타나 미군 진입을 예고하는 삐라를 살포하기 시작했다(8. 20). 얼마 후에는 '남한 민중 각위에 고함'이란 제목의 포고령이 뿌려졌다(9. 2). 하지 중장 명의였다.

"…주민의 경솔·무분별한 행동은 의미 없는 인민을 잃고 아름다운 국토가 황폐화되어 재건이 지연될 것이다 … 각자는 보통 때와 같이 생업에 전념해주기 바란다. 이기주의로 날뛴다든가 혹은 일본인 및 미 상륙군에 대한 반란행위, 재산 및 기설 기관의 파괴 등의 경거망동을 하는…."

바로 그날, 일본 앞 바다에 정박 중인 미조리호에 일본 외무상 시게미쯔가 우메즈 미찌로우 대장과 함께 나타났다. 윤봉길에게 한쪽 눈과 다리를 잃었던 그는 의족을 한 채 절뚝거리며, 맥아더 쪽을 향하여 공손하게 다가갔다. 그는 맥아더 앞에서 히로히토의 무조건 항복을 확인하면서 포츠담선언을 수락하고, 일본의 통치권을 연합국 최고사령관에게 양도하는 문서에 조인했다.

이날 일본의 항복을 접수한 맥아더는 일본군의 무장을 해제하기 위한 연합국간의 지역적 분담을 규정한 연합군 최고사령부 일반명령 제1호를 발표했다.

"만주, 북위 38도 이북의 한국, 화태 및 천도열도에 있는 일본의 선임 지휘관과 모든 육상·해상·항공 및 보조부대는 소비에트 극동군 최고사령관에게 항복하고, 일본 대본영, 일본 본토에 인접한 제 소도, 북위 38도 이남의 한국, 유구 제도, 필리핀 제도에 있는 일본 선임 지휘관과 모든 육상, 해상, 항공 및 보조 부대는 미국 태평양 육군 총사령관에게 항복해야 할 것이다."

이 무렵 경성의 아베는 미군을 맞을 준비를 마치고 있었다. 웃기게도 일본 경찰이 인천을 삼엄하게 경비하는 가운데 미군이 인천으로 상륙하였다(9. 7). 해방군을 환영하다 잘못 폴리스 라인을 넘은 한국인들에게 총격이 가해졌다. 서울에 입성한 미군은 총독부 광장에 캠프를 차렸다. 일장기가 내려지고 곧바로 성조기가 올라가면서(9. 9) 우리 민족의 앞날에 어두운 그림자가 길게 드리워졌다.

바로 그날 여운형은 박헌영과 함께 조선인민공화국 수립을 선포하였으나, 하지는 '건준'과 '인공'을 모두 부정했다. 시골뜨기 군바리 하지는 대일전쟁을 선포하고 영국과 연합으로 인도 버마전선에 군대를 파견한 '대한민국 임시정부'까지 부정했다. 전국 각지에서 자발적으로 구성된 인민위원회, 치안대 등 각종 자치기구들은 모두 강제로 해체되기 시작했다. 이미 하지는 일본군의 무장해제와 조선의 해방이라는 본연의 임무를 망각하고 있었다.

'하지'는 점점 자신의 권력에 도취되어 갔다. 하지는 아놀드 소장을 군정장관에 임명하고(9. 12), 군정청의 성격·임무·기구 및 인사를 발표하였다(9. 20). 하지는 일본의 식민지 통치기구를 그대로 존속시키면서, 과거 조선인 행정관리와 경찰을 그대로 인수받았다. '아베의 시대'가 가고 '하지의 시대'가 온 것이다.

얼마 후 미군의 삼엄한 보호 아래 일본군이 인천항을 향하여 진군하기 시작했다(9. 30). 이놈들 보무(步武)에는 자신들은 결코 조선에 패한 것이 아니라는 자부심이 뿜어져 나왔다. 거류민들 역시 무사히 돌아갔다(10. 10). 광복의 기쁨도 잠시 원수들이 당당하게 돌아가는 모습을 보면서도 돌 하나 던질 수 없었던 민초들의 가슴에는 무엇인가가 응어리져 가고 있었다. 아베가 퇴각자금을 마련하기 위해 마구 찍어낸 화폐가 그들이 떠난 빈자리를 가득 채우면서, 살인적인 인플레가 그

동안 짓눌려 왔던 민생을 마구 할퀴며 가뜩이나 쓰라린 식민의 상처를 덧내고 있었다.

이러한 토양 아래에서도 각 정치세력들이 저마다 꿈틀거리기 시작했다. 송진우, 김성수 등 별로 한 일 없는 자들이 상해임시정부를 지지한다며 '한국민주당'을 창당한 것을 필두로, 박헌영이 '조선공산당'3)을 재건하였으며, 이어 안재홍도 나서 '국민당'을 만들었다(1945. 9). 그 후 이승만이 귀국하여 독립촉성중앙협의회를 결성하고 나서야, 뒤를 이어 김구가 귀국하여 한국독립당을 창당하였다(1945. 10).

여기서 이승만에 대해 먼저 말하자면 그는 김구나 김원봉 등과는 달리 인지도가 낮았으나, 워싱턴에서 라디오 단파방송 '미국의 소리(VOA)'로 희망의 복음을 전하면서(1942. 6), 그 이름 석자가 국민들에게 회자되기 시작했다. 광복이 되자 그는 귀국길에 동경에 먼저 들러 맥아더를 찾았다. 그 때문인지 하지는 공식석상에서 이승만에게 부동자세로 경례를 붙이면서 늙은 이승만의 체면을 살려주었다. 그러나 영어를 너무 잘하고 미국 조야에 인맥을 틈틈이 자랑하는 이승만에게 하지는 점차 지쳐갔다. 얼마 지나지 않아 하지는 이승만을 'the old son of bitch'라고 지칭했다.

한편, 개인 자격으로 조용히 귀국한 김구 주위로 날이 갈수록 지지자들이 점점 더 많이 몰려들고 있었다. 하지는 이런 김구가 영 부담스러웠다. 사실 하지는 임정을 불한당 집단쯤으로 생각하고 있었거니와 김구를 대할 때면 거대한 바위덩어리를 마주하고 있는 느낌이었다.

하지에게는 김성수, 송진우 등 한민당 일파가 만만하니 좋았다. 일

---

3) 이후 1946년 11월 23일 조선인민당·남조선신민당과 합당해 남조선노동당을 결성했다.

제 치하에서 교양 있게 잘 순치된 이들은 미국 유학을 다녀온 탓에 영어도 제법 알아듣고 말도 곧잘 하였다. 이들 무리는 하지가 이끄는 군정부의 군정장관 고문으로는 제격이었다.

그리고 그 하위직은 영어 단어 몇 자라도 아무렇게 내뱉을 줄 아는 놈들이나 그 주위에 붙어 있던 친일 성향의 인사들이 꿰찼다. 이들에게 세상이란 정말로 이상하고 야릇한 것이었다. 뒷배가 되어 준 아베 일당들이 철수하면서 지레 겁을 집어먹고 집에서 잔뜩 엎드려 있던 이들에게 다시 출근하라는 통보가 온 게 아닌가? 이것이 꿈인가 생시인가? 정말로 목숨을 부지할 수 있는 것인가? 제놈들조차도 스스로 이 상황이 믿기지 않는 듯 가재눈을 해가지고 여기저기 살피며 출근을 하기 시작했다.

그 후, 미·소가 묘하게 대립하면서 미군정의 정책이 반공으로 바뀌자, 이들은 몽둥이를 든 채 빨갱이를 찾아 눈에 불을 켜고 거리를 활보하기 시작했다. 이들에게 세상은 얼마나 아름다운 것이었을까? 반면 노덕술 따위에게 붙잡혀 모욕을 당한 천하의 김원봉 눈가에는 서러운 눈물이 하염없이 쏟아졌다.

한편, 북측의 정치지형이 김일성을 중심으로 형성되어 가면서, 남과 북이 분단이 될지도 모른다는 우려가 코로나 바이러스처럼 급속하게 퍼져나갔다. 이 무렵 통일정부를 수립하기 위해 미소공동위원회가 두 번이나 개최되었으나 '냉전'이라는 새로운 세계질서는 우리의 운명을 가르고 있었다. 유엔총회는 유엔감시 아래 남북한이 총선거를 통해 국회를 구성하고 통일정부를 수립하는 결의안을 채택하고(1947. 9), 이에 따라 유엔 한국임시위원단이 입국하였으나, 3·8선은 그들을 가로막았다(1948. 1). 결국 한국임시위원단이 활동 가능한 남한만이라도 선거를 통해 독립국가를 수립하자는 유엔 '소총회' 결의안이 채택되면서 분단에 대한 우려는 점차 현실이 되어 갔다.

　김구는 삼천만 동포에게 읍고하며, 남한만의 단독정부 수립을 결사반대한다는 뜻을 전했다(1948. 2. 13).

현시에 있어서 나의 유일한 염원은 3천만 동포와 손을 잡고 통일된 조국의 달성을 위하여 공동 분투하는 것뿐이다. 이 육신을 조국이 수요(需要)로 한다면 당장에라도 제단에 바치겠다. 나는 통일된 조국을 건설하려다 38도선을 베고 쓰러질지언정 일신에 구차한 안일을 취하여 단독정부를 세우는 데는 협력하지 않겠다.

이미 일흔을 넘긴 민족지도자는 3·8선을 넘어 새파란 김일성을 찾아가는 늙은 수고를 아끼지 않았으나(1948. 4. 19), 결국 빈손으로 돌아오는 그의 자글자글한 눈가에는 난생 처음으로 설움의 눈물이 고였고, 흐려진 시야에 응칠의 얼굴이 어른거렸다.

"아직 시신도 찾지 못했는데…."

아~ 하얼빈이 분단너머로 아득히 사라지고 있었다.

3. 친일파들의 한반도

처음으로 자신의 가슴팍에 얼굴을 묻고 아이처럼 엉엉 울던 원봉이

북으로 훌쩍 떠나버리고 난 뒤, 김구는 경교장에서 두문불출하는 날이 부쩍 늘었다.

'그 자존심 강한 친구가…'

김구는 한 숨을 길게 내 쉬었다. 마루에서 바라보는 정원의 풍경이 이토록 답답하게 느껴진 적이 있었던가? 요즘 경교장을 찾는 이들이 부쩍 줄었다. 세상인심이란 것이 원래 그런 것이겠지만…. 칠순 노인의 주름진 얼굴에 엷은 미소가 번졌다. 샌님같이 새하얀 봉길의 얼굴이 떠오르고 그 위로 억센 일본어 억양으로 한번 씩 웃음을 주던 봉창의 해맑은 웃음이 피어올랐던 탓이다. 오늘에야 부쩍이나 늙어버려 거추장스러워진 몸뚱아리가 먼저 간 젊은이들에게 너무나 죄스럽게 느껴졌다.

"내일은 효창원에 가봐야겠다."

이 무렵 경교장 담장 밖의 정국은 잔치집 마냥 부산했다. 학교 운동장 마다 사람들이 구름떼처럼 모이고 이놈 저놈들이 단상에 올라가 인상을 잔뜩 찌푸리며 뭐라고 열심히 짖어댔다. 그리고 얼마 후 사람들이 난생 처음으로 선거인가 뭔가를 한다고 다들 무슨 장날처럼 차려입고 투표손가 뭔가로 나섰다.

그리고 분주하게 단상을 오갔던 놈들이 오매불망 기다리던 결과가 나왔다. 이승만이 주도하는 범우익단체인 독립촉성국민회가 55명, 이청천의 대동청년단이 12명 등이었는데, 뜻밖에도 한국민주당은 제헌의원 명부에 29명밖에 이름을 올리지 못하였다. 당시 민중들이 아무리 우민하다고하나 한민당이 일본 앞잡이들의 집합소라는 것 정도는 삼척동자도 알고 있었던 것이다. 무소속이 85명으로 가장 많았던 것도 그러한 연유에서였다.

그러나 당선된 자들은 당적을 불문하고 우익성향의 부르주아들이 대부분이었다. 이들은 원래 독립투쟁과는 거리가 멀었고, 일제 치하에서 대학을 나오거나 미국이나 일본 등지로 유학을 다녀온 뒤 정치인, 공무원, 금융인 등으로 총독부 치하에서 잘 살았는데 그 중에는 적극적으로 총독부의 주구 노릇을 한 놈들도 적지 않았다. 이들은 광복 후에도 미군정 하에서 무슨 행정관리나 민주의원, 입법의원 따위를 지냈고, 일부는 '반공 뭐뭐'니 '무슨 청년단'이니 하는 이력을 갖고 있는 자들도 꽤 있었다.

특히 한민당은 김성수, 송진우, 장덕수, 조병옥 등이 참여하여 만든 정당으로, 김성수만 하더라도 (지금보자면) '대한민국 국회의 민족정기를 세우는 국회의원모임'과 광복회가 선정한 친일파 708인 명단에 수록되었고, 친일반민족행위 705인 명단, 친일인명사전에 언론계 친일파로 수록된 이후, 대법원에서 독립유공자 서훈이 박탈된 인물이다. 그는 매일신보 1943년 8월 5일자 '문약의 기질을 버리고 상무기풍을 조성하라'라는 기고문에서 다음과 같이 말했다.[4]

"조선 징병령 감사주간에 당하여 소감의 일단을 들어 삼가 반도 청년 제군의 일고(一考)를 촉(促)코자 한다. 작년 5월 8일 돌연히 발포된 조선에 징병령 실시의 쾌보는 실로 반도 2천5백만 동포의 일대 감격이며 일대 광영이라 당시 전역을 통하여 선풍같이 일어나는 환희야말로 무엇에 비유할 바가 없었으며 오등 반도 청년을 상대로 교육에 종사하는 자로서는 특히 일단의 감회가 심절(深切)하였던 바이다."

---

4) 오시영의 세상의 창-김삼환 시인의 "따뜻한 손", 참을 수 없는 역사 왜곡자들의 궤변, 법률신문, 2013년 6월 7일.

조병옥의 친일행각도 논란거리다. 조병옥은 각계 명사 120여 명과 함께 삼천리사가 주최한 임전대책협의회에서 '죽음으로써 일본에 보답한다.'는 결의에 동참했다. 조병옥은 친일 거두들과 함께한 이 자리에서 자못 비장한 어조의 발언으로 부민관 중강당을 제압했다(1941. 8. 25).

"우리는 오늘 제국의 신민으로서 이 마당에 모였습니다. … 조선민중은 아무 요구도 없이 무조건으로 협동하여 전승해서 동아공영권 건설에 매진함으로써 위정자에게 안심을 줄 것입니다."5)

한편, 장덕수는 콜롬비아 대학에서 학위를 마치고 귀국한 후(1936), 보성전문 교수와 동아일보 논설위원을 겸임하면서 이광수, 윤치호, 김활란 등과 친일 경쟁을 벌였다. 그는 부민관에서 열린 시국 강연회에서, '적성국가의 정체'라는 다소 선동적인 제목으로 웅변했다.6)

"이제 동아민족은 압박과 착취를 당하여 뼈만 남았지만 뼈로써 단결하여 구적(仇敵) 미·영을 타도하자."7)

이듬해 그는 김활란 등과 함께 부민관에서 일제의 싱가포르 공략을 찬양하는 강연회를 개최했다. 놀랍게도 그는 일본제국이 패망하기 직전까지도 그 짓을 멈추지 않았다. 장덕수는 연단을 우리 안의 맹수처

---

5) 역사평가 뻐거덕대는 조병옥 한겨레신문 2003년 12월 22일자 기사.
6) 오마이뉴스 08.10.02 10:33l, [제국과 인간] 김활란과 장덕수의 친일 경쟁, [김갑수 식민지역사팩션 126] 3부 '열두 개의 눈동자'.
7) 오마이뉴스 08.10.02 10:33l, [제국과 인간] 김활란과 장덕수의 친일 경쟁, [김갑수 식민지역사팩션 126] 3부 '열두 개의 눈동자'.

럼 빙빙 돌거나 아니면 청중석 사이를 종횡하면서, 그리고 때로는 울먹이면서, "천황 폐하의 은혜에 죽음으로 보답하자!"고 외쳤다.8)

다음은 그의 연설 일부 내용이다.

"학생 제군 중에는 재학지를 떠나 행방을 감추거나 또 집에 돌아오고 나서도 빨리 학병 지원 수속을 하지 않으며 선배나 뜻있는 사람의 권고까지 피하고 있는 경우가 있다고 하지 않는가? 이렇게 비열하고도 언어도단적이며 또 치욕을 모르는 젊은이가 또 어디 있을까? 나는 오늘날까지 교단에서 교편을 잡고 날마다 제군의 얼굴을 대해 왔거니와 이런 젊은이가 있으리라고는 추호도 생각하지 않았다.9)"

한편 송진우는 동아일보 뒤에 가려 있어 그의 친일 행각이 소상히 드러나 있지 않으나 그 특유의 기회주의적인 행보에 대해서는 당시에도 사람들의 입방아에 오르기 일쑤였다.

당시 국민들은 이들이 만주의 거친 바람과 눈보라를 맞으며 관동군과 싸우는 대신 총독부 아래에서 안락한 생활을 하면서 친일행각을 벌이거나 기회주의적인 행태를 보인 것에 대해 '표'로나마 심판하려 했다. 이러한 탓에 한민당은 당시 정치적 위상에 비해 턱 없이 적은 숫자의 의원을 배출하였던 것인데, 문제는 무소속 중에도 실은 한민당 성향이거나 무슨 우익단체와 관련을 가지고 있던 경우가 많았다는 것이다. 이들은 한민당 내세우고 입후보하거나 자신의 소속을 밝히는 것이

---

8) 오마이뉴스 08.10.02 10:33l, [제국과 인간] 김활란과 장덕수의 친일 경쟁, [김갑수 식민지역사팩션 126] 3부 '열두 개의 눈동자'.
9) 오마이뉴스 08.10.02 10:33l, [제국과 인간] 김활란과 장덕수의 친일 경쟁, [김갑수 식민지역사팩션 126] 3부 '열두 개의 눈동자'.

득표에 도움이 되지 아니하여 무소속으로 나오는 경우가 허다하였거니와 그들은 교묘한 방법으로 자신의 정체를 포장해 나갔다.

불행하게도 제헌의원들의 이러한 성향은 우리 제정헌법에 그대로 반영되었다. 제헌국회가 구성되고(5. 31), 며칠 후 열린 헌법기초위원회에 유진오가 작성한 헌법초안이 올라왔다(6. 4). 그런데 여기서 주목할 만한 것은 유진오가 작성한 헌법초안에 당초 행정분과위원회와 헌법분과위원회가 작성한 헌법초안에 없던 영토조항이 들어가 있었다는 점이다. 즉, 유진오초안 제4조는 '조선 민주공화국의 영토는 조선반도와 울릉도·제주도 기타의 부속 도서로 한다.'라고 하여 반도사관에 입각해 있었던 것이다. 1919년 9월 11일 공포된 임시 헌법 제3조 '대한민국의 강토는 구한국의 판도로 함'이라는 규정이나 1944년 4월 22일에 공포된 임시 헌장 제2조 '대한민국 강토는 대한의 고유한 판도로 함'이라는 규정과는 그 내용이 사뭇 달랐다.

그렇다면, 유진오는 어떤 인물인가? 결론적으로 그 역시 2008년 민족문제연구소에서 친일인명사전에 수록하기 위해 정리한 친일인명사전 수록예정자 명단에 선정된 인물이다. 을사늑약 이듬해에 태어난 그는 경성제국대학을 졸업하고 강사로 활동하다 고려대학교의 전신인 보성전문학교에서 교수로 재직했다. 그는 한편으로 문인으로 활동하며 뚜렷한 친일행적을 보여주었다. 1940년 11월 25일 한 시국강연회에서 그는 다음과 같이 연설했다.

"어느덧 성전(聖戰) 만 3주년을 맞이하게 되었습니다. 저 먼 대륙의 오지에서 모든 고통과 맞서서 싸우며 혁혁한 무훈을 세운 황군 장병 여러분에게 삼가 감사와 경의를 바치고자 합니다. 돌이켜보면, 이 3년간 사변은 당초 우리들이 상상치도 못했던 웅대한 규모로 발전한 것입니다. 그리고 사변은 지금 단순히 장(將) 정권의 타도라고 하는 소극적인 것이 아니라 동아 신질서의 건설이라는 적극적인 것을 목표로 삼게 되었습니다. 사변을 단지 소극적인 것으로, 군사적인 것으로 한정시켜 버린다면 저희 문화인은 단지 일 국민으로서 시국에 협력하는 데에 그치고 말 것입니다. 그러나 반대로 사변을 적극적인 것으로까지 발전시켜 보면 저희들은 단지 일 국민으로서만이 아니라 더 나아가 실로 문화인으로서의 막중한 책무도 지고 있음을 생각하지 않으면 안 됩니다. 무릇 동아 신질서의 건설은 또한 동아 신문화의 건설이기도 하기 때문입니다. 어떻게 하여 동아 신문화를 건설할 것인가, 어떻게 하여 동양의 오랜 전통을 새로운 규모 아래 건설해 낼 것인가. 대단히 막막하고 곤란한 과제이긴 하지만 지금 저희들 조선에서 자란 사람은 조선이라는 특수성 때문에, 또한 이중으로 과제를 짊어졌다는 것을 깨닫지 않으면 안 됩니다. 성전 3주년을 맞이하면서, 저는 저희 문화인들의 책무가 크고 막중하다는 사실을 통감하게 됩니다."10)

광복 후 그는 고려대학교 법대 학장을 역임하고 있다가 제헌의원 선거에 참여하여 서울 중구에서 당선되었다. 그 후 그는 김성수의 권유로 헌법제정 작업에까지 참여하게 된 것이다.

유진오 초안이 상정되자, 곧바로 '대한민국의 영토는 고유한 판도로서 한다.'라고 규정한 수정안이 올라왔다. 제안자 중 한명인 이귀수 의원이 제안 설명을 했다.

---

10) 출처: 《삼천리》, 1940년 7월호, 일문, 《친일문학선집》 2.

"반만년 역사를 통해 우리의 영토를 '반도'라는 말로 쓴 사람은 없었습니다. 이것은 왜적이 이 땅에 들어와서 이 민족을 모욕하고 우리의 영토를 자기 나라 영토라고 하는 그러한 의미에서 반도라고 불러왔습니다.… (중략) … 여러분 가만히 들어 보시오. 우리는 신중히 이 반도에 대하여 생각하지 않을 수 없습니다. 오늘날 우리는 3천만 민족·민중이라고 하지마는 여기에 있어서 앞으로 우리는 3천만이 되는지 백천만이 될는지 알 수 없습니다.… (중략) … 여러 가지 의미에서 우리의 영토는 '고유한 판도'라 그러면 장차 어떠한 여유가 있지 않을까. 이러한 의미에서 우리 영토는 고유한 판도라고 하였으면 가장 좋을 것이라고 생각하는 바 입니다. …"

곧이어 여기저기서 이귀수 의원의 수정안에 반대하는 주장이 제기되었다. 이번에는 박기운 의원이 나섰다.

"이번 이귀수 의원의 수정안에 대해서 찬성하는 한 사람입니다. 이 '고유'라는 것은 우리의 역사적 사실로 규정해서 나오는 것입니다. 지금 우리 국호를 가지고서 일정하게 한정하는 것은 현실적으로 봐서 저 반도의 북간도라든가 그러한 데에서 사는 민족의 분투감으로 보더라도 또 역사상으로 보더라도 모든 그 지방의 권리를 우리 민족이 가지고 있습니다. 그러나 국가적으로는 그 권력을 못 가지고 있지마는 이것은 의당히 과거의 역사적 사실로 보더라도 우리 국토로 편입하지 않으면 안 될 것입니다 이러한 의도 하에서 국한된 반도와 거기에 부속된 그 도서만을 낸다는 것은 너무 국한된 것이므로 여기에 여유를 두기 위해서 고유한 판도로 하는 것이올시다."

그러나 다시 반대의 의견이 제기되었다. 결국 수정안은 투표로 넘어갔다. 재석의원 1백 71인, 찬성에 13표, 반대에 1백 6표…. 결국 수정안은 과반수에 미달하여 부결되었다. 그리고 유진오의 헌법초안이 국회를 통과하고(7. 12), 이어 공포되었다(7. 17).

아~ 우리의 영토가 한반도와 그 부속도서로 규범화되면서 만주가 저 멀리 날아가 버렸다.

4. '북·소 평양협약'의 비밀

광복 직후 미군정을 거친 후 분단 아래에서 단독정부가 구성되고 헌법이 제정되어 압록강 두만강 이북의 영유권을 상실하는 동안, 우리 영토 '동북면'에서는 실제 어떤 일이 일어나고 있었을까?

소련군이 밀고 내려오자 관동군 사령부는 이에 대항하여 지구전을 계획하고 있었다. 히로히토가 항복 선언을 한 다음날 저녁 항복과 정전 명령이 정식으로 관동군 사령부로 접수되었다(8. 16). 그러나 관동군 총사령관 야마다 오토조(山田乙三) 대장은 며칠을 더 허비한 끝에 소련군 측에 무조건 항복의사를 전달하였다. 바로 그날 심양공항에서 도주하려던 '마지막 황제' 김부의가 체포되었다(8. 19).

오토조는 즉시 항복명령을 각 부대로 이를 하달할 것을 지시하였으나 일부 일선 부대에서는 이를 수발하지 못하여, 8월 말 까지 전투가 벌어지기도 했다. 그러나 만주 일대를 불법 점거해왔던 관동군에 대한 전면적 무장 해제는 태평양 지역에 비해 순조롭게 이루어졌다. 오토조를 비롯한 63만 명의 관동군 간부 및 장병들이 포로 신세가 되어 시베리아로 끌려갔다.

소련군은 파죽지세로 남하했다. 소련군 제25군이 함경도를 거쳐 평양에 진입했을 때(8. 24), 그곳에는 건국준비위원회 평남지부가 버티고 있었다. 위원장 조만식이 제25군 군사위원 레베데프 소장에게 대뜸 물었다.

"당신들은 점령군인가? 아니면 해방군인가?"

갑작스런 질문에 레베데프가 당황했다.

"우리는 점령군이 아닙니다."

양측 간에 북한지역에 민주정권을 수립하려는 논의가 원활히 이루어졌다. 그 결과 마침내 회의제(assembly) 정부 성격의 평남 인민정치위원회가 탄생했다(8. 27).

사실 소련군은 점령군은 아니었으나 해방군도 아니었다. 소련은 평양은 물론 북한 전역에 위수사령부를 설치하고 입법·행정·사법을 지휘 감독했다. 그들은 친소정권을 세우기 위한 모략을 획책하고 있었던 것이다. 이 무렵 극동사령부 88여단 소속 김일성 부대 80명이 원산항을 통해 들어왔다(9. 18). 이때까지만 해도 30대 초반의 '듣보잡' 김일성이 장차 북한의 정치판을 휘어잡을 거라는 것을 누구도 예측하지 못했다.

1945년 10월 8일 소련은 조만식 등 민족주의 진영을 내세워 '북조선 5도 임시인민위원회'를 출범시켰다. 조만식을 위원장으로 하는 이 기구는 공산주의 계열의 인사들까지 총망라하였다. 이때까지만 해도 조만식이 북한 지역을 대표하는 민족 지도자라는 사실을 부정하는 사람은 없었다.

한편 이 무렵 김일성은 공산당 조직을 통해 권력기반을 마련하려

하였지만, 서울에 조선공산당이 이미 재건되어 있어 북한지역에 또 다른 공산당 조직을 만든다면, 코민테른의 1국1당주의 원칙에 위배되는 것이었다. 당시 박헌영은 이미 코민테른에서 조선 공산당을 대표하는 국제적 인물이 되어 있었다. 박헌영은 김일성과는 달리 공산주의 이론에 밝았고, 일제치하에서 항일투쟁으로 세 차례에 걸쳐 10년 동안이나 옥고를 치른 경력 탓에 혁명성이 뚜렷하였으며, 무엇보다도 일찍부터 코민테른에 깊이 관여했던 터였다. 그러나 스탈린은 북한 인민들에게 지명도가 낮고 부담스럽기만 한 박헌영보다 말 잘 듣고 충성심이 강한 김일성을 이미 점찍어 두고 있었다. 스탈린은 김일성의 경력을 포장하여 지도자로 키우는데 심혈을 기울였다. 로마넨코를 대동한 김일성은 개성에 있는 소련군 38경비사령부에서 박헌영을 만났다. 그들은 박헌영을 압박하여 '조선공산당' 북조선분국을 얻어냈다(1945. 10. 10).

며칠 후 평양에서 '북조선 5도 임시인민위원회' 명의로 소련군을 환영하는 대규모 집회가 열렸을 때, 위원장 조만식은 평양시민들에게 김일성을 소개했다(10. 14). 그런데, 그해 말 모스크바에서 미국이 제안한 신탁통치안이 수록된 '한국 문제에 관한 4개항의 결의서'가 채택되었다(12. 16). 조만식은 김구와 함께 반탁운동의 선두에 섰다. 소련군 사령부의 회유와 협박이 있었지만 조만식은 굴하지 않았으며 결국 이로 인하여 고려호텔에 연금되었다.

소련은 반탁을 빌미로 조만식 등 우익세력을 제거한 뒤 '북조선임시인민위원회'라는 새로운 회의제 정부를 출범시켰다(1946. 2. 9). 그리고 그 위원장 자리는 김일성이 꿰찼다. 스탈린의 기대대로 김일성이 북한지역 정치권력의 전면에 등장한 것이다. 그 무렵 모스크바 3상회의에 따라 미소공동위원회가 열렸으나 곧 결렬되고(1946. 3), 제2차 미소공동위원회 역시 아무런 소득이 없이 끝나버리면서(1947. 5) 미국과 소련 간에 소위 '냉전체제'의 그림자가 우리 영토를 뒤덮기 시작했다. 이 새로운 국제질서는 김일성의 정치권력을 구축하기 위한 거대한 온실로 작용했다. 마침내 선거가 실시되고 '북조선인민위원회'가 탄생했다(1947. 2). 1948년 2월 8일에는 만주파의 최용건을 사령관으로 조선인민군이 창설되었다.

이처럼 김일성 정권이 자리를 잡아갈 무렵, 북한과 소련 사이에 국경이 획정되었다(평양협약: 1948. 2).

양측이 체결한 소위 '평양협약'의 결과 여순과 대련을 제외한 요동반도에서부터 압록강, 두만강 건너 서간도·동간도·북간도는 물론 송화강 지류인 흑룡강성 목단강시 일대에 이르는 지역이 북한 영토로 획정되었다.11) 이 지역은 원래 청과 조선 사이에 영유권 분쟁이 있었던 곳이었는데, 대한제국 때에는 고종황제가 우리 영토임을 확인하고 이범윤을 파견하여 실효적 지배를 행사하고 이를 러시아가 인정하였었다. '평양협약'은 '조러조약'의 연장이었던 셈이다.

이처럼 김일성이 눈코 뜰 새 없는 나날을 보내는 동안 김구가 올라왔다. 하지에게 그랬던 것처럼 김일성에게도 김구는 골칫거리에 불과했다. 가방 끈이 짧은 김일성에게 김구가 들먹이는 역사니 민족이니 하는 단어는 사치에 불과했다. 그는 민족이니 역사니 하는 말을 들을 때 보다는 혁명이니 정치니 투쟁이니 하는 단어를 떠올릴 때 비로소 피가 용솟음치는 그런 부류였다. 그는 '절대로 전기를 끊지 않겠다'며 늙은 지도자를 대충 다독였다. 그는 '절대로 북한만의 국가나 정부를

---

11) 출처: 오마이뉴스 2006-6-26: 1948년 7월 10일 중화민국 국방부 제2청이 외교부에 보낸 문서.

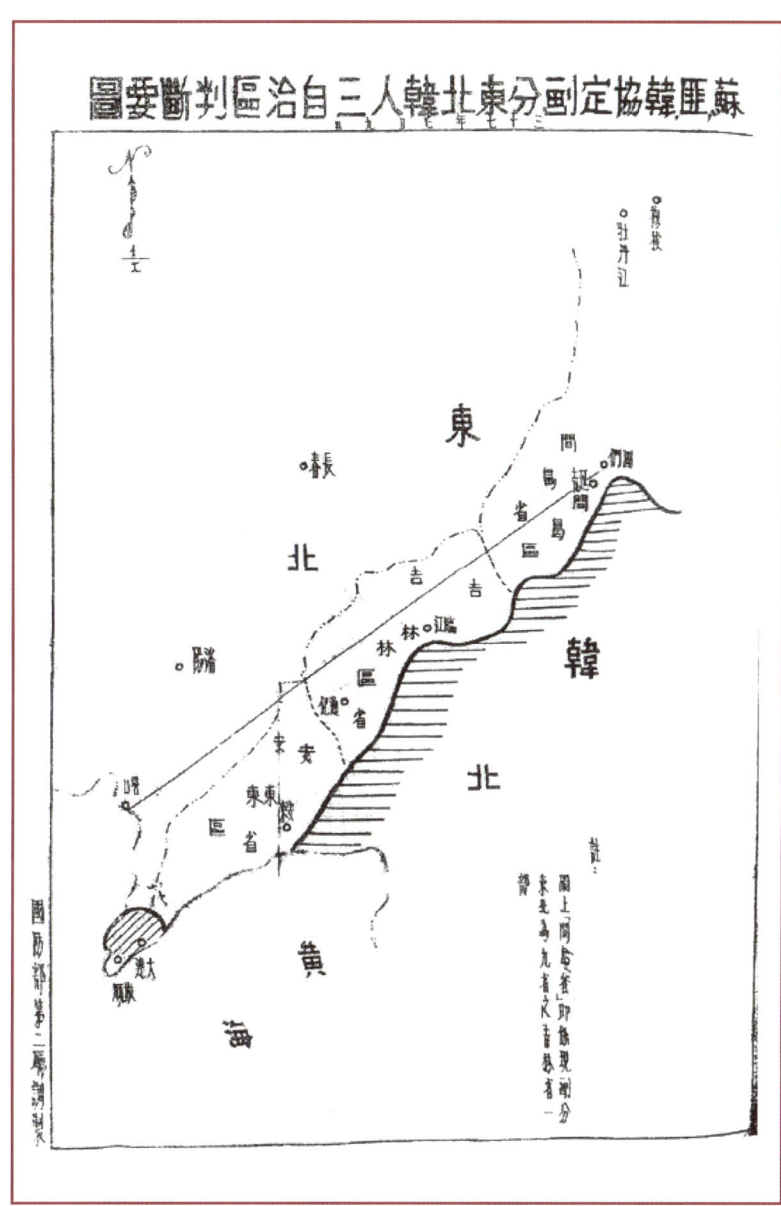

▶ 소련·북한협정 획분 동북한인 3자치구 판단요도: 여순(旅順) 대련(大連)을 제외한 요동반도 일대와 압록강 두만강 대안(對岸) 지역을 한국의 영토로 표시하고 있다. 출처: 오마이뉴스/김태경 기자 2006-6-26, ⓒ2006 포항공대 박선영 교수 제공.

수립하지 않겠다'며 김구를 돌려보냈으나, 바로 얼마 후 최고인민회의를 구성하고 조선민주주의인민공화국을 선포하였다(1948. 9).

그리고 조선민주주의인민공화국은 소련 측에 평양협정의 이행을 정식으로 촉구했다. 마침내 그 해 말 만주와 3·8선 이북 지역에 주둔했던 소련군이 모두 시베리아로 돌아갔다(1948. 12). 소련군이 철수한 자리에 북한군이 배치되면서 북한은 마침내 만주에 대한 실효적 지배를 획득했다. 그리고 이어 북한의 지방행정기관이 만주 일대에 설치되었다.

5. 동상이몽

북한이 서간도·동간도·북간도는 물론 송화강 지류인 흑룡강성 목단강시 일대에 이르는 지역을 영토로 획정하고 실효적 지배를 구축하는 동안, 산해관 이남에서는 뒤늦게 중국이라는 나라가 형성되기 시작했다.

일본군이 장학량을 비롯한 군벌들을 차례로 몰락시키면서 그 점령지에서 저지른 인류 최악의 만행은 역설적이게도 중국의 민족의식을 배양하기 시작했다. 곧이어 모택동이 대장정에 나서면서 내륙 곳곳에 붉은 자양분이 공급되었다. 그리하여 장개석이 주둔한 중경과 모택동이 주둔한 연안을 중심으로 하나의 중국이라는 자아관념이 서서히 싹을 틔우기 시작했다.

특이한 것은 손문 시절부터 시작된 국민당과 소련과의 해묵은 연대가 장개석 시대에도 이어졌다는 것이다. 전쟁이 막바지로 치달을 때쯤 스탈린의 기대대로 하나의 중국을 대표하는 인물이 된 장개석은 스스로 만주와 신장에 대해 아무런 권리가 없음을 스탈린에게 확인해 주었다. 같은 해 얄타에서 스탈린은 루스벨트와 처칠로부터도 만주와 신장에 대한 권리를 확인받을 수 있었다. 장개석의 국민혁명군이 연안을 점령했을 때만해도, 미국 역시 장개석을 밀고 있었다(1947. 3).

미국과 소련의 지원을 모두 받고 있던 장개석이었지만 뜻밖에도 전세는 역전되어 갔다. 대장정이 싹틔운 붉은 이념이 마침내 혁명의 불꽃이 되어 활활 피어올랐다. 모택동은 북경을 접수하고(1949. 1), 얼마 후 남경을 함락하는데 성공하였다(1949. 4). 이어 파죽지세로 상해까지 점령한 모택동은 마침내 북경에서 중화인민공화국의 수립을 선포하였다(1949. 10). 장개석은 광주, 중경, 성도를 전전하다가, 급기야 대만으로 쫓겨났다.

사실 이 당시까지만 해도 스탈린은 모택동에게 아무런 보험도 들어놓고 있지 않고 있었다. 젊은 모택동이 스스로 나서서 미·일에 대응하는 방위동맹을 제안해 왔을 때만해도, 스탈린은 오히려 시큰둥하였다.

그런데, 언제부터인가 소련과 미국사이에 묘한 기류가 형성되고 있었다. 소련은 발트 해의 슈테틴에서 아드리아 해의 트리에스테에 이르기까지 소위 '철의 장막'을 구축해 나가고 있었고, 이에 대응하여 미국의 봉쇄정책이 어느새 가동되고 있었다. 이제 '커튼'과 '경계' 사이에 태어난 이 거대한 돌연변이를 두고서 미국과 소련은 치열한 경쟁을 벌였다. 특히 미국은 한반도에 주둔했던 미군을 철수시킬 만큼 중국에 대해 애지중지 공을 들였다(1949. 6).

그러나 정작 모택동은 생각보다 교조적이어서 미국의 세련된 구애에 넘어가지 않았다. 스탈린이 자신의 70회 생일에 초대하자 모택동은 첫 외국 순방지로 모스크바를 선택했다(1949. 12. 16). 다급해진 애치슨이 미국의 방위선에서 한국과 대만을 밀어내는 지극정성을 보였으나

(1950. 1), 내전이라는 긴 터널을 빠져 나온 중국으로서는 같은 공산사업을 하는 소련과의 협력이 혁명사업의 완수를 위해 절실했다.

스탈린은 흔쾌히 3백만 달러를 약속하면서, 동업 계약서를 들이밀고 사인을 요구했다(1950. 2. 14). 그러나 모택동은 입이 한발이나 나왔다.

'이 영감이 나를 거지로 아나?'

스탈린의 얼굴에서도 웃음기가 사라졌다.

'촌놈 주제에 욕심은….'

노회한 스탈린은 만주를 제시하였지만 이 역시 탐탁한 선물은 아니었다. 영토는 넓고 할 일은 많은 모택동에게 만주가 무슨 소용이었겠는가? 더구나 만주는 지금 어린 김일성이 차지하고 있으니, 사실 말이야 바른 말이지 이를 두고 스탈린이 주고 말고 할 게 아니지 않는가?

스탈린의 입장에서야 이 무례한 놈을 미국에 빼앗기지 않으면 된 것이지만, 모택동은 후일 미국의 구애와 맞바꾼 모스크바의 선물을 두고 내내 투덜거렸다.

김일성 역시 이 사실을 알고 있었겠지만, 내색을 하지 않았다. 항일혁명의 빚을 진 모택동이 염치없이 만주를 내놓으라고 할 입장이 아니었을 뿐더러, 이 무렵 김일성의 머릿속에는 전혀 엉뚱한 생각이 또아리를 틀고 있었던 것이었다.

6. 만주를 건 도박, 6·25

소련군이 모두 시베리아로 철수한 뒤, 스탈린은 김일성과 박헌영을 모스크바로 불러 만주의 군사력 공백과 한반도 정세를 논의하였다

(1949. 2). 이 자리에서 김일성은 뜬금없이 대남 침공의 필요성을 역설했다. 자신의 아들보다도 어린 김일성의 귀여운 응석에 스탈린은 웃음을 지을 뿐이었다.

한편 소련군의 철수로 미군의 한반도 주둔이 그 명분을 상실하게 되었다. 함께 들어왔으니 같이 나가야 할 것이 아니겠는가? 미군은 국내외 압력을 버티지 못하고 철수하기 시작하였고, 얼마 후 군사 고문단 정도를 제외하고는 모조리 한반도에서 물러났다(1949. 6).

그런데 공교롭게도 미군철수를 전후한 시기에 조선의용군 병력이 대거 인민군에 합류하기 시작했다. 1949년 7월 20~25일에는 중공군 제166사단에 소속되어 있던 조선의용군 병력 10,320명이 입북하여 인민군 제6사단이 창설되었고, 1949년 7월 23일부터 8월 초까지는 창춘 전투에서 국민당군을 궤멸시킨 중공군 제164사단 소속 조선의용군 병력 10,821명이 입북하여 제5사단이 창설되었다.12) 바야흐로 남조선 해방을 위한 군사적 준비가 마무리되고 있었다.

김일성은 전면적인 남침에 대한 승낙과 지지를 받기 위해 북한 주재 소련 대사관과 크레믈린을 오가며 동분서주했다. 김일성과 박헌영은 대한민국이 조국통일민주주의전선의 평화적 통일안을 거부하고 있으므로 조선민주주의인민공화국은 대남공격을 준비할 수밖에 없으며, 그렇게 되면 대한민국에서는 이승만 정권에 대한 대규모 민중봉기가 분명히 뒤따를 것이라고 언급했다(8. 12).13)

그럼에도 불구하고 소련은 반응은 냉담했다. 북한 주재 소련 대사

---

12) 출처: 서상문, '6.25전쟁 공산진영의 전쟁지도와 전투수행: 상권, 국방부 군사편찬연구소, 2016, 127-131쪽.
13) "러시아 '한국전쟁 관련 외교문서' 〈1〉", 한겨레신문, 1994년 7월 21일, 5면.

스티코프는 김일성과의 면담내용을 스탈린에게 보고하면서 북한의 대남공격이 불가하다고 결론을 내렸다(8. 27).14) 스티코프는 스탈린이 제3차 세계대전의 발발을 두려워하고 있었다는 사실을 잘 알고 있었던 것이다.

그런데 이 무렵 소련이 핵실험을 성공하면서(1949. 8. 29) 이에 고무된 스탈린의 입장에 변화가 생기기 시작했다. 어느새 스탈린은 김일성의 의지와 능력에 지대한 관심을 보이고 있었다. 얼마 후 스탈린에게 올라 온 스티코프의 보고서 내용이 심상치 않았다(9. 15).

김일성과 박헌영은 현 정세하에서는 평화통일이 불가능하다고 생각하고 있으며, 북이 남한 정부를 무력공격하면 남북양쪽의 인민들이 이를 지지할 것이라고 믿고 있다. 그리고 지금 무력통일을 안하면 통일이 연기될 뿐이고, 그동안 남한 정권은 좌익세력을 탄압하면서 북진할 수 있는 강력한 군대를 만들어 통일은 물거품이 될 것이라고 생각하고 있다. 김일성은 남진을 시작할 때 소련과 중공이 원조해줄 것을 기대하는 듯하다.15)

모택동이 장개석과의 결전을 마무리 짓고 중화인민공화국을 선포한 것은 바로 이때였다(1949. 10. 1). 김일성의 행보는 더욱 바빠졌다. 이 무렵 그의 반민족적 작태는 이미 극에 달해 있었다.

다시 해가 바뀌면서 이른바 '애치슨 라인'이 그어졌다(1950년 1월 12일). 그리고 이 무렵 스탈린의 입장에 뚜렷한 변화가 있음이 감지되

---

14) "러시아 '한국전쟁 관련 외교문서' 〈1〉", 한겨레신문, 1994년 7월 21일, 5면.
15) "러시아 '한국전쟁 관련 외교문서' 〈1〉", 한겨레신문, 1994년 7월 21일, 5면.

었다. 김일성은 박헌영의 관저에서 열린 만찬에서 북한 주재 소련 대사 스티코프에게 남침 문제를 다시 제기하고 이를 논의하기 위하여 스탈린과의 면담을 희망한다는 의사를 피력했다. 김일성은 중국 공산당이 중화민국을 몰아내고 중화인민공화국을 성립한 것을 계기로 고무되어 대한민국이 차지한 남한을 해방시킬 차례라고 강조하고, 조선민주주의인민공화국은 기강이 세워진 우수한 군대를 보유하고 있다고 역설했다(1950. 1. 17).16)

마침내 스탈린이 서명한 전보가 평양으로 타전됐다(1. 30). 이 전보에서 스탈린은 김일성을 접견해 이 문제를 논의할 준비가 돼 있으며 그를 지원할 용의가 있다고 밝혔다. 다만, 스탈린은 김일성의 불만은 이해가 되나 '큰일'에 관해 치밀한 준비를 해야 하며 이를 실현하기 위해 지나친 모험을 해서는 안 된다는 점을 이해해야 한다고 언급했다.17)

이제 김일성과 스탈린이 직접 만나 면전에서 구체적인 방안을 확인해야 할 정도로 상황이 성숙되어 있었다. 김일성은 스티코프를 계속 몰아붙였다.

그 해 4월, 모스크바에서 열린 스탈린과 김일성 간의 회담에서 스탈린은 국제환경이 유리하게 변하고 있음을 언급하고, 북한이 통일과업을 개시하는 데 동의하였다. 다만, 이 문제의 최종결정은 중화인민공화국과 북한에 의해 공동으로 이루어져야 하며 만일 중국 공산당의 의견이 부정적이면 새로운 협의가 이루어질 때까지 결정을 연기하기로 합의하였다.18)

---

16) 김영호,《한국전쟁의 기원과 전개과정》, 성신여자대학교출판부, 2006, 138쪽.
17) "러시아 '한국전쟁 관련 외교문서' 〈1〉", 한겨레신문, 1994년 7월 21일, 5면.
18) "러시아 '한국전쟁 관련 외교문서' 〈2〉", 한겨레신문, 1994년 7월 22일, 5면.

이제 모택동을 만나면 된다. 김일성은 흥분을 감추지 못했다. 김일성은 스티코프에게 모택동과의 면담계획을 밝혔다(5. 12).

"소련에서 돌아온 후 이두연 주베이징대사로부터 모택동과의 면담결과를 보고받았다. 모택동은 '조선통일은 무력에 의해서만 가능하며 미국이 남한 같은 작은 나라 때문에 3차 대전을 시작하지는 않을 것이므로 미국의 개입을 두려워할 필요가 없다'고 말했다. 모택동과 면담하기 위해 5월 13일 베이징으로 출발할 것이다. 모택동은 내가 대남군사행동을 곧 시작할 생각이라면 비공식으로 만나겠다고 한다. 모택동에게 북한으로 이양되는 중공군 소속의 조선인 사단을 위해 중국이 노획한 일본 및 미국무기를 제공해줄 것을 요청할 계획이다. (나는) 50년 6월께로 예정하고 있는 남침계획을 구체적으로 수립하라는 지시를 북한군 총참모장에게 시달했다. 작전이 6월에 개시될 것이나 그때까지 준비가 완료될지 자신이 없다."[19]

그리고 다음 날 김일성은 곧바로 북경으로 날아갔다(5. 13). 그는 모택동과 만나 스탈린이 모스크바 회담 때 한 말을 전했다.

'현 국제환경은 과거와는 다르므로 북한이 행동을 개시할 수 있으나 최종결정은 모택동과의 협의를 통해 이뤄야한다.'[20]

---

19) "러시아 '한국전쟁 관련 외교문서' ⟨2⟩", 한겨레신문, 1994년 7월 22일, 5면.
20) "러시아 '한국전쟁 관련 외교문서' ⟨2⟩", 한겨레신문, 1994년 7월 23일, 5면.

다음날 스탈린이 친히 전문까지 보내주었다.

"국제정세의 변화에 따라 통일에 착수하자는 조선 사람들의 제청에 동의한다. 그러나 이는 중국과 조선이 공동으로 결정해야 할 문제이고 중국 동지들이 동의하지 않을 경우에는 다시 검토할 때까지 연기되어야 한다."[21]

모스크바로부터 메시지를 받은 모택동은 다음 날 김일성·박헌영을 다시 만나 구체적으로 의견을 교환하였다(5. 15).

김일성은 북한이 '군사력 증강-평화통일 대남제의-대한민국 쪽의 평화통일 제의 거부 뒤 전투행위 개시'의 3단계 계획을 세웠다고 언급했다. 모택동이 이 계획에 찬성을 표명하고 일본군의 개입 가능성을 물은 데 대해 김일성은 일본군이 참전할 가능성은 별로 없는 것으로 보나 미국이 2만~3만 명의 일본군을 파견할 가능성을 전혀 배제할 수는 없다고 답변했다. 그러나 일본군의 참전이 상황을 결정적으로 변화시키지는 못할 것이라고 말했다. 모택동은 만일 미군이 참전한다면 중국은 병력을 파견해 북한을 돕겠다고 했다. 소련은 미국 쪽과 38선 분할에 관한 합의가 있기 때문에 전투행위에 참가하기가 불편하지만 중국은 이런 의무가 없으므로 북한을 도와줄 수 있다고 했다. 북한이 현 시점에서 작전 개시를 결정함으로써 이 작전이 양국 간 공동의 과제가 되었으므로 이에 동의하고 필요한 협력을 제공하겠다고 했다.[22]

모택동은 미군이 참전한다면 중국은 병력을 파견해 북한을 돕겠다

---

21) "러시아 '한국전쟁 관련 외교문서' 〈2〉", 한겨레신문, 1994년 7월 23일, 5면.
22) "러시아 '한국전쟁 관련 외교문서' 〈2〉", 한겨레신문, 1994년 7월 23일, 5면.

고 말하며 김일성을 독려해왔지만, 남침계획이 구체화되면서 미군의 참전 가능성을 구체적으로 따져 물으며 김일성을 몰아붙였다. 김일성은 '참전할 일이 생기지 않을 것이다. 미국은 중국에서도 싸우지 않고 물러갔지 않았느냐?'고 말했다. 그래도 모택동은 '미군이 38선을 넘어 북진하는 일이 생길 수 있다.'라고 말하면서 이를 대비해 '미리 3개 군단을 압록강을 따라 배치해 두겠다.'고 생색내듯 말했고, 이에 김일성은 '파병할 필요가 없을 것이다.'고 했을 뿐, '그 전에 3개 군단을 압록강을 따라 배치해 두겠다.'는 말에는 명확한 반대의사를 피력하지 못했다. 이 순간 모택동의 입가에는 엷은 미소가 번져 갔다.

김일성은 스티코프에게 4월 모스크바 회담 시 합의된 무기와 기술이 이미 대부분 북한에 도착했음을 통보하였다(5. 29). 이 통보에서, 또한, 김일성은 새로 창설된 사단들이 6월말까지 준비 완료될 것이라고 말했다. 김일성의 지시에 따라 북한군 참모장이 바실리예프 장군과 함께 마련한 남침공격 계획을 북한지도부가 승인하였고, 군조직 문제는 6월 1일까지 끝내기로 했다. 북한군은 6월까지 완전한 전투준비 태세를 갖추게 된다는 것이었다. 김일성은 6월말 이후는 북한군의 전투준비에 관한 정보가 남쪽에 입수될 수 있으며 7월에는 장마가 시작된다는 점을 지적했다. 6월 8~10일에 집결지역으로의 병력이동을 시작할 것이라고 보고되었으며, 김일성과 면담 뒤 스티코프는 바실리예프 장군 및 포스트니코프 장군과 의견을 교환했다. 그들은 7월에 공격을 시작하는 것이 가장 시의적절하나 일기관계로 6월로 변경할 수밖에 없다고 말했다.23)

---

23) "러시아 '한국전쟁 관련 외교문서' 〈2〉", 한겨레신문, 1994년 7월 23일, 5면.

결국 김일성은 만주를 판돈으로 걸고 조선의용군이라는 칩을 얻어냈으며, 남침이라는 도박을 감행했다.

만주 일대에 배치되어 있던 북한군 병력들이 속속 3·8선 부근으로 이동하면서, 그 빈자리를 향하여 임표의 제4 야전군이 이동하기 시작했다. 아울러 중국 북서부에 있던 팽덕회의 제1 야전군 등도 만주와 산동반도 방면으로 이동하기 시작했다. 중공군은 봉천24)에서 안동25)에 이르는 복선철로와 봉천에서 길림성을 우회하여 집안에 이르는 단선철로를 통해 각각 남북 만주로 들어온 후에는 주로 밤을 이용하여 미리 정해둔 주둔지를 향하여 이동했다.

10월 중순 경이 되었을 때에는, 제4 및 제3 야전군 약 40여만 명이 만선 경계를 따라 집결을 완료하였다. 결국 '항미원조'를 구실로 북한군이 물러간 만주 일대를 이제 중공군이 점령하게 된 것이다.

7. 항미원조와 북중변계조약

1950년 6월 25일 새벽, 중공군이 만주 일대에 주둔을 하면서 만일의 사태를 준비하는 가운데, 조선의용군을 주축으로 3·8선 일대에 배치된 인민군이 전면공격을 개시했다. 유엔은 즉각 북한에게 북위 38도선 이북으로 철군할 것과 일체의 적대행위를 중지할 것을 촉구하고 나섰고, 국군은 미아리에 화력을 집중하고 결사 항전했다. 그러나 이승만 정부가 바로 대전으로 달아나고 한강철교가 폭파되었다. 이 소식이

---
24) 봉천: 오늘날 심양시를 말한다.
25) 안동: 오늘날 단동시를 말한다.

전해지자 국군의 방어선은 속수무책으로 허물어져 내렸다. 인민군은 불과 3일 만에 서울을 접수하고 파죽지세로 남하했다. 이승만 정부가 대구로 달아난 가운데, 대전 역시 적의 수중에 들어갔다(7. 20). 여기서 김일성을 인민군의 진로를 셋으로 나누어, 일부는 서쪽으로 호남 일대를 휩쓴 뒤 마산으로 향하게 하고, 일부는 경부선을 따라 대구로 향하게 했으며, 또 일부는 동으로 포항을 향하게 했다.

만약 소련제 탱크가 이천, 여주를 거쳐 곧바로 조령을 통과하고, 대구, 부산 방면으로 곧장 진격하였다면, 유엔군의 개입이 시간적으로 불가능하였을 지도 몰랐다. 적화통일의 야욕이 저지된 것은 순전히 역사와 지리에 대한 김일성의 무지 때문이었다.

그 사이 맥아더를 총사령관으로 하는 유엔군이 조직되어 동경에 사령부를 꾸렸다(7. 7). 맥아더는 한국군의 지휘권을 넘겨받고(7. 14), 마산-왜관-영덕을 잇는 낙동강 방어선을 펼칠 수 있었다(8. 3). 그 무렵 미 공군은 제공권을 장악하고, B29, B26 등 중폭격기를 가동하여 인민군의 교통로를 파괴하는 한편 평양·진남포·함흥·성진·청진·나남 등지의 군수공장을 잿더미로 만들기 시작했다. 세이버 제트기·F51 전투기 등은 각 방면의 인민군을 주 공격목표로 삼고 공습작전을 전개하였다. 이미 전쟁의 판세는 바뀌고 있었다. 이 무렵 미8군 사령관이던 워커(Walker) 중장은 '한국전선 최대의 위기는 지나갔다'고 말하였다(8. 12).[26]

그리고 모택동이 경고한 대로 맥아더가 인천에 상륙하자(9. 15), 전선의 인민군은 독안에 든 쥐 신세가 되었다. 미군은 곧바로 서울을 수복하고(9. 28), 미아리를 넘어선 뒤 3·8선을 돌파했다(10. 1). 바로 이날

---

26) 출처:《글로벌 세계 대백과사전》〈전쟁발발과 유엔군 출동〉.

모택동은 주은래 명의로 유엔군이 3·8선을 돌파한 것은 묵과할 수 없는 사태임을 유엔에 엄중 경고였으나, 유엔은 유엔군의 북진을 지지하는 결의를 채택하였다(10. 8). 얼마 후에는 원산에 이어 평양이 한국군에 의해 수복되었다(10. 19).

이제 칩을 다 날리게 된 김일성은 백두산까지 판돈으로 걸어야 할 지경이 되었다. 이미 김일성은 유엔군에 의해 3·8선을 돌파 당한 날 이미 장문의 편지를 모택동에게 보내 약속의 이행을 요구했었다. 그러나 모택동은 '지금은 당분간 지켜보자.'라고 뜸을 들이며, '당분간 유격전을 수행하는 것이 좋겠다'며 충고까지 했다. 미국의 개입을 예상하여 만선 경계를 따라 병력까지 배치해 두고 있었던 모택동은 다급해진 김일성에게 '더 많은 대가'를 원하고 있었던 것이다.

그 무렵 한국전쟁에 개입한 트루먼의 국정지지도는 81%를 상회하고 있었다. 제2차 세계대전을 승리로 이끈 미국인들의 자만이 하늘을 찔렀다. 고무된 트루먼은 웨이크 섬으로 맥아더를 오게 했다(10. 8).

"중공군이 개입할 염려는 없습니까?"

"그럴 가능성은 거의 없습니다(Very little, chance of Chinese intervention in the war)."

"혹시라도…"

이미 트루먼은 5살 위인 전쟁 영웅의 카리스마에 압도되어 있었다. 맥아더를 워싱턴으로 부르지 않은 것도 이런 저런 핑계를 대긴 했어도, 그 이유가 따로 있었다.

"중공군에게는 공군이 없으니, 개입한다 하더라도 B29로 쓸어버릴 것입니다."

만면에 웃음을 띤 맥아더의 호언 앞에서 트루먼도 억지 미소를 지었다. 그리고 맥아더가 마무리를 했다.

"이번 크리스마스 때까지는 병사들이 집으로 돌아갈 것입니다."

워싱턴으로 돌아온 트루먼이 기자들을 모아 놓고 웨이크 회담이 아주 흡족했다고 떠벌이는 동안, 맥아더는 전 예하부대에 압록강으로 진격할 것을 명했다.

얼마 후 국군 제6사단은 서부 국경도시 초산을 돌파하여 압록강에 다다랐고(10. 26). 미 7사단은 중부국경 혜산에 도달했다(11. 21). 동부에서는 함흥, 북청, 성진이 차례로 수복되었고, 제3사단은 길주를 거쳐 백두산을 향해 합수로 진격하고 수도사단은 함경북도 도청 소재지 청진을 수복했다(11. 26).

이때, 모택동이 김일성과의 약속 이행을 조금 더 미루었더라면, 맥아더는 허풍쟁이가 되지 않을 수도 있었을 런지 모른다. 그러나 그 무렵 이미 중공군의 공세가 시작되고 있었다. 가장 먼저 공격을 당한 국군 6사단은 이미 궤멸되고 있었다(11. 1).

맥아더가 '크리스마스 대공세'를 시작했으나, 국군 제2군단이 맡았던 전선이 붕괴되고 원산이 함락되면서, 동부전선에 있던 미 10군단과 국군 1군단이 일시에 고립되었다. 장진호 부근에 주둔 중이던 세계 최강 미 해병 1사단 역시 포위되었다.

맥아더는 '크리스마스 카고(Christmas Cargo)'를 공식 하달하였다(12. 11). 동부전선에 고립된 미 10군단과 국군 1군단은 흥남 부두를 통하여 철수하고, 이를 위해 미 해병 1사단이 중공군의 공세를 저지하여야 하는 상황이 되었던 것이다. 항일의 선봉에서 대륙을 누볐던 중공군 최정예 제9병단이 영하 30~40도의 혹한 속에서 미 해병 1사단을 사냥하듯 조여 왔다. 그러나 과달카날 전투의 승리에 빛나는 미 해병 1

사단은 17일 간이나 중공군의 공세를 견뎌냈다.

그 무렵 흥남에는 철수 병력 외에도 공산주의의 실상을 몸으로 체험한 북한 주민 수십만까지 부두로 속속 모여들었다. 눈보라가 휘날리는 가운데 피난민들은 이별의 눈물을 뿌려야 했다. 그리고 마침내 서울이 다시 함락되었다(1951. 1. 4).

맥아더는 중공군의 예봉을 꺾기 위해 폭격기를 출격시켰다. 그러나 이미 만주 일대에는 소련군 12개 비행사단이 대기하고 있었다. B29 폭격기는 미그15기에 의해 속속 격추되었다. 곧이어 미그기와 F86 편대 사이에 개싸움(Dogfiight)이 펼쳐졌으나 미그15기의 엄청난 속도와 회전기관포 앞에 F86 편대는 와해되기 시작했다. 화가 난 맥아더가 펄쩍 뛰며 만주를 폭격하겠다고 협박했다. 그러자 소련이 노골적으로 불쾌감을 들러냈다.

이제 제3차 세계대전이 임박했다. 동경은 물론 워싱턴과 뉴욕에 핵폭탄이 투하되지 말라는 법이 없었다. 애틀리가 트루먼을 찾아와 만일의 사대에 대한 논의를 했다. 결국 트루먼은 맥아더를 허풍쟁이에다 과대망상증 환자로 몰아붙여 군복을 벗겼다(1951. 4. 11). 그러나 맥아더가 정작 뉴욕으로 돌아와 카퍼레이드를 벌이자 미국인들은 그를 열렬히 환호하며 오히려 트루먼의 지지율이 곤두박질쳤고 결국 아이젠하워에게 백악관을 내어주어야 했다(1953. 1. 20). 그리고 또 얼마 후에는 스탈린이 죽었다(1953. 3. 5). 광복과 분단을 거치며 이 땅에 갈등과 반목을 부채질한 주역들이 차례로 역사의 무대에서 내려갔다.

말렌코프, 흐루시초프 등 스탈린의 후임들이 나서 휴전을 제의하자, 아이젠하워는 기다렸다는 듯이 어를 덥석 받았다. 모택동은 또 한번 회심의 미소를 지었다. 마침내 북한과 UN군 사이에 정전협정이 타결됐다. 팽덕회도 참여하여 협정문에 서명했다(1953. 7. 27).

결국 3·8선이 휴전선으로 대체되었을 뿐, 전쟁이전과 달라진 것이 없었다. 다만, 미국의 개입은 절대 없을 것이라고 호언하던 김일성은 만주에 대한 원상회복을 요구하지 못했다. 중국은 외국과 체결한 조약에 대하여 '승인도 부인도 하지 않는 방침'을 채택하였다. 중국은 특히 조중국경문제에 대하여는 '일시적 현상유지 방침'을 고수하면서 새로 편입된 영토에 대하여 실효적 지배를 구축하는데 박차를 가했다.

중국의 헌법은 이를 암묵적으로 뒷받침해 주고 있었다. 중국 헌법은 서문에서 '대만이 중화인민공화국의 신성한 영토의 일부분(台湾是中华人民共和国的神圣领土的一部分)'이라고 밝히고 있는 것 외에 영토에 대하여 (물론 지금도 그렇지만) 따로 규정하고 있지 않았고, 우리 헌법도 한반도와 그 부속도서를 영토로 하고 있었으니, 중공군의 만주 주둔은 규범적으로도 아무런 문제가 없었다.

한국전쟁 직후 중국의 만주에 대한 불법 점거가 계속되는 동안, 신강의 분쟁지역인 영탑이(英塔爾) 일대에서 중·소 양국의 국경수비대 간에 서로 경고 사격하는 사건이 발생했다(1956. 2). 만주 일대에서도 사정은 비슷하였다. 사정이 이러하자 중국 정부의 영토정책이 적극적으로 바뀌기 시작했다. 특히 만주에 대한 실효적 지배에 자신이 생긴 중국은 이번에는 백두산 천지에 대한 영유권까지 문제 삼기 시작했다.

이 무렵 공산당은 국경문제를 회의안건으로 상정하고(1956), 이듬해 중국 총리 주은래가 중국의 국경문제 해결을 촉구하고 나섰다(1957. 3). 그 이듬해 주은래는 국무원 산하에 국경위원회를 설치하고 여기서 본격적으로 북·중 국경문제를 다루기 시작했다(1958. 7). 그러나 북·중 국경은 획정하기가 어렵고, 중국과 인도의 국경분쟁까지 겹쳐 그 논의가 한 동안 중단되었다.

그런데 1961년에 접어들면서 만주의 조선족들이 대량으로 북한으로 입국하는 사건이 발생하자 중국이 북한에 항의를 했다. 이에 외무상 박성철은 중국대사 학덕청(郝德靑)에게 내부협상을 통한 중·북 국경문제 해결을 제의했다(1962. 2. 18). 그러자 중국은 북·중 국경선 획정 문제에 관한 초안을 작성하고(1962. 3. 30) 중국 외교부 부부장 희붕비가 이를 가지고 안동으로 와 북한 외무성 부상 유장식과 북·중 국경회담을 가졌다(1962. 4. 10). 당시 중국은 북한과 중국이 형제국가이기 때문에 외교가 아닌 내교(內交)를 해야 한다는 점을 연일 강조했지만 이는 곧 '항미원조'를 생각하라는 것이었으며 중국의 초안을 호의적으로 받아들이라는 압박에 지나지 않았다.

그 해 가을에는 유정식이 희붕비를 평양으로 초대했다. 둘 사이에 북·중 국경문제에 대한 심도 있는 논의가 전개되었지만, 항미원조는 북한 외교부가 감당할 수 있는 한계로 작용했다. 북한과 중국의 실무진들 사이에 초안이 확정되자 주은래가 평양으로 날아와 김일성을 만났다.

그리고 마침내 '중조변계조약'이 체결됐다(1962. 10. 12). 북한과 중국은 이 조약을 통해 백두산과 두만강 상류의 국경선을 명확히 획정하고(1962. 10), 그 다음 달 각각 이를 비준하였다(1962. 11).

조약문에 따르면 백두산 천지의 경계선은 백두산 위 천지를 둘러싸고 있는 산마루 서남단 위에 있는 2520고지와 2664고지 사이의 안부(鞍部)의 중심을 기점으로, 동북 방향 직선으로 천지를 가로질러 반대편 산마루인 2628고지와 2680고지 사이의 안부 중심까지이다. 이를 경계로 그 서북부는 중국에 속하고 동남부는 조선에 속하게 되었다.

남쪽에서는 헌법의 제정을 통해 스스로 만주를 포기해 버린 반면 북쪽에서는 남침 야욕의 판돈으로 만주를 날려 먹었다. 결국 만주는 친일파들의 부활과 적화통일의 야욕이 어우러진 가운데, 우리 민족의 품에서 영영 떠나가 버린 것이었다.

8. 주은래의 이중성

'조·중변계조약'이 체결된 이듬해 주은래는 중국을 방문한 조선 과학원 대표단 일행을 만났다(1963. 6. 28).

그는 이 자리에서 '한중관계'에 대해 일장 연설을 쏟아냈다.

현재의 중조관계는 매우 밀접하며 역사적으로도 그러했는데 다음의 세 시기로 나누어볼 수 있다.

제1시기는 중조양국과 두 민족의 역사적 관계이다.

제2시기는 중국과 조선이 모두 동시에 제국주의 침략을 당했을 때이며, 조선이 일본의 식민지가 되고 중국은 부분적인 일본의 식민지를 포함해 제국주의의 반식민지가 됐을 때이다. 이 시기의 중국과 조선은 혁명적 관계였다.

제3시기는 바로 현재인데, 우리 모두는 사회주의 국가이며 형제당·형제국가의 관계이다.

이 세 시기의 중국·조선 두 나라와 두 당간의 관계에서 연구할만한 가치가 있는 여러 문제들이 있다. 역사관계, 민족관계, 혁명관계에 대한 조사연구를 통해 쌍방의 관점과 견해를 완전히 일치시킨 다음 문건과 서적에 모두 기록하였다. 이것은 우리 역사학자의 일대 사건이고 응당 해야 했던 일이다. 이것은 또한 정치활동을 하는 당 활동가인 우리들이 당연히 노력해야 할 방면의 하나이다.

이 연설문에서 주은래는 한중의 역사를 3단계로 나누고 있다. 그 첫째가 양국 고대사요, 둘째가 항일의 역사이며, 셋째가 현재 양국의 문화관계라는 것이다.

이어서 첫 단계인 양국 고대사에 관한 주은래의 연설문을 살펴보자.

제1시기는 역사기록 이래로 발굴된 문물에 의해 증명된다. 두 나라, 두 민족 관계는 제국주의 침략으로 중지된 때까지 3·4천년 이상 매우 긴 시간이었다.

이러한 역사연대에 대한 두 나라 역사학의 일부 기록은 진실에 그다지 부합되지 않는다. 이것은 중국역사학자나 많은 사람들이 대국주의, 대국 쇼비니즘(Chauvinism)27)의 관점에서 역사를 서술한 것이 주요원인이다. 그리하여 많은 문제들이 불공정하게 쓰여졌다.

먼저 양국민족의 발전에 대한 과거 중국 일부 학자들의 관점은 그다지 정확한 것은 아니었고 그다지 실제에 부합하지 않았다. 조선민족은 조선반도와 동북대륙에 진출한 이후 오랫동안 거기서 살아왔다. 요하·송화강 유역에는 모두 조선 민족의 발자취가 남아있다. 이것은 요하와 송화강 유역, 도문강(圖們江) 유역에서 발굴된 문물, 비문 등에서 증명되고 있으며 수많은 조선 문헌에도 그 흔적이 남아있다. 조선족이

---

27) 쇼비니즘(Chauvinism): 극단적 애국주의 또는 국수주의.

거기서 오랫동안 살아왔다는 것은 모두 증명할 수가 있다. 경백호 부근은 발해의 유적이 남아있고, 또한 발해의 수도였다. 여기서 출토된 문물이 증명하는 것은 거기도 역시 조선족의 한 갈래였다는 사실이다. 이 나라는 역사적으로 상당히 오랫동안 존재했다. 따라서 조선족이 조선반도에서 살았을 뿐만 아니라 동시에 요하·송화강 유역에서 오랫동안 살았다는 것이 증명된다. 조선족이 더 오래전에도 있었는가에 대해서는, 일부는 아시아 남부에서 표류해 왔다고도 하나 이것은 별개의 문제이다. 다만 분명한 것은 조선족 일부가 원래부터 한반도에서 거주하였다는 것이다. 도문강·요하·송화강 유역에서 거주한 것은 분명한 사실이며 역사기록과 출토된 문물이 이미 증명하고 있다.

민족의 생활습관으로 볼 때, 남아시아에서 딸려 온 생활습관도 있다. 즉 벼농사, 방에 들어설 때 신발 벗기, 언어발음은 우리나라 광동 연해 지역 일대의 발음과 조금 가깝기도 하다. 우리나라 광동 연해의 일부 주민은 남아시아에서 이주해 왔다. 이 문제는 역사학자들에게 한층 심도 있는 연구를 하도록 남겨두도록 하고 오늘 여기 연설 범위에 포함하지는 않겠다. 그러나 도문강·요하·송화강 유역에서 조선족이 이미 오랫동안 거주했었다는 것을 증명하도록 하겠다. 우리는 이 문제에 대해 책임이 있고 또한 이 지방에 가서 현장조사하고, 비문과 출토 문물을 찾고, 역사흔적을 연구하는 것은 또한 권리이기도 하다. 우리에게 책임이 있는 부분에 대해서는 당신들을 돕도록 하겠다.

민족의 역사발전을 연구하는 가장 좋은 방법은 출토된 문물에서 증거를 찾는 것이다. 이것이 가장 과학적인 방법이다. 이것은 바로 곽말약(郭沫若) 동지가 주장한 것이다. 서적상의 기록은 완전히 믿을만한 것이 되지 못한다. 왜냐하면 어떤 것은 당시 사람이 쓴 것이지만 관점이

틀렸기 때문이다. 또 어떤 것은 후대 사람이 위조한 것이기 때문에 더욱 믿을 수가 없다. 그래서 역사서는 완전히 믿을 수만은 없는 2차 자료일 뿐이다. 당연히 이렇게 긴 역사문제에 대해서는 역시 문자로 기록된 역사자료도 연구해야 한다. 다만 이러한 자료를 연구하려면 중국과 조선 두 나라 동지들이 반드시 하나의 공통된 관점을 세워야 한다. 이 관점이란 바로 당시 중국이 여러분들 나라보다 컸고, 문화발전도 조금 더 빨랐기 때문에 항상 봉건대국의 태도로 당신들을 무시하고 모욕하면서 당신들을 침략할 때가 많았다는 것이다. 중국역사학자들은 반드시 이런 사실을 인정해야 한다. 어떤 때는 고대사를 왜곡했고, 심지어 여러분들의 머리위에 조선족은 '기자의 자손'이라는 말을 억지로 덧씌우고, 평양에서 그 유적을 찾아 증명하려는 무리한 시도를 하기도 했다. 이것은 역사왜곡이다. 어떻게 이렇게 될 수가 있단 말인가?

진·한 이후 빈번하게 요하유역을 정벌했는데, 이것은 전쟁이 실패하자 그냥 돌아왔을 뿐이지 분명한 침략이다. 당나라도 전쟁을 치렀고 또 실패했으나 당신들을 무시하고 모욕했다. 그때, 여러분 나라의 훌륭한 한 장군이 우리 침략군을 무찔렀다. 이때 바로 발해가 일어났다. 이후 동북에는 바로 요족(遼)·금족(金族)이 발흥했다. 그때 중국이 맞닥뜨린 문제는 요족과 금족의 중국 본토 침입 문제였다. 다음은 몽고족이 문제였는데, 원나라도 역시 당신들을 침략했지만 결국 실패했다.

마지막으로 명나라는 조선과 직접 합동작전을 전개했으나 만주족이 매우 빨리 흥기하여 장백산 동쪽에서 요하유역에 이르는 광활한 지역을 점령했다. 이러한 시기에 한족(漢族) 또한 일부가 동북지역으로 옮겨 거주하게 되었다. 만주족 통치자는 당신들을 계속 동쪽으로 밀어냈고 결국 압록강·도문강 동쪽까지 밀리게 되었다. 만주족은 중국에 대해 공헌한 바가 있는데 바로 중국 땅을 크게 넓힌 것이다. 왕성한 시기에는 지금의 중국 땅보다도 더 컸었다. 만주족 이전, 원나라 역시 매우 크게 확장했지만 곧바로 사라졌기 때문에 논외로 치자. 한족이 통치한 시기에는 국토가 이렇게 큰 적이 없었다. 다만 이런 것들은 모두 역사의 흔적이고 지나간 일들이다. 어떤 일에 대해서는 우리가 책임질 일이 아니고 조상들의 몫이다. 그렇지만 당연히 이런 현상은 인정해야만 한다. 이렇게 된 이상 우리는 당신들의 땅을 밀어붙여 작게 만들고 우리들이 살고 있는 땅이 커진 것에 대해 조상을 대신해서 당신들에게 사과해야 한다.

그래서 반드시 역사의 진실성을 회복해야 한다. 역사를 왜곡할 수는 없다. 도문강·압록강 서쪽은 역사 이래 중국의 땅이었다거나, 심지어 고대부터 조선은 중국의 속국이었다고 말하는 것은 황당한 이야기다. 중국의 이런 대국 쇼비니즘(Chauvinism)이 봉건시대에는 상당히 강했었다. 다른 나라에서 선물을 보내면 그들은 조공이라 했고, 다른 나라에서 사절을 보내 서로 우호 교류할 때도 그들은 알현하러 왔다고 불렀으며, 쌍방이 전쟁을 끝내고 강화할 때도 그들은 당신들이 신하로 복종한다고 말했으며, 그들은 스스로 천조(天朝), 상방(上邦)으로 칭했는데 이것은 바로 불평등한 것이다. 모두 역사학자 붓끝에서 나온 오류이다. 우리를 이런 것들을 바로 시정해야 한다.

그래서 나는 중국 문화와 역사를 이해하는 여러분들 과학원 분들이 중국·조선 관계사 문제에 대해서 공동으로 연구하면서 우리의 잘못을 지적해 주기를 바라고 있다. 왜냐하면 우리들 자신이 읽을 때는 종종 부주의하거나 무시하고 넘어가기 때문에, 여러분들이 읽었던 여러 서적을 그대로 접수하는 것은 절대 좋은 일이 아니고, 책속에서 문제를 발견하는 것이 바로 좋은 일이 되는 것이다. 예를 들면 한 연극 중에 당나라 사람 설인귀가 있는데, 그는 바로 동방을 정벌해 당신들을 침략한 사람이다. 우리 연극에서는 그를 숭배한다. 그러나 지금 우리는 사회주의국가이며 여러분나라도 역시 사회주의국가이기 때문에 우리는 이 연극이 다시 상연되는 것을 불허하고 있다. 이 연극은 비판받아야 마땅하다. 또한 중국에는 베트남을 정벌한 두 영웅 즉 마원과 복파(伏波) 장군이 있다. 베트남의 두 재녀(才女)는 용감하게 항거하다 실패하자 강물에 뛰어들어 자진했는데, 장군은 그 목을 잘라 낙양으로 보냈다. 나는 베트남에 갔을 때 두 재녀의 사당에 헌화하면서 마원을 비판했다. 그러나 우리 역사에서는 마원을 극구 찬양하고 있다.

그래서 해야 할 일이 두 가지가 있다. 하나는 고고학자들이 문물과 비석 같은 유물을 발굴하는 것이고, 다른 하나는 서적과 역사를 연구하는 것이다. 바로 이렇게 하는 것이 우리들 2·3천년에 걸친 관계를 제 위치에 올려놓은 것이 될 것이다.

이 연설문에서 주은래가 말하는 제1시기는 제국주의 침략으로 양국관계가 중지된 때까지의 시기이다. 여기서 '제국주의 침략'이란 1894년 청일전쟁을 말한다. 그리고 '양국관계가 중지된 때'란 시모노세키조약이 체결된 때를 말한다. 그러고 보면 주은래 역시 대국 쇼비니즘에 젖어 있는 것은 다른 역사학자들과 별반 다르지 않다. 청일전쟁의 패배와 이에 따른 세모노세키조약의 체결로 청나라가 조선에 대한 종주권을 상실하게 된 것을 제국주의 침략으로 양국관계가 중지되었다고 표현하고 있으니 말이다.

어쨌든 제1시기와 관련하여 주은래는 한족이 통치한 시기에는 국토가 지금만큼 이렇게 큰 적이 없었는데 청나라에 이르러 중국의 영토가 확대되었다고 하면서, 이는 만주족은 중국에 대해 공헌한 바라고 전한다. 즉 만주족이 일어나 청나라를 세우고 북경으로 이주한 이후 산해관 이남의 한족(漢族) 일부가 동북지역으로 옮겨 거주하게 되었으며, 청나라는 조선인들을 계속 동쪽으로 밀어냈고 결국 오늘날 압록강·두만강 동쪽까지 밀리게 되었다는 것이다.

또, 주은래는 고대 양국관계에 대하여도 언급하고 있는데, 한마디로 말하면 소위 '사대관계'는 허구라는 것이다. 즉 그는 중국이 다른 나라에서 선물을 보내면 조공이라 했고, 다른 나라에서 사절을 보내 서로 우호 교류할 때도 그들은 알현하러 왔다고 불렀으며, 쌍방이 전쟁을 끝내고 강화할 때도 신하로 복종한다고 말했다고 하면서 이는 모두 역사학자 붓끝에서 나온 오류라고 한다.

한편, 주은래는 우리 민족이 한반도와 동북대륙에 진출한 이후 오랫동안 거기서 살아왔다고 하면서, 특히 요하·송화강 유역에서 오랫동안 살았다는 것이 증명된다고 한다. 그렇다면 우리 민족이 동북대륙에 진출하기 전에는 어디서 살았던 것인가? 이 부분은 논의의 편의상 본서의 해당 장에서 설명하기로 하고, 다음에서는 1894년 청일전쟁 이후의 한중 현대사에 관한 주은래의 연설문을 살펴보자.

제2시기는 혁명의 시기이다. 일본이 우리를 침략하고 조선은 식민지가 되었다. 모든 제국주의 국가가 우리를 침략해 중국은 반식민지 상태가 되었고, 일본은 또다시 동북을 점령하여 식민지로 삼아버렸다. 이 시기에 중국과 조선 두 나라 인민은 혁명적 동지관계를 구축했다. 이 단계의 역사적 사실은 매우 풍부하다.

큰 단계로 구분해 보면, 10월 혁명[28] 이전은 우리나라 구민주주의 혁명의 시기였다. 조선 또한 많은 동지들이 중국으로 망명하여 중국혁명에 참가하였다. 이때는 갑오전쟁[29]에서 10월 혁명까지 20여년의 시기였다. 안중근이 이등박문을 사살한 것은 바로 하얼빈역이었다.

10월 혁명 이후 우리는 민주주의 혁명의 단계로 접어들었고 두 나라에서는 공산당이 탄생했으며, 그 당시 조선에서 발을 붙일 수 없었던 많은 동지들이 중국으로 망명해 왔다. 조선동지들은 중국의 각 지역 어디나 있었지만 동북지방에 가장 많았다. 그리하여 이후 중국혁명의 모든 역사단계에 조선동지가 참가하게 되었다.

최용건 위원장 말에 의하면, 당시 조선동지들이 중국으로 망명해 와 중국혁명을 성공시키고, 이 성공이 조선혁명을 성공시키는데 도움이 되기를 바랐다고 한다. 10월 혁명 초기 조선동지들은 이런 생각을 가지고 있었다. 당시 일본에 가서 군사학을 배우는 것은 매우 어려웠고 통제를 받아야만 했다. 그래서 많은 동지들이 중국에 와 군사관련 업무를 배웠다. 많은 사람들이 배를 타고 남방에 도착했는데, 거기에는 운남 강무당이 있었다. 이후 손중산 선생이 세운 황포군관학교에 적잖은 조선동지들이 입교하였다. 그 때가 1924~1927년으로 최용건·양림 동지가 당시 교관이었고 많은 동지들이 학생으로서 군사학을 배웠다. 대혁명 때 혁명군이 마지막으로 철수하던 날 밤 광주에서 폭동이 일어나 많은 조선동지들이 희생되었다. 최용건 위원장은 그 때를 아직도 기억하는 데, 당시 160여명의 조선동지들이 광주 사하(沙河)·한하(韓何)의 진지를 결사적으로 지켜내다 거의 대부분이 용감하게 희생

---

[28] 10월 혁명: 1917년 10월 볼셰비키 혁명을 가리킨다.
[29] 갑오전쟁: 1894년 청일전쟁을 가리킨다.

되었다. 당시 최용건 동지가 지휘하고 있었다. 우리는 한 차례 합의를 거쳐 광주의 그 진지에 기념비를 세우기로 결정하고, 광주 능원리에 기념관을 건립했다. 중국대혁명 실패 이후 즉 1928년 이후 조선의 동지들은 중국에서 비밀공작에 많이 투여되었는데, 상해·동북 등지의 노동운동에 참가하거나 농민운동과 학생운동에 뛰어들었다.

확실히 10월 혁명 초기에는 조선동지들이 이런 혁명사상을 품고 중국에 왔다. 공개투쟁, 비밀투쟁, 정치투쟁, 무장투쟁을 막론하고 모두 참가하여 중국혁명을 도왔다. 중국의 혁명투쟁이 승리한 이후, 다시 조선혁명 승리를 추동하였다.

1931년 '9.18' 만주사변 포성 이후 상황이 변했다. 조선은 일본 식민지가 되었을 뿐만 아니라 중국 동북 역시 일본식민지가 되었다. 그리하여 표면적으로는 비록 동북에 괴뢰정부가 있기는 하지만 그것은 단지 형식적일 뿐이고 실제로는 조선과 동북은 모두 아무런 차이도 없는 일본식민지가 되었다.

이 시기에 동북에서 시작한 항일무장투쟁은 조선동지가 중국의 혁명투쟁에 참가했다고 말할 수 없다. 오히려 중국과 조선 두 나라 인민의 공동투쟁이며 연합투쟁으로 이것은 새로운 단계를 의미하였다. 이것은 내가 이번에 새로 얻은 지식이다. 당시 김일성동지 영도하의 항일유격전쟁은 역사적 상황과 우리의 관점으로 해석할 때, 당연히 중국과 조선 두 나라 인민의 연합투쟁이고 공동투쟁이라 인정해야 한다. 동북항일연합군과 같은 경우 당연히 중국과 조선 두 나라 인민의 항일연합군으로 해석해야 되고 사실 역시 이와 같다.

내가 이번에 최용건 위원장과 이효순 부위원장 그리고 박 외상과 함께 동북 하얼빈, 장춘, 심양 등을 가서 항일혁명의 원로 전우들과 얘기를 통해 이런 견해를 실증하게 되었다.

당시 중국공산당은 세 가지 노선이 있었는데, 왕명(王明)의 좌경기회주의 노선의 지도아래 소위 당시 중국공산당의 무장투쟁방침은 바로 도시폭동이었다. 그러나 도시에는 역량이 안됐기 때문에 이것은 필연적으로 실패할 수밖에 없었다. 당연히 동시에 농촌무장투쟁도 제기되었다. 그리하여 동북농촌에서 일어난 무장투쟁 가운데 가장 많은 것이 조선동지들이었다. 왜 그랬을까? 왜냐하면 당시 동북으로 망명한 조선동지들은 농촌에 안착하였기 때문에 농민과의 관계가 아주 긴밀했거나 혹은 조선족 거주지역에 살았다. 그래서 농민을 봉기시켜 무장투쟁을 전개하기가 용이했다. 그리하여 '9.18'(만주사변)에서 항일전쟁 승리 때까지 10여 년간 많은 항일부대가 창설되었고 거의 모든 부대에 많은 조선동지들이 있었다.

현재 이 역사단계를 기념하기 위해서는 반드시 역사의 진실성을 회복해야 한다. 항일연합군은 중국과 조선 인민의 연합군이고 기념관은 모두 이 같은 해석에 따른 것이다. 과거처럼 그렇게 해석해서는 안 된다. 즉 조선동지가 중국혁명에 참가한 것이며, 더욱이 조선동지를 중국의 조선족으로 간주하면서 다수가 조선에서 망명해 온 것이라는 것을 인정하지 않는 것은 부정확한 것이며 왜곡이다. 이렇게 조선에서 망명한 것을 인정하지 않는 관점은 혁명대오 중에 나타난 대국 쇼비니즘(Chauvinism) 잔재의 하나이다. 만약 항일전쟁 역사단계를 새롭게 쓰려고 한다면 동북에 참가했던 항일연합군에 대해 (북경에도 있지만) 연구반을 조직하여 어떤 때는 조선에 가서 관련자들의 의견을 청취할 수 있어야 한다고 우리는 제의한다. 반대로 조선동지들도 우리나라에 와서 공동연구를 할 수 있어야 한다. 이래야만 역사적 진실성을 회복하고 전체적인 자료를 얻을 수 있게 될 것이다.

　이 역사단계 이외도 해방전쟁과 반장개석 투쟁과정에서도 많은 조선족 동지를 흡수하여 조선사단을 구성하였는데, 항미원조(抗美援朝) 이후 조선으로 돌아갔다. 그들이 중국의 해방전쟁에 영웅적으로 참가했고, 이후에 또 항미원조에 참가하여 승리를 이끌었다는 것을 역사는 증명하고 있다. 그래서 이 혁명역사 단계에서 쌍방은 서로를 지지한다. 또한 조선동지가 중국동지의 혁명을 지지하는 것이 중국동지가 조선을 지원하는 것보다 많으며 시간 역시 길다는 것을 증명하고 있다.

　이런 의의에서 본다면, 혁명박물관과 군사박물관에 진열된 물건들은 아직도 더 보충되어야 하며 수정할 부분이 더 남아있다. 지난번에 최용건 위원장을 모시고 동북에 갔을 때, 나는 박물관을 관장하는 동지를 찾아 이미 이 문제를 제기하였다.

　제2시기는 1894년 청일전쟁 이후의 시기이다. 청일전쟁의 결과 청나라와 일본 사이에 체결된 시모노세키조약 제1조는 조선이 완결 무결한 자주 독립국임을 공식적으로 확인하는 것이었다. 이는 한중관계가 새로운 단계로 전환하는 커다란 의미가 있는 사건임은 분명하다.

　주은래는 제2시기 한중 현대사를 10월 혁명 이후와 만주사변 이후를 구분하여 3단계로 다시 나눈다.

　그 중 첫 번째 시기는 안중근이 하얼빈역에서 이등박문을 사살한 것을 유일한 혁명으로 꼽고 있다. 두 번째 시기는 볼세비키 혁명 이후의 시기로 조선인들이 중국인들과 공산혁명을 함께 했다는 사실을 들고 있다.

　세 번째 시기는 만주사변 이후의 시기이다. 주은래에 따르면 이 세 번째 시기 동북에서 시작한 항일무장투쟁은 조선동지가 중국의 혁명투쟁에 참가했다고 말할 수 없다고 한다. 이는 동북항일연군의 활동을 염두에 둔 발언으로 중국인이 주도하고 이에 조선인이 참여한 것이 아니라 반대로 조선인이 주도적으로 항일투쟁을 이끌었다는 뜻이다. 물론 주은래는 이를 두고 '중국과 조선 두 나라 인민의 공동투쟁이며 연합투쟁' 운운하지만 이를 액면 그대로 받아들여서는 곤란하다. 특히 1930년대 한국독립군의 상황을 보면 한중 양국이 협약을 통해 중동철도를 경계로 각각 동쪽과 서쪽을 나누어 항일전쟁을 펼쳤는데, 그 중 '한국독립군' 수십만 대군은 그 동쪽을 사수하였다는 사실은 (해당부분에서 후술하거니와) 주목할 만하다. 그런데 주은래의 언급은 서쪽에서 펼쳐진 항일투쟁도 조선인이 주도적으로 이끌었다는 것을 함의하는 것이라는 점에서 의미가 새롭다.

주은래의 연설문을 이어서 살펴보자.

제3시기는 현재를 말하는데, 우리 모두는 사회주의혁명과 사회주의건설의 심화단계에 있어 보다 서로를 배우고 보다 긴밀한 협력이 필요한 때이다.

역사상뿐만 아니라 혁명투쟁 중에서 쌍방은 이미 제국주의와 현대수정주의를 반대하는 투쟁을 경험했고 양국은 정확히 인식의 일치와 행동의 일치를 경험했다. 더 정확하게는 피로써 맺어진 전우이자 동지적 우의를 맺었다는 것이다.

우리는 당신들을 우리의 전선으로 여기고 있는데, 중국의 전선일 뿐만 아니라 사회주의진영의 동방전초기지로 간주하고 있다. 당신들은 당연히 중국을 당신들의 후방으로 간주해야 할 것이며 특히 동북은 당신들의 근거리 후방으로 여겨야 할 것이다.

우리는 서로 배우고 있다. 여러분들이 우리에게 와서 참관하거나 우리들이 여러분들에게 가서 참관하기도 한다. 이것은 이미 매일매일 발전하고 있다. 다만 지금 목전의 일을 보면, 여러분들이 역시 우리보다 더 열심인 것 같다. 방금 우리는 예를 들면서 그들을 (중국과학원 장징푸(張勁夫) 동지를 가리키며) 비판하지 않았느냐? 여러분들은 20여명이 42일 동안 방문했는데, 그들은 겨우 7명만이 조선에 가서 30여일만 머물렀다. 바로 이런 면을 여러분에게 배워야 한다. 그래서 이번에 동북3성 위원회가 금년 겨울 참관단을 구성하여 여러분에게 찾아가서 도시공작활동과 농촌활동, 당내 활동, 총노선, 천리마운동, 청산리활동 방법과 대안활동체계를 배울 것을 결정했다.

　우리 동북의 동지들이 여러분들에게 가게 되면 여러분들은 동북에 사람을 파견해 연락을 직접 취할 수 있다. 평상시에 이렇게 밀접한 연결이 있어야만 일단 일이 발생했을 때 당신들을 우리의 전선으로 간주하고 여러분들도 우리를 여러분의 후방으로 대할 수 있을 것이다. 이래야만 장벽이 생기지 않고 협조가 원활하지 못한 결함을 방지할 수 있을 것이다.

　여러분 당 공작활동이나 도시공작, 농촌활동, 공업교통공작 뿐 아니라 여러분의 분화활동 역시 배울만한 가치가 있다. 우리는 이번에 조선대사관 대사와 이야기를 마쳤는데, 영화공작단을 파견해서 적색 선전활동가의 창작경험을 배우고, 농촌에 가서 진정으로 배우고, 이선자(李善子)30)를 방문하고, 청산리에 가서 또한 배우고자 한다. 이런 사본과 영화를 통해서 진정으로 조선인민의 공작을 배우고, 힘들지만 소박한 농촌생활의 작풍과 설득경험 그리고 생산투쟁과 계급투쟁의 경

---

30) 이선자(李善子): 진짜 이름은 이신자(李信子).

험을 배우고자 한다. 그런 후에 연극무대와 은막에 선보이려고 한다. 중국예술가의 소개를 통해 중국인민에게 조선인민의 실제생활과 전투생활을 이해하도록 할 것이다.

당신들의 노래와 춤 또한 배울 가치가 있다. 여러분들은 주체사상으로 음습한 기풍을 반대하고 있다. 우리의 춤과 노래는 민족화가 그렇게 강하지 못해 좀 잡다하고 뒤죽박죽인 편이다. 최용건 위원장이 동북의 세 지방을 방문했을 때, 우리를 세 차례의 만찬을 준비했는데 장춘에서 가장 실패했다. '김일성 장군의 노래'를 부르는데 조선의 풍격 같지가 않았다. 또한 '동방홍(東方紅)'을 들어도 서양풍이 너무 강해 알아들을 수가 없었다. '두 사람의 홍군 춤'이라는 무도 프로그램도 있었는데 노인과 젊은이가 등장했다. 이를 민속무용으로 알았으나 사실은 발레였다. 젊은 홍군은 여성이었는데 발을 뾰쪽하게 세우는 춤이었으나 이도저도 아니었다. 조선동지들이 보고나서도 반응이 시원찮았고 우리들 역시 기분이 좋지 않았다. 이것을 보고 진의(陳毅) 원수는 문화수준이 너무 낮다는 것을 증명한다고 말했었다.

조선동지가 매우 솔직하게 우리의 어떤 것들은 주체사상이 없이 동쪽에서 하나 끌어들이고 서쪽에서 하나 가져온 것에 불과하며, 침구나 먹거리 또한 옛것, 새로운 것, 중국 것, 외국 것이 구분되지 못하고 중구난방이라고 지적했는데, 이 지적은 매우 적절한 것이었다. 지금도 대외문화위원회도 어떤 동지가 있는데, 가지고 나갈 작품에 주체사상이 없어 밖으로 가져가지 않으려고 한다. 많은 동작이 있기는 하지만 주의를 주지 않으면 그것이 어디서 온 것인지도 모르면서 좋은 것으로 여기게 된다는 것이다.

최근 '중국조선양국 문화협정 의정서'가 체결됨에 따라 우리는 가

무극단을 조선에 파견하려고 한다. 하나는 역사혁명사극으로서 태평천국시대에 상해에서 영국에 대항하여 투쟁하는 것으로 '소도회(小刀會)'이다. 여기는 당연히 시대풍격이 있다. 다른 하나는 신화인데 유럽의 신이 아닌 중국의 신으로 역시 풍격이 있다. 우리의 신의 모습은 하느님과도 다르다.

결론적으로 여러분의 문화예술은 많은 부분이 배울만한 가치가 있다.

현재 또 하나의 문제는 문자에서 발생하는 간극이다. 이것은 우리에게 하나의 새로운 사건이다. 나는 예전에는 이해하지 못했었는데 이번에 황장엽(黃長燁) 동지가 이 문제를 명료하게 설명해 주었다. 조선글에는 세 종류의 표준이 있는데, 그것은 평양과 서울 그리고 연변이 그것이다.

평양의 표준은 당연히 전형적인 표준역할을 한다. 왜냐하면 우리의 조선동지 조선인민이 모두 이해하고 있기 때문이다. 당연이 이 표준에 따라 말하고 문장을 써야 한다. 평양에도 주음(注音)이 있지만 이미 한자를 벗어나 있다. 그리고 과거에 인용했던 여러 중국성어는 잘 이해하지 못하고, 현재 인용하는 조선성어는 민족화되었다.

서울의 표준은 여전히 한자이다. 남조선은 여전히 한자로 된 책을 읽고 중국성어 인용을 좋아해서 북조선인민이 알아듣지 못한다.

연변의 표준에서 가장 큰 문제는 일부 말하는 방법조차 바꿨다는 데 있다. 듣기로는 조선말과 일본말이 말하는 방법에서 상당히 가깝다고 한다. 예를 들면 '我吃□'을 '나는 밥을 가지고 먹는다'고 한다. 연변말은 중국말을 받아들여 변화되어 왔다. 어떤 말은 이렇게 중국말처럼 바뀌었다. 두 번째는 일본통치시기에 소위 협화어라는 일본인이 썼던 한자가 복잡하게 섞였기 때문에 연변의 말이 깨끗하지 못하다. 세 번째는 보다 많은 것은 많은 중국 한자성어를 끌어다 쓰다 보니 소리음마저도 중국음으로 발음한다. 이렇게 되어 조선동지들조차도 그들이 하는 말뜻을 알아듣지 못하게 되었다.

이리하여 우리가 '홍기'라는 잡지를 조선말로 출판해서 평양에 가지고 가면 전혀 알아보지 못하고 무슨 뜻인지도 모르는데 특히 경제용어는 더욱 그러하다.

그래서 문자 이 문제를 해결해 말하는 것을 알아듣게 해야 한다. 내가 걱정하는 것은 오늘 내가 이렇게 길게 이야기 하는 것을 제대로 통역했는지 하는 것이다. 역시 여러 동지를 평양에 파견에 심도있게 배우도록 해야겠다. (대외문화위원회 증영(曾瑛)동지를 가리키며) 당신들이 연출하는 가무극의 자막은 반드시 평양의 표준적인 사람을 찾아 번역토록 하라. 그렇지 않으면 전혀 알아볼 수가 없다. 이것은 중요한 문제이다.

제3시기의 관건은 말하고 쓰는데 있다. 배워서 통하지 않으면 손해다. 그래서 먼저 번역대오를 정비해야 한다. 조선동지와 내왕하려면 반드시 평양표준을 따라야 한다.

여러분은 이번에 자연과학을 참관했는데 대략 적잖은 것이 국제적으로 통용되는 것이다. 자연과학 자체는 계급성이 없다. 다만 우리들이 서로 교류하는 과정에서, 자연과학을 대하는 태도와, 여러분을 접대하는 일 그리고 유람과정에서 여러분은 우리가 대국 쇼비니즘(Chauvinism) 잔재가 남아있는지 여부를 살피도록 해 주었다. 생활, 문화오락에 주체가 조금 없이 표현된 점이나 말이 평양표준에 맞지 않는 것 등은 아마도 다음에는 해결할 수 있는 문제이다. 다만 대국 쇼비니즘(Chauvinism)이 없기를 바라지만 개별적으로 일하는 사람에게서는 이를 면하기 어려움도 있다. 여러분이 다음에 다시 방문하여 서로 비교해 볼 수 있기를 기대한다.

이 연설문에서 제3시기는 사회주의혁명과 사회주의건설의 심화단계인 현재를 말하는 것으로 양국 문화교류를 강조하고 있다. 주은래에 따르면 중국어가 북방화, 광동화, 강절화, 복건화, 호남화, 강서화, 객가화 등으로 분류되는 것처럼, 한국어도 서울어, 평양어, 연변어 등으로 분류된다는 것이다. 이 역시 만주가 우리의 영토라는 뜻의 문화적인 버전(version)이 아닌가?

요컨대 주은래는 과분한 중국 영토가 죄송한 듯, 연설의 전편에서 자신의 해박한 역사와 문화 지식을 총동원하여 우리의 역사적 영토에 대한 호의적 설명을 장황하게 이어갔다.

그럼에도 불구하고 이듬해 그는 항미원조를 빌미로 북한 외무상 박성철을 북경으로 오게 하여 '중조변계에 관한 의정서'에 서명하게 했다. 그 결과 백두산 천지마저도 북한이 54.5%, 중국은 45.5% 점유하는 것으로 하여 두 조각이 났다(1964. 3. 20).

주은래의 이중성이 실로 놀라울 따름이다.

제3부
대한제국의 부침과 만주의 운명

길이가 4천리에 달하는 대한제국의 영토….
만주와 연해주는 대한제국의 영토였다.
······
스탈린이 강력한 이주정책을 펼쳐 수십만의 한국인
주민들이 타슈켄트 등지로 강제이주를 당하면서,
연해주는 우리 민족의 품을 떠나게 되었다.

대한제국의 부침과 만주의 운명

1. 대한제국 4천리 강토

앞서 설명한 바와 같이 북한은 소련과 '평양협약'을 체결하면서, 소련으로부터 만주를 넘겨받았다. 평양협약은 여순과 대련을 제외한 요동반도에서부터 압록강, 두만강 건너 서간도·동간도·북간도는 물론 송화강 지류인 흑룡강성 목단강시 일대에 이르는 광대한 지역을 북한이 실효적 지배를 하게 되었다는 것을 의미한다.

그런데 여기서 의문이 생긴다. 1948년 2월 소련은 왜 만주를 북한에게 넘겨주었던 것일까? 스탈린이 자신의 아들보다 더 어린 김일성에게 특별한 호감을 가졌던 탓이었을까? 그러나 그럴 가능성은 그다지 커 보이지 않는다. 국제관계란 것이 그렇게 단순하지만은 않은 것이니…. 그렇다면 그 이유는 무엇이었을까? 생각건대, 북한과 소련 간 국경획정 문제는 대한제국과 러시아의 관계에서 비롯되는 것이니만큼 평양협약을 이해하기 위해서는 한·러간 외교사를 처음부터 살펴볼 필요가 있다.

양국의 관계는 조선 전권공사 외무독판 김병시와 러시아 전권공사 베베르 사이에 체결된 조러수호통상조약에서 출발한다(1884. 7. 7).

대원군을 몰아낸 민비정권은 일본이 눈부시게 발전한 것이 그저 서양의 문물을 적극적으로 받아들였기 때문이라고 생각하고 마침내 1876년 문호를 열어 젖혔는데, 마침 당시는 청나라에서도 양무운동이 한창이었던 때였는지라, 고종은 자연스레 청나라의 개방모델을 따라 열심히 신문물을 도입하면서도 개방정책의 효율성을 제고하고 개방에 따른 잠재적 위험을 분산하기 위한 일환으로 미국·영국 등 서구제국과 차례로 수교를 하게 된 바, 여기에 러시아도 슬며시 끼어들었던 것이다.

그러나 국정에 서투른 민씨정권은 신문물을 무분별하게 도입하며 국고를 탕진한 끝에 군인들 월급조차 주지 못하는 처지가 되자, 5군영을 2영으로 축소하는 등 스스로 무장을 해제를 선택했고, 신문물의 화려함에 도취되어 봉건적 신분제도와 토지제도의 개혁과 같은 민중의 열망을 도외시했다.

1894년 마침내 농민들이 들고 일어나 봉건적 신분제도의 타파와 소작제도의 철폐를 부르짖었다. 민씨정권은 진압군을 내려 보냈으나 이들은 이내 도주하거나 오히려 난에 합세하기 시작했다. 이에 조선 정부는 청에 구원을 요청하는 어처구니없는 짓을 저질렀다. 청나라가 파병을 하자 이를 빌미로 일본군도 상륙하면서부터 역사의 물줄기가 전혀 엉뚱한 방향으로 흘러갔다. 놀란 농민군은 서둘러 정부와 화약을 체결하였지만, 일본군은 경복궁을 점령하고 청군을 공격했다. 당시 후쿠자와 유키치는 출정한 일본의 젊은이들을 독려하면서, 이대로 곧장

성경과 길림과 흑룡강 3성을 점령하여 수중에 넣고, 중국으로 쳐들어가 북경의 보물과 고서적 같은 귀한 재보들을 약탈하라는 내용을 담은 글을 연일 신문에 발표하고 있었다.31) 알려진 사실들만 놓고 보면, 후쿠자와 유키치란 자는 일본과 미·영과의 역학관계는 물론 동북아의 역사와 지리에 완전 무지한 자임이 틀림없지만, 어쨌든 당시 일본의 국력이라는 것이 광활한 만주대륙은커녕 청나라 군대가 배치된 여순 등 한두 거점을 공격할 수 있는 정도가 고작이었다. 일본군은 황해에서 청나라 해군을 격파하고, (이는 청나라 해군의 자멸에 가까웠다.) 이어 여순을 공격하였다. 당시 여순은 전체 인구가 6,000명으로 13,000명의 청나라 군인들이 주둔하고 있었다.32) 일본군은 1만이 넘는 군인과 민간인을 학살하고, 시신을 유기한 뒤 금주(錦州)까지 점령했다. 북경이 지척이었다. 사정이 이러하자 이홍장은 직접 시모노세키까지 가서 이토 히로부미를 만나야 했다. 중국은 조선에 대하여 있지도 않은 종주권을 포기한 것을 물론 여순과 대련 그리고 대만 등을 일본에 할양하는 수모를 당해야 했다. (앞서 설명한 바와 같이) 이때를 두고 후일 주은래는 '제국주의 침략으로 양국관계가 중지된 때'라고 표현하였던 것이다.

    청일전쟁에서 일본이 승리하자 위기를 느낀 조선정부는 극동지역에 부동항이 필요했던 러시아를 지렛대로 삼아 치열한 외교전을 벌였다. 결국 러시아가 극동함대를 파견하며 일본에 경고하고, 여기에 프랑스와 독일이 합세하자 일왕 무쓰히토가 여순을 토해냈다. 무쓰히토

---

31) 출처: wikipedia, 야스카와 주노스케(やすかわ じゅのすけ),《후쿠자와 유키치의 아시아 침략사상을 묻는다(福澤諭吉のアジア認識)》.
32) 출처: wikipedia, Northrop, Henry Davenport. Flowery Kingdom and The Land of Mikado or China, Japan and Corea: Graphic Account of the War between China and Japan-Its Causes, Land and Naval Battles (1894).

는 친러정책의 핵심인 중전 민씨를 시해하는 만행을 저질렀으나, 고종이 러시아 공사관으로의 파천을 성공하면서, 닭 쫓던 개 신세로 전락했다.

한편, 무쓰히토에게 요동반도의 끝자락이 얼마나 과분한 것인지를 일깨워 준 니콜라이 2세는 영국의 견제를 돌파하여 부동항인 여순과 대련을 확보하고 이를 내지와 연결하기 위하여 T자형 중동 철도 부설권까지 획득했다. 그것은 기대 이상의 성과였고 흡족한 것이었다. 그는 만리장성 이북과 만주 전역으로 세력권을 확대하면서 극동에 대한 야망을 현실화시켜 나갈 수 있었다. 당시 고종은 니콜라이 2세와 한배를 타고 있었다. 이듬해가 되자 고종은 경운궁으로 돌아가 대한제국을 선포하여 황제의 자리에 오르고, 환구단에서 이를 환인상제와 환웅천황에게 보고했다(1897년). 그 해 가을 그는 다음과 같이 선언했다.[33]

"짐은 생각건대, 단군과 기자 이후로 강토가 분리되어 각각 한 지역을 차지하고는 서로 패권을 다투어 오다가 고려 때에 이르러서 마한(馬韓), 진한(辰韓), 변한(弁韓)을 통합하였으니, 이것이 '삼한(三韓)'을 통합한 것이다. 우리 태조가 왕위에 오른 초기에 국토 밖으로 영토를 더욱 넓혀 북쪽으로는 말갈의 지경까지 이르러 상아, 가죽, 비단을 얻게 되었고, 남쪽으로는 탐라국을 차지하여 귤, 유자, 해산물을 공납으로 받게 되었다. 사천리 강토에 하나의 통일된 왕업을 세웠으니, 예악과 법도는 요순시대를 이어받았고 국토는 공고히 다져져 우리 자손들에게 만대토록 길이 전할 반석 같은 터전을 남겨 주었다. 짐이 덕이 없다 보니 어려운 시기를 만났으나 상제(上帝)가 돌봐주신 덕택으로 위기를 모

---

[33] 고종실록 36권, 고종 34년 10월 13일 양력 2번째 기사, 한국사데이터베이스.

면하고 안정되었으며 독립의 터전을 세우고 자주의 권리를 행사하게 되었다. 이에 여러 신하들과 백성들, 군사들과 장사꾼들이 한목소리로 대궐에 호소하면서 수십 차례나 상소를 올려 반드시 황제의 칭호를 올리려고 하였는데, 짐이 누차 사양하다가 끝내 사양할 수 없어서 올해 9월 17일 백악산의 남쪽에서 천지에 고유제(告由祭)를 지내고 황제의 자리에 올랐다. 국호를 '대한(大韓)'으로 정하고 이해를 광무 원년으로 삼으며, 종묘와 사직의 신위판(神位版)을 태사(太社)와 태직(太稷)으로 고쳐 썼다. 왕후 민씨를 황후로 책봉하고 왕태자를 황태자로 책봉하였다. 이리하여 밝은 명을 높이 받들어 큰 의식을 비로소 거행하였다. 이에 역대의 고사(故事)를 상고하여 특별히 대사면령을 행하노라.[34]"

고종황제는 우리나라의 이름이 '대한(大韓)'이 된 이유를 설명하면서 우리나라 영토의 크기가 그 길이 삼천리가 아니라 사천리에 이른다는 점을 천명하고 있다.

우리 영토가 삼천리가 아니라 사천리라니 …….

만주에서 추가되는 천리의 가로 길이는 실로 엄청나다. 대한제국은 우리가 알고 있는 것보다 몇 배나 넓은 면적의 땅을 영유하고 있었던 것이다.

---

34) 朕惟檀, 箕以來, 疆土分張, 各據一隅, 互相爭雄, 及高麗時, 呑竝馬韓, 辰韓, 弁韓, 是謂統合三韓, 及我太祖龍興之初, 輿圖以外, 拓地益廣. 北盡靺鞨之界, 而齒革羽絲絲出焉, 南收耽羅之國, 而橘柚海錯貢焉. 幅員四千里, 建一統之業. 禮樂法度, 祖述唐, 虞, 山河鞏固, 垂裕我子孫萬世磐石之宗. 惟朕否德, 適丁艱會, 上帝眷顧, 轉危回安, 創獨立之基, 行自主之權. 群臣百姓, 軍伍市井, 一辭同聲, 叫閽齊籲, 章數十上, 必欲推尊帝號, 朕揖讓者屢, 無以辭, 於今年九月十七日, 告祭天地于白嶽之陽, 卽皇帝位. 定有天下之號曰'大韓', 以是年爲光武元年, 改題太社, 太稷, 冊王后閔氏爲皇后, 王太子爲皇太子. 惟玆丕釐耿命, 肇稱鉅典, 爰稽歷代故事, 另行大赦.

후술하겠지만, 그 후 우리 황제는 특히 만주에 대하여 강력한 영토 수호정책을 펼쳐 나간다. 그리고 고종황제의 뒤에는 니콜라이 2세가 버티고 있었다. 당시 러시아는 만주에 대한 대한제국의 주권을 인정하고 있었던 것이다.

김일성과 스탈린 사이의 평양협약은 대한제국 고종황제와 러시아 제국 니콜라이 2세 간 끈끈한 유대의 재현이었던 것이다.

2. 대한제국의 만주정책

대한제국이 선포되고 몇 개월 후 러시아 극동함대가 여순항에 모습을 나타냈다(1897. 12). 그리고 이듬해 러시아는 중동철도를 놓기 시작하였다. 그런데 이듬해 서구 문물의 유입에 적의를 품은 한족들이 북경과 천진 일대를 점령하고 철도, 전신 등 서양의 기물을 닥치는 대로 공격하였다. 여순과 대련의 역사가 소실되자, 러시아는 기다렸다는 듯이 철도보호를 구실로 20만 명의 군대를 만주로 보냈다. 1900년 6월 하순부터 국경 지대를 넘은 러시아군은 7월 중순 훈춘, 하얼빈을 점령한 후 계속 남진했다.

한편 이 무렵 만주 일대에 청나라는 물론 러시아 사람들이 우리 경내에 들어오는 일이 잦아지자, 고종 황제는 즉각 간도에 변계경무서(邊界警務署)라는 행정기관을 설치하고 간도를 관할하게 했다(1901년). 이듬해에는 이범윤[35]을 '간도시찰관'으로 파견하고, 한국주재 외국 공사

---

[35] 이범윤(李範允, 1856~1940): 이범윤은 헤이그 만국평화회의에 파견된 이위종의 삼촌이요, 주러시아 공사를 지내다 경술국치 직후 자결한 이범진(1852~1910)의 아우이다.

에게 이를 통고하였다(1902년). 이범윤은 대한인의 호구를 조사하여 1만 3,000여 호(戶)에 대하여 호적을 만들어 황제에게 보고했다. 이 사실을 조선왕조실록을 통하여 확인해보자. 서기 1903년 8월 11일, 내부대신 임시서리 의정부 참정 김규홍이 다음과 같이 아뢨다.36)

"북간도는 바로 우리나라와 청나라의 경계 지대인데 지금까지 수백 년 동안 비어 있었습니다. 수십 년 전부터 북쪽 변경의 연변의 각 고을 백성들로서 그 지역에 이주하여 경작하여 지어먹고 살고 있는 사람이 이제는 수 만 호에 십여 만 명이나 됩니다. 그런데 청나라 사람들의 침어(侵漁)를 혹심하게 받고 있습니다. 그래서 지난해에 신의 부서에서 시찰관 이범윤을 파견하여 황제의 교화를 선포하고 호구를 조사하게 하였습니다.

이번에 해당 시찰관 이범윤의 보고를 접하니, '우리 백성들에 대한 청나라 사람들의 학대가 낱낱이 진달하기 어려우니, 특별히 굽어 살펴 즉시 외부(外部)에 이조(移照)하여 청나라 공사와 담판을 해서 청나라 관원들의 학대를 막고, 또한 관청을 세우고 군사를 두어 많은 백성을 위로하여 교화에 감화되어 생을 즐기도록 해야 할 것입니다.'라고 하면서 우선 호적을 만들어 수보(修報)한 것이 1만 3,000여 호(戶)입니다.

이 조서보고서에 의하면, 우리나라 백성들이 이 땅에서 살아 온 것은 이미 수십 년이나 되는 오랜 세월인데 아직 관청을 설치하여 보호하지 못하였으니 허다한 백성들이 의지할 곳이 없습니다. 한결같이 청나라 관원들의 학대에 내맡기니 먼 곳을 편안하게 하는 도리에 있어서 소홀함을 면치 못합니다. 우선 외부(外部)에서 청나라 공사와 상판(商

1902년에 간도시찰(視察)로 관계에 들었을 때 그의 나이 마흔 여섯이었다.
36) 출처: 고종실록 43권, 고종 40년 8월 11일 양력 1번째 기사, 1903년 대한 광무(光武) 7년.

辦)한 후에 해당 지방 부근의 관원에게 공문을 보내어 마구 재물을 수탈하거나 법에 어긋나게 학대하는 일이 없게 해야 할 것입니다.

　나라의 경계에 대해 논하는데 이르러서는, 전에 분수령(分水嶺) 정계비(定界碑) 아래 토문강(土門江) 이남의 구역은 물론 우리나라 경계로 확정되었으니 결수에 따라 세금을 정해야 할 것인데, 수백 년 동안 비어 두었던 땅에 갑자기 온당하게 작정하는 것은 매우 크게 벌이려는 것 같습니다. 그러니 우선 보호할 관리를 특별히 두고 또한 해당 간도 백성들의 청원대로 시찰관 이범윤을 그대로 관리로 특별히 차임하여 해당 간도에 주재시켜 전적으로 사무를 관장하게 함으로써 그들의 생명과 재산을 보호하게 하여 조정에서 간도 백성들을 보살펴 주는 뜻을 보여 주는 것이 어떻겠습니까?"

　고종황제가 이를 윤허하였음은 물론이거니와 위 기록을 통해 청일전쟁·을미사변·아관파천으로 이어지는 격동의 시기에, 만주는 조선의 영토였으며, 아관파천 이후에는 대한제국의 영토로서 압록강·두만강 이남과 마찬가지로 우리의 주권 아래에 속해 있었다는 사실을 알 수 있다.

　한편, 같은 시기에 황성신문도 사설을 통해서 간도보호관 파견에 큰 기대를 걸었다. 간도보호관을 파견하여 관리정책에 진력하면 머지않아 경계를 타결하여 군현을 설치하고 병사를 주차하게 되어, 조선 '성조의 발상지'를 회복하고 정계비의 판도를 완전히 거두어들일 것이라고 기대하면서, 이범윤의 공적은 윤관과 김종서의 위업에 추배할 만하게 될 것이니 힘써달라고 주문하였다.[37]

---

37) 황성신문, 1903.7.17, 2면, 별보 北道邊界墾島에 關ᄒ 意見書(續), wikipedia.

우리는 황성신문, 1903.7.17, 2면을 통하여 윤관의 동북9성과 김종서의 6진이 모두 만주에 있었음을 알 수 있고, 이성계의 선조인 목조, 익조, 도조, 환조의 무덤 역시 만주에 있었다는 사실을 확인할 수 있다.

한편, 청나라는 간도가 자신의 영토라며 오히려 이범윤의 간도활동이 불법이라 주장하고 그를 소환시킬 것을 한국에 요구하였다. 그러나 대한제국은 백두산 정계로 "토문 이남 두만강 안까지는 분명히 자국의 경내"라며, 간도를 관리하고 한국인의 생명과 재산을 보호하는 것은 청국에서 청인을 위해 '설관보호'하는 것과 같은 위민정책이라며 청나라의 요청을 단호하게 거부하였다.

이때, 이범윤은 황제의 명을 받들어 북해(北海)의 북쪽과 토문강(土門江)의 남쪽 사이의 북간도를 함경도로 편입하고, 10호를 1통(統), 10통을 1촌(村)으로 하는 행정체계를 수립하였다. 이어 그는 세금을 부과하여 징수하고, 사포대를 조직하여 치안을 확보하였다. 이 시기 만주 일대는 공식적으로 우리 대한제국의 영토였던 것이다.

3. 파블로프의 서한과 연해주에 대한 영토분쟁

북·소 간 평양협약에서 옥에 티가 있다면 바로 연해주이다. 김일성의 역사인식 수준이나 당시의 북·소 관계를 감안할 때, 소련 유일의 극동 부동항에 주둔한 소련군까지 철수시키기는 어려웠을 것이다.

연해주는 원래 해삼(海蔘)이라고 불렸던 곳으로 우리의 영토였다. 청나라는 이 지역을 실효적 지배하지 못하였음에도 형식상 해삼위를 두었는데, 그나마 1860년 북경조약을 통해 이를 러시아에게 넘겼다.

그러나 이 지역은 오랫동안 한인들이 거주해 오고 있었고, 당시만 해도 수십만에 이르는 한인들이 수백 개의 마을을 이루고 살고 있었다.

고종황제의 강력한 영토정책은 이 지역을 비켜나가지 않았다. 황제는 연해주의 신민과 상인을 보호하기 위하여 통상사무관이 설치하고, 경흥감리로 하여금 이를 겸관케 하였다(1902년). 이에 따라 황우영이 임지로 떠났다.

해삼통상사무관 황우영은 연해주 각지에 거주하는 한인들의 성명을 조사한 장부를 만들어 세금을 부과·징수하는 등 이 지역에 관할권을 행사했다. 이에 대하여 한성주재 러시아 전권공사 파블로프가 다음과 같이 항의했다.[38]

대러시아제국 한성 특명 전권공사 대신 파블로프가 조회합니다. 작년 본국 정부는 귀국 정부가 간절히 원하여 해삼위에 한국통상사무관을 설치하도록 허용한 바 있습니다. 그 당시 귀국 정부는 경흥감리 황우영씨를 통상사무관에 겸직하게 하였습니다. 이는 귀 대신께서도 분명히 잘 알고 있을 것입니다. 황우영씨는 부임 초기에 모든 일에 있어서 공명정대하고 청렴했고, 또 해삼위 순무 및 교계관 등과 우호적으로 지내, 부임 초기의 모든 일을 서로 상의해서 처리하였습니다. 당시 황우영씨는 양국 모두를 이롭게 하는 경륜을 갖추었을 뿐 아니라 양국 지방관들을 신의로써 교류할 수 있게 하여 양국의 변민들을 서로 화목하게 할 능력을 갖춘 자로 보였습니다. 그런데 올해 봄 이래 본 공관에 접수된 보고에 따르면 통상사무관 황우영씨의 제반 행위에 위법과 부정이 많았습니다. 현재 해삼위 순무로부터 접수한 공문에 따르면 러시

---

38) 주한일본공사관기록 20권 照會 第56號 [海蔘 駐在 韓國通商事務官의 越權에 대한 抗議].

아 경찰관이 조사한 바 황우영씨의 불법행위들은 아래와 같습니다.

1. 황우영씨는 5월 초 러시아 영토 각지에 거주하는 한인들에게 훈시하여 말하기를, 러시아가 발행한 증명서는 일체 수령하지 말고 본관과 본관의 파견원이 발급한 증명서만을 정해진 가격에 따라 통용시키라고 했습니다.
2. 또 얼마 지나지 않아 황우영씨는 러시아 영토 각지에 거주하는 한인들의 성명을 조사한 장부를 만들어 세금을 납부하게 하였고, 아울러 한인들에게 말하기를, 너희들은 통상사무관의 관할 하에 있으므로 러시아 관원의 지휘를 받아서는 안 된다고 말했습니다.
3. 황우영씨는 관원들을 제멋대로 러시아 영토 내의 각 우장에 파견하여 한인들로부터 우세를 징수하게 하였습니다. 살펴보건대, 원래 타국 관원이 러시아 영토 내에서 러시아 소재의 외국인에게 명령을 발하거나 지방정치에 관여하거나, 또는 이런저런 세금을 징수하는 등의 행위는 결단코 허용될 수 없습니다. 본 공사는 이 점을 조회하오니 조치를 취하여 주기 바랍니다.

귀 대신께서는 해삼위 통상사무관의 이러한 위법행위를 엄금하도록 훈령하십시오. 이를 금하지 않는다면 한인들의 소요는 피할 수 없게 될 것이고 아울러 양국의 우의도 소원해지게 될 것입니다. 귀국 정부는 이 점을 특히 유념하시어 가벼이 여기지 마시기 바랍니다. 진실로 우의를 돈독히 하고자 한다면 그 통상사무관의 위와 같은 위법행위가 다시는 일어나지 않을 것이란 점을 지체 없이 알려주시고, 아울러 어떻게 처리하실 것인지도 분명히 밝혀주시기 바랍니다.

위의 내용을 조회합니다.

1903년 10월 18일

파블로프의 서한을 보면 연해주를 두고 대한제국과 러시아 사이에 분쟁이 발생하고 있었던 사실을 알 수 있다.

그 후 1903년 가을, 경흥감리 황우영은 토문강 이하 송화강, 흑룡강으로 이어지는 일대에 대해 국경을 결정할 것을 주문하였다. 그는 외부대신 이도재에게 보낸 의견서에서, 백두산정계비에 적힌 토문강이 "송화강과 합류하여 흑룡강으로 들어간 후 바다로 흘러들어가는 것이 만고불변의 경계"라며, "토문강에서 발원하여 바다로 들어는 곳, 안면 이야말로 우리 한국의 국경"이라고 주장하며, "현재는 감계할 당시와 상황이 달라졌으므로 현지로 가서 일일이 답사한 후 공법에 따라 비문상의 경계를 증명하고 과거의 경계를 명확히 한다면, 청나라는 억지 주장을 펴지 못하고 물러날 것이 분명하다."고 내다보았다.[39]

연해주는 만주와 마찬가지로 줄곧 조선의 영토였고, 대한제국의 영토였으니, 당연히 대한민국의 영토이다. 그런데, 후일 스탈린이 등장하여 이 지역에서 강력한 이주정책을 펼쳤다. 수십만의 한국인 주민들이 타슈켄트 등지로 강제이주를 당했다(1937년). 이를 계기로 연해주는 영영 우리 민족의 품을 떠나게 되었다.

4. 러일전쟁과 만주의 운명

러시아가 만주와 한반도에 세력을 형성하자, 일본은 협상을 구걸하며 나섰다. 당시 일본은 대한제국으로부터 경부철도 부설권을 획득하

---

[39] 《황우영 의견서》(間島問題ニ關スル件, 京第20號, 1903년 11월 20일), 『주한일본공사관기록』, 20권, 500~501면, wikipedia.

고, 도쿄의정서를 통하여 경제적 실리를 확보해 가고 있던 터였다. 이토 히로부미는 러시아의 만주에 대한 권한을 인정해 줄 테니 일본의 한반도에 대한 권한을 인정해 달라고 요구하고 나섰다.

그러나 러시아는 만주에 대한 독점권과 함께 한반도의 북위 39도 이북에 대한 중립지역 설정하자면서, 일본이 한반도에 대하여 군사적으로 이용하지 않겠다는 약속을 요구하였다. 아관파천을 계기로 확보한 러시아의 정치적 우위는 일본이 홀로 감당하기에는 벅찬 것이었다. 게다가 러시아에게는 배후에 프랑스와 독일이 버티고 있었다.

이때 영국이 끼어들었다. 영국은 러시아가 일본과 전쟁을 벌이는 동안 러시아와 동맹을 맺는 나라가 있다면, 영국 역시 일본의 편으로 참전하여 모든 지원을 아끼지 않겠노라고 약속했다(영일동맹, 1902). 그리고 그 뒤에는 미국이 도사리고 있었다.

사태가 심각해지자 고종황제는 서둘러 국외중립을 선언했다(1903. 11. 23). 해가 바뀌면서 대한제국 정부는 다시 한 번 국외중립을 선포하였으나 일본은 이를 무시하고 황궁을 강제로 점령했다(1904. 1). 이어 러시아와의 협상 테이블을 걷어차고 일어나면서(1904. 2. 4), 이를 신호로 일본군이 마산포와 원산 등지에 속속 상륙하기 시작했다. 그로부터 불과 며칠 후 일본 해군은 러시아 극동함대의 기지인 여순항 어귀에 시멘트를 가득 채운 증기선 일곱 척을 물속으로 가라앉히면서 항구의 봉쇄를 시도했다. 곧이어 일본 해군은 함포사격을 개시했다(2. 8).

일본의 기습에도 불구하고 극동함대 기지는 쉽사리 무너지지 않았다. 함포사격과 대함사격이 교차하며 여순항의 밤을 붉게 물들이는 동안 오야마 이와오가 이끄는 일본 육군이 압록강을 넘어 여순을 향해 진격했다. 여순항의 북부 남산에서 치열한 교전이 벌어졌으나 러시아군이 패배하였다(1904. 5).

한편, 여순항의 급보가 전해지자 유럽에 있던 발틱함대가 여순항을 향하여 이동하기 시작했다. 지노비 페트로비치 로제스트벤스키(Зиновий Петрович Рожественский)가 이끄는 발틱함대는 영국이 수에즈 운하를 봉쇄하자, 마다가스카르를 돌아 인도양을 거쳐야 했다. 그 사이 여순항은 일본 육군에 의해 함락되었다. 여순항을 함락한 일본 육군은 이듬해에는 심양으로 진격하여 러시아군을 공격했다(봉천전투, 1905. 2).

여순항 함락 소식을 접한 지노비는 목적지를 블라디보스톡으로 변경했다. 그는 대한해협을 통과하여 극동기지로 올라가는 항로를 택했는데, 이때 일본제독 도고 헤이하치로가 발틱함대의 이동경로를 정확하게 짚어냈다. 발틱함대가 대마도 부근을 지날 무렵, 도고가 이끄는 연합함대가 기습 공격을 감행하였다(1905. 5). 오랜 여정에 지친 발틱함대는 얼마 버티지 못하고 무너졌다. 도고는 마침내 '지노비'를 사로잡았다. 이어 일본군은 내친걸음에 얼마 후 사할린까지 점령했다.

그러나 여기까지였다. 일본은 전쟁을 수행할 밑천이 바닥나 버리고 말았다. 당시 전선에서는 크고 작은 전투가 벌어지고 있었다. 특히 이 무렵 황제가 임명한 간도관리사 이범윤은 충의대 장병들을 거느리고 러시아의 아니시모프 장군 부대와 연합하여 함경북도에 침입한 일본군을 물리치는 전과를 올리고 있었다(1905. 7).

일본은 미국에게 필사적으로 매달렸다. 그러나 러시아를 견제하겠다는 목적을 이미 달성한 미국과 영국은 추가지원에 난색을 표했다. '나는 일본의 승리를 더 없이 기쁘게 생각한다. 일본은 우리의 싸움을 대신해 주고 있기 때문이다.'라고 말하던 루스벨트는 포츠머스에다

러·일 양측을 불러 놓고는, 만주에서 양국의 군대를 모두 철수시키라고 요구했다. 무쓰히토로서는 청나라, 러시아와 각각 전쟁을 치르고도 고작해야 여순에 대한 조차권과 이에 더하여 여순에서 장춘까지 이어진 남만주철도에 관한 권리를 얻어 낸 것이 불만이었지만 어쩔 수 없었다. 그도 그럴 것이 사실 미국과 영국의 입장에서 보자면, 잽몽키(Japmonkey)에게 여순을 허락한 것만으로도 크게 선심을 쓴 것이었다. 무쓰히토의 권리는 여순을 넘어갈 수 없었으며, 이는 누구보다도 무쓰히토 자신이 더 잘 알고 있었다.

포츠머스에서 "만주 전역에 대한 중국의 배타적 관할권을 완전히 회복시킨다.(To restore entirely and completely to the exclusive administration of China all portions of Manchuria)"라고 표현한 것은 일본에게는 한반도에 대한 우위권만을 인정하고 러시아에게는 만주 밖으로 나가라는 뜻을 궁색하게 표현한 것으로, 망하기 일보 직전의 청나라를 문장에 끌어들인 것은 외교적 수사에 불과했다. 어차피 루스벨트에게는 만주가 역사적으로 청나라 것이었는지 조선의 것이었는지는 관심 밖이었다. 다만, 니콜라이 2세가 그곳으로 들어오지 않아야 했고, 이는 무쓰히토도 마찬가지였다.

5. 미국의 배신, 가쓰라 태프트 밀약

일본이 러시아를 상대로 미국과 영국의 대리전을 성공적으로 수행해 내자, 러시아를 지렛대로 삼아 일본을 견제하려던 대한제국의 대외 전략이 뿌리째 흔들리게 되었다. 니콜라이 2세는 "겨우 작은 전투에서 패한 것이며, 러시아 제국은 아직 지지 않았다. 계속 전쟁을 불사하겠다."고 하였지만, 고종 황제가 일본에 대한 징벌을 재개하도록 촉구하며 파병을 요청하였을 때에는 이미 러시아 재무장관 세르게이 비테가 포츠머스로 날아가고 있었다.

고종 황제는 이제 전쟁의 배후인 신흥강국 미국에게 줄을 대야 했다. 황제의 의중을 영문으로 작성할 만큼 영어에 능통하고 또 무엇보다도 믿을 수 있는 인물이 있을까? 밤잠을 못자 핏발 선 황제의 눈에 한성사범학교의 교장이었던 헐버트가 떠올랐다. 어두운 밤 명을 받은 헐버트가 황궁을 장악하고 있는 일제의 눈을 피해 편전으로 들었다.

헐버트는 뮐렌도르프 만큼이나 조선의 역사를 사랑한 인물이었다. 을사늑약 직후 황제는 헐버트를 미국에 보내 루스벨트에게 친서를 전달하려 하였다. 그 내용은 다음과 같다.

Ever since the year 1885 the United States and Korea have been in friendly treaty relations. Korea has received many proof of the good-will and the sympathy of the American Government and people. The American Representatives have always shown themselves to be in sympathy with the welfare and progress of Korea. Many teachers have been sent from America who have done much for the uplift of our people.

But we have not made the progress that we ought. This is due partly to the machinations of foreign powers and partly to our own mistakes. At the beginning of the Russo-Japanese War the Japanese Government asked us to enter into an alliance with them granting them the use of our territory, harbors and other resources, to facilitate their naval and military operations. Japan, on her part, guaranteed to preserve the independence of Korea and welfare and dignity of the Royal House. We compiled with Japan's request, loyally lived up to our obligations and did everything that we had stipulated. By so doing we put ourselves in such a position that if Russian had won, she could have seized Korea and annexed her to Russian territory on the ground that were active allies of Japan.

"It is now apparent that Japan proposes to abrogate their part of this treaty and declare a protectorate over our country in direct contravention of her sworn promise in the agreement of 1904."

There are several reasons why this should not be done.

"in the first place, Japan will stultify herself by such a direct breach of faith. It will injure her prestige as a power that proposes to work according to enlightened laws."

"In the second place, the actions of Japan in Korea during the past two years give no promise that our people will be handled in an enlightened manner. No adequate means have been provided whereby redress could be secured for wrongs perpetrated upon our people. The finances of the country have been gravely mishandled by Japan. Nothing has been done towards advancing the cause of education or justice. Every on Japan's part has been manifestly selfish."

The destruction of Korea's independence will work her a great injury, because it will intensify the contempt with which the Japanese people treat the Koreans and will make their acts all the more oppressive.

We acknowledge that many reforms are needed in Korea. We are glad to have the help of Japanese advisers, and we are prepared loyally to carry out their suggestions. We recognize the mistakes of the past. It is not for ourselves we plead, but for the Korean people.

At the beginning of the war our people gladly welcomed the Japanese, because this seemed to herald needed reforms and a general bettering of conditions, but soon it was seen that no genuine reforms were intended and the people had been deceived.

One of the gravest evils that will follow a protectorate by Japan is that the Korean people will lose all incentive to improvement. No hope will remain that they can ever regain their independence. They need the spur of national feeling to make them determine upon progress and to make them persevere in it. But the extinction of nationality will bring despair, and instead of working loyally and gladly in conjunction with Japan, the old-time hatred will be intensified and suspicion and animosity will result.

It has been said that sentiment should have no place in such affairs, but we believe, sir, that sentiment is the moving force in all human affairs, and that kindness, sympathy, and generosity are still working between nations as well as between individuals. We beg of you to bring to bear upon this question the same breadth of mind and same calmness of judgement that have characterized your course hitherto, and, having weighed the matter, to render us what aid you can consistently in this our time of national danger.

지금도 그렇거니와 당시로서도 미국, 영국은 일본을 밀고 있었다. 앵글로 색슨족은 동북아에서 잽몽키(Japmonkey)를 내세워 슬라브족의 남하를 견제하려고 하였던 것이다.

고종 황제는 이를 잘 알고 있었고, 어떻게든 미국과 일본 양국 간 동맹의 틈을 벌이려 외교전을 펼치고 있었다. 이러한 황제의 의도는 헐버트가 꼭 쥐고 간 편지에 고스란히 들어가 있다.

그러나 헐버트가 땀에 젖은 편지를 들고 워싱턴으로 향했을 당시 공교롭게도 동경에서는 미국 국무장관 태프트와 일본 수상 가쓰라가 만나고 있었다.

루스벨트는 백악관을 찾아온 헐버트를 만나주지 않았다.

6. 아! 대한의군

1904년 1월 일본군이 대한제국 황성을 공격하여 황궁을 점령한 뒤, 같은 해 2월 23일 전권공사 하야시 곤스케는 전략상 필요한 지점을 수용할 수 있도록 이지용과 공수동맹에 조인했다.

이 무렵 만주의 이범윤은 사포대를 근간으로 군사 조직인 충의대를 조직하고 모아산(帽兒山)·마안산(馬鞍山)·두도구 등지에 병영을 갖추고 있었다. 이때, 황제로부터 러시아와 연합 전선을 구축하라는 명이 떨어졌다. 이범윤은 황명을 받들어 러시아의 파병을 요청했다.

러시아가 군대를 보내 이범윤과 연합전선을 구축하자, 일제는 즉각 러시아에 항의하고 곧이어 이지용 내각으로 하여금 이범윤을 소환하게 하였다. 1904년 03월 16일 일제는 외부대신 임시서리직을 맡고 있던 의정부 참정 조병식 명의로 「내부내거문(內部來去文) 16 러시아관에 파병을 요청한 죄로 간도관리 이범윤을 소환·판결하는 건」40)을 발신하게 했다.

그러나 이범윤은 소환령에 응하지 않았다. 그것이 황제의 뜻이 아님을 알았기 때문이었다. 이범윤은 함경도 무산·회령·종성·온성과 간도의 양수천자(凉水泉子)·화룡(和龍)·6도구 부근에도 연병장을 설치하여 군사훈련을 시키며 사태에 대비했다. 이때 연해주 연추(煙秋, 노키에

---

40) 간도관리 이범윤의 러시아의 군대를 동원한 죄를 물어 소환할 일로 曾有前任知照ㅎ와 訓問該員ㅎ실 뜻으로 承覆在案이옵고 繼準駐京 청국공사 허태신照辭ㅎ와 大關國際ㅎ온 사실을 更爲仰照ㅎ온후 尙未接覆이온되 同淸使의 조회를 現接ㅎ온즉 滿紙臚列이 益聞所 不聞이온지라 派員勘界一事는 照會政府ㅎ얏습거니와 該管理가 一直不還ㅎ오면 邦交邊 衅이 慮無不到이옵기 淸館來照와 另附一冊을 함께 謄交ㅎ오며 玆에 更照ㅎ오니 照亮措 處ㅎ심을 爲要.

프스크)로부터 편지가 한통 날아왔다. 우용정을 통해 알게 된 최재형41)이었다.

　최재형은 노비의 아들로 태어나 어렸을 적 여기저기를 떠돌다 포시예트 항에 흘러들었다. 어느 날 부유한 러시아 부부가 배고픔으로 길바닥에 쓰러져 있는 어린 재형을 발견했다. 천사 같은 러시아 부부는 불쌍한 이 아이를 양자로 삼아 극진한 보살핌으로 훌륭하게 키워냈다.

　그 후 최재형은 연해주 일대로 돌아와 터를 잡았다. 당시 연해주의 주요 택지와 농지는 오랜 세월에 걸쳐 조선인들이 개간을 하며 촌락을 이루고 살아오고 있었고, 당시로서도 대한인들이 만주 인구의 대부분을 이루고 있었다.

　사업에 재능이 있었던 그는 군수업에 손을 대 큰돈을 벌었다. 그는 니콜라이 2세로부터 훈장도 받아 정계에도 인맥을 형성하는 등 지역사회의 거물이 되어 갔다. 그런데 그 무렵 자기 고향이 일제 치하에 들어가게 되자 그는 이를 두고두고 안타까워했다. 그러던 중 최재형은 이범윤을 알게 되었다. 혈육의 정이 그리운 그는 어느덧 3살 아래인 이범윤을 친동생처럼 아끼고 있었다. 1908년 5월 최재형과 이범윤은 한인 동포들의 단결도모와 환란구제를 목적으로 자치조직인 동의회(同義會)를 발족했다.

　얼마 후 그들은 의병부대를 창설하고 이를 지원할 목적으로 창의회(彰義會)를 결성하고, 젊은 인재들을 모집하였다. 여기에 안중근과 엄인섭 등이 속해 있었다. 그 후 창의회는 의병부대 편성에 나섰다. 조국의 부름에 수천 명에 달하는 한인 청년들이 속속 모여들었다.

---

41) 최재형(1860년 8월 15일~1920년 4월 7일): 1962. 독립장 수여.

마침내 '대한의군'이 탄생했다. 대한의군은 이범윤이 총독을 맡고, 총대장 유인석, 대장 전제덕과 김영선, 좌영장에 엄인섭, 우영장에 안중근 등으로 진용을 갖추어 나갔다. 최재형은 대한의군을 무장시키기 위하여 사재를 털어 러시아제 5연발 총, 14연발총 등을 구하여 지원하였다. 그리고 바로 다음 달 대한의군 참의중장 안중근이 지휘하는 의병부대는 함경북도 홍의동의 일본군을 급습하고 이어 경흥의 일본군 정찰대를 격파하였다.

대한의군은 1908년 7월부터 9월까지 2개월 동안 여러 차례 진공 작전을 벌여 경찰서와 관공서를 파괴하고, 출동한 일본군을 무찌르는 등 혁혁한 전과를 올렸다.

7. 나이토 조서와 간도협약

대한제국의 외교권을 빼앗은 일본은 대륙진출을 위한 기지로서 간도에 대해 큰 관심을 보였다. 1906년 일본제국 육군 참모본부는 일본 외무성 촉탁 나이토에게 간도문제에 대한 조사를 의뢰하였는데, 그해 2월 19일 나이토는 조사결과를 조서로 작성하였다.

"포이합통하 이남의 간도는 한국의 영토로 하는 것이 당연한 일로서 속히 지방관을 설치하고 수비병을 파견함은 목하 긴요한 처치라고 믿는다."[42)]

---

42) 《間島問題調查書》(內藤虎次郞, 1906.2.19), 『간도영유권관계발췌문서』, 328쪽.

이어서 4월 16일 일본육군 참모총장 고다마는 한국주차군사령부가 작성한 간도에 관한 조사개요를 외무대신에게 보고했다.

"만일 우리가 공격을 취하여 함북방향에서 길림 지방으로 진출하려고 한다면, 먼저 간도를 점령하지 않으면 용이하게 그 목적을 달할 수 없을 것이다. 간도의 군사적 가치는 이와 같다. 이 지역이 한·청 어느 나라의 영토에 속할 것인가는 한국국토 방어상 등한히 할 문제가 아닌 것이다."43)

그런데 1906년 11월 16일 통감 이토 히로부미는 한국시정개선에 관한 협의회에서 간도경계문제에 대해 "한국 측에서도 충분한 확증이 없기 때문에 오늘 경계론을 주장함은 좋은 계책이 못된다. 단지 간도에 재류하는 한국인들이 청국 관헌으로부터 학대를 받고 있기 때문에 청국의 영토로 보고 이들 한국인을 보호하는 대책을 취할 수밖에 없다."고 하면서, "일본 관리를 주재시켜서 경찰 기타 인민보호에 필요한 기관을 부속시키고, 여기에 한국인 관리도 파견한다."는 방책을 제시하였다. 이를 위해서 이토 히로부미는 참정대신 박제순에게 "국경문제는 미정이나 간도에 거류하는 한국인이 한국정부에 보호를 청구해 왔기 때문에 이에 보호해 주기 바란다는 취지의 간단한 공문을 내 앞으로 보내달라"고 요구했다.44) 이틀 뒤 11월 18일 박제순은 이토 히로부미의 주문대로, 간도한인보호를 위해 일본정부가 관리를 파견해 줄 것

---

43) 《간도에 관한 조사 개요》 (참모본부 參通 第120號, 1906.4.16), 『간도영유권관계발췌문서』, 258쪽.
44) 《韓國施政改善ニ關スル協議會 第十二回 會議錄》, 『통감부문서』, 1권.

을 공식적으로 요청했다.45)46)

마침내 1907년 8월 23일 용정촌에 통감부 간도파출소가 개설되었다. 당시 일본은 간도의 영역을 남만주 일대로 상정하고 간도가 청 제국의 영토가 아니라는 사실을 대대적으로 선전했다. 1906년에 간행된 『만주지지』에서는 해란강 이남, 두만강 이북의 땅을 간도의 영역으로 파악하고 간도를 한국과 중국 어느 쪽에도 속하지 않은 독립국으로 소개했으며, 간도가 한국의 영토임을 주장하는 대륙 낭인들의 견해가 신문에 자주 실리곤 했다.47)

이 무렵 일본은 을사늑약의 무효를 주장하며 외교전을 펼친 것을 빌미로 고종 황제를 퇴위시키고, 이어 1907년 12월 3일, 원세개와 간도경계문제에 대한 교섭을 시작했다.48)

이후 청·일 양국은 서로 번갈아가며 근거자료를 제출하며 각자의 주장을 전개하였다. 1908년 4월, 사이토 파출소장은 이제까지 간도경계문제에 대해 조사한 것을 종합하여 통감에게 보고하였다. 여기에서도 간도문제 해결을 위해 취해야 할 조치로서 "정부는 종전대로 의연히 백두산정계비를 기초로 하여 간도가 경계 미정지임을 주장할 것"을 주문했으며, "단 필요하면 양국에서 위원을 파견하여 정계비와 석퇴와 토문강을 답사케 할 것"을 제시했다. 이와 함께 "현재의 보호구역은 간도면적의 약 4분의 1에 불과하다"면서 "간도에 있어서 한민보호의 구

---

45) 《在間島 韓人保護要求 照會》(조회 제102호, 1906년 11월 18일), 『통감부문서』, 2권.
46) 이명종, 《대한제국기 간도영토론의 등장과 종식》, 동아시아문화연구, 제54집, 326쪽.
47) 배성준, 「간도」, 『역사용어 바로쓰기』, 역사비평사, 296~299.
48) 《往電 제208호, 在間島 清國官憲의 專斷的行動에 대한 清國政府에의 强硬對應 件》(伊藤 통감 林 외무대신, 1907년 11월 20일), 『통감부문서』, 제2권.

역을 더욱 확장케 할 것"을 촉구했다. 파출소에서 주장한 간도의 범위는 동쪽으로 훈춘하, 서쪽으로 '토문강', 남쪽으로 두만강, 북쪽으로 노야령과 합이파령에 이르는 지역이었다.49)

이와 같이 통감부 간도정책은 간도를 한·청간의 국경분쟁지로 만드는 가운데 이곳에서 일본의 세력범위를 확장하는데 주안을 두었다.50)

그러나 포츠머스에서 보여준 미국과 영국의 입장은 몇 년이 지난 뒤에도 여전히 확고했다. 미국과 영국이 일본을 지원한 것은 러시아의 남하를 막으라는 것이지 일본이 만주를 차지하라는 뜻이 아니었다. 역시 무쓰히토에게 만주는 그림의 떡이었던 것이다. 이를 확인한 일본의 입장이 180도 바뀌었다. 서기 1909년 7월 20일 북경에서는 일본국 특명전권공사 이슈인 히코키치와 청나라 외무상서 양돈언이 만나 이른바 간도협약을 체결하였다.

1909년 9월 4일 조인된 이 협약에서 대일본제국 정부와 대청국 정부는 선린의 호의에 비추어 도문강(圖們江)을 청·한 양국의 국경임을 서로 확인함과 아울러 타협의 정신으로 일체의 변법(辨法)을 상정(商定)함으로써 청·한 양국의 변민(邊民)으로 하여금 영원히 치안의 경복(慶福)을 향수하게 함을 바라면서 이에 협약이 체결되었음을 선언하였다. 간도협약이 체결된 당일, 일제는 안봉선의 철도부설권 등을 획득하는 것을 내용으로 하는 만주 5안건 협약을 체결하였다.

그 후 11월 1일 통감부 간도파출소가 폐쇄되고, 그 다음날 일본총영사관이 설치되었다. 미·영 패권주의 아래서 만주는 후일 일제의 만선사관과 반도사관의 제물이 되어야 했다.

---

49) 《間島問題之顚末並意見》(齋藤季治郞, 1908.4), 『간도영유권관계발체문서』, 388~389쪽.
50) wikipedia.

8. 북만주에 울린 코레아 우라! (Корея! Ура!)

　북만주 하얼빈은 옛 고구려 땅으로 삼국통일에 성공한 신라가 차지하였다가 신라가 망한 이후에는 그 후예들이 대대로 살아오며 독자적 세력을 형성하였던 곳이다.

　고려 예종은 윤관을 보내 이 지역을 석권하고 성을 쌓았으며, 그 후 신라의 후예들이 이 지역을 차지하고 중앙의 지배를 벗어나 금나라를 세웠다. 그들은 계속 뻗어나가 중원까지 제패하였으나 곧 몽고에 의해 멸망당하고 몽고가 세운 원나라가 이 지역을 차지하였다.

　그 후 공민왕이 유인우를 보내 몽고의 총관부가 설치된 이 지역을 수복하였을 때, 몽고의 다루가치(천호)로 있던 이자춘이 안에서 성문을 열어 공을 세웠다. 그는 아들 이성계와 함께 고려의 품에 안겨 이 지역 만호 자리를 꿰찼다.

　이후 이성계가 조선을 창업하면서 목조, 익조 등 선조들의 무덤이 있었던 하얼빈은 조선왕실의 성지가 되었고, 계속 조선의 실효적 지배 아래 놓여 있었다. 이후 청나라와 영토 분쟁이 있었으나 대한제국이 탄생하면서 고종 황제가 행정구역을 정비하고, 이범윤을 보내 이곳을 실효적으로 다스렸다.

　그 후 일본은 러시아와의 전쟁을 승리로 이끌었지만, 러일전쟁은 일본이 러시아를 상대로 미국과 영국의 대리전을 치른 것뿐이었다. 포츠머스에 양국을 불러 앉힌 미국과 영국은 러시아는 물론 일본에 대하여도 만주에 대한 진출을 허용하지 않았다. 그러나 철도 부설과 관련한 러시아와 일본의 경제적 이익마저 부인할 수는 없었기에, 하얼빈을 경계로 하여 만주에 대한 러시아와 일본 양국 간 이익을 조정하는 문제는 당시 국제적 현안이 되었다. 일본 추밀원 의장 이토 히로부미가 남만주철도를 달려 러시아 재무대신 코콥초프51)를 찾아온 것은 바로 이 때문이다.

1909년 10월 13일 저녁, 유럽식 정장을 차려입은 한 젊은 신사가 하얼빈 역사 안으로 유유히 들어왔다.

그는 가벼운 인사를 건네며 검문대를 통과했다. 온화한 미소를 머금은 그의 당당함에 러시아 군인들은 감히 검문을 하기는커녕 우렁찬 구령과 함께 경례를 붙이고 그를 통과시켰다.

하얼빈 역 플랫폼에 걸려 있는 시계가 정각 9시를 가리키는 순간, 이토 일행을 태운 급행열차가 서서히 들어왔다. 열차가 멈추자 러시아 재무대신 코콥초프는 하얼빈 주재 일본 총영사 카와카미52)와 함께 이토를 영접하려 열차 안으로 들어갔다.

이토는 동청철도 전망차 특별 칸 2호에서 이들을 맞이하여 15분에서 18분가량 대화를 나누었다. 이토는 자신의 일행을 코콥초프에게 소개하고 열차 복도에서 외투를 입은 후 총영사 카와카미를 동반하여 열차에서 내렸다.

코콥초프는 이토를 뒤따르며 열차 계단 옆의 플랫폼에서 러시아 측 수행원들을 소개한 후 도열한 의장단 앞쪽으로 이토를 안내하며, 시의회 의장 베르크, 상거래 위원장 프리트, 지역 재판소 소장 스크보르초프, 지역 검찰소장 밀레르 등 하얼빈 지역 기관장들을 일일이 호명하며 소개하고, 이어 2백 명 정도의 지역 대표들과 일본 거류민들의 환영

---

51) 블라디미르 니콜라예비 코콥초프(Владимир Николаевич Коковцов, 1853~1943).
52) 카와카미 도시히코(川上俊彦).

에 답한 후 다시 열차로 되돌아가려 했다.53)

이토 일행이 한두 걸음을 떼는 순간, 뒤쪽에서 어린이용 폭죽이 터지는 것과 같은 둔탁한 소리가 세 번 울렸다. 이토 일행이 뒤로 돌아섰을 때 다시 옆쪽에서 4발의 총성이 뜨겁게 울렸다.

수행원들이 이토의 오른손을 잡고 급히 차량 옆으로 대피하려는 순간, 이토는 서너 걸음도 채 옮기지 못하고 코콥초프 쪽으로 쿵하고 쓰러졌다. 코콥초프가 고함을 지르자 수행원들이 이토를 열차 안으로 옮긴 뒤 탁자 위에 올려놓았다.

곧 바로 의사가 도착하였다. 그러나 근대화 초기부터 제국주의에 이르기까지 일본을 줄곧 이끌어 온 이토는 한국인 청년이 자신을 저격한 사실을 확인하고 10분도 채 되지 않아 명이 끊어졌다.

청년은 무릎을 꿇고 성호를 긋고 나지막한 목소리로 그의 천주에게 통성기도를 드렸다.

그리고 하얼빈 역사에 낭랑히 울려 퍼지는 소리,

"코레아 우라! (Корея! Ура!)"

우리 영토의 북쪽 끝 하얼빈까지 찾아온 침략의 원흉은 싸늘한 시체가 되어 '잽몽키 섬(Japmonkey Island)'으로 되돌아가야 했다.

대한의군 참의중장 안중근이 격발한 4번의 총성은 과연 북만주가 누구의 텃밭인지를 전 세계에 알리는 신성한 울림이었던 것이다.

---

53) 출처: 러시아연방 국립문서보관소, 동북아 역스넷.

9. 장작림의 등장과 만주이야기

대한의군이 민족의 원흉 이토를 처단할 무렵, 장작림이라는 '듣보잡'이 봉천 일대에서 그 이름을 알리기 시작했다.

장작림은 젊은 시절 청나라 군대에 입대하여 청·일전쟁에 참여했다가, 고향으로 돌아온 뒤에는 패거리를 모아 인근에서 마적질이나 하고 있던 터였다. 그의 고향 해성(海城; 하이청)은 청·일전쟁의 격전지 여순(旅順; 뤼순)으로부터 북쪽으로 불과 300km도 채 되지 않는 거리에 있었다.

당시 일본은 청·일전쟁을 승리로 이끌어 여순을 잠시 차지했다가 러시아, 프랑스, 독일의 압력으로 물러나고, 그 자리에 러시아가 극동함대의 기지를 건설하고 있었는데, 장작림은 이를 지켜보며 야망을 키우고 있었다. 얼마 후 장작림은 봉천[54] 일대에서는 제법 악명을 떨치는 마적단 두목이 되어 있었다.

일본이 러일전쟁을 승리하고도 여순에 발이 묶이자, 정보당국은 장작림을 주목하기 시작했다. 조선의 초대 총독 데라우치 마사타케(寺內正毅)의 책상 위에 장작림에 관한 보고서가 올라왔다. 테라우치는 본격적으로 장작림을 지원하기 시작했다. 일개 마적단 두목이던 장작림은 일제의 지원으로 병력을 키우고 무기를 사들이며 이른바 '군벌'의 위용을 갖추기 시작했다.

이 무렵 청나라는 겨우 숨만 붙어있는 식물왕조였다. 일찍이 만리장성 이남의 중국본토를 호령했던 '애신각라'씨들은 아편전쟁의 패배

---

54) 봉천: 오늘날 심양시를 말한다.

▶ 장작림과 관동군

를 시작으로 각 지방에 대한 통제력을 급속도로 상실해 갔다. 여기저기에서 '이민족 정권'에 대한 저항이 우후죽순으로 일어났다.

급기야 사천성의 봉기를 진압하러 간 군인들이 무창에서 오히려 폭동을 일으키면서 '이민족 정권'에 대한 저항은 전기를 맞이했다. 특히 손문이 이들에 의해 임시총통으로 추대되면서 반청운동은 한족 민족주의에다 민주주의, 공화주의라는 채색을 하며, 그럴듯한 외양을 갖추어 나갔다.

그러나 남경에 자리 잡은 손문과 그의 일당들이 김씨 왕조를 무너뜨린다는 것은 그야말로 계란으로 바위치기였다. 원세개가 이끄는 토벌군이 황하를 건너 내려오자 손문은 필사적으로 원세개를 꼬드겨야 했다. 손문은 원세개에게 왕조를 무너뜨려 민주국가를 세운 뒤 총통을 하라며 유혹했다. 총통이라는 직함의 매력은 원세개의 마음을 흔들어놓기에 충분했다. 원세개는 곧장 말머리를 돌려 '마지막 황제' 부의로부터 옥새를 받아내고 '애신각라 왕조'를 멸망시켰다.

그러나 원세개가 '민주주의'니 '공화주의'니 하는 단어의 의미를 알 리 만무했다. 명실공히 중화민국의 초대총통이라는 직함을 꿰차자 그는 약속과는 달리 남경으로 내려오지 아니하고, 손문 일당을 배제한 채 북경에서 '총통 놀음'을 했고, 손문은 다시 해외를 떠돌아야 했다.

그런데 처음에 총통이라는 직함은 과거 고종으로부터 하사받은 두 첩만큼이나 매력적이었으나 '총통'으로서의 그의 일상은 점차 무료해져 갔다. 그러던 차에 제1차 세계대전이 일어나면서(1914년), '삼국협상' 측에 가담한 일본이 독일에 선전포고를 하였다. 일본은 산동 일대에서 군사행동을 전개하는 한편 독일 조차지에 대한 권익을 국제법적으로 확인받기 위해 '황제'의 직을 미끼로 원세계를 꼬드겼다. 원세개는 아무런 주저함 없이 이른바 '21개조 요구'를 수락했다(1915년).

그러나 '봉건왕조로의 회귀'에 대한 내외의 거부감은 예상 밖으로 드셌다. 끝내 뜻을 이루지 못한 원세개는 제분을 못 이겨 가슴을 움켜쥐고 쓰러져 버렸다(1916년). 그가 죽자 그의 부하들은 총통 자리를 두고 서로 이전투구를 벌였다. 여기서 조선총독 테라우치는 단기서(段祺

瑞: 돤치루이)에게 뇌물을 건네고 그를 지원했다. 마침내 총통이 된 단기서는 독일에 선전포고를 하면서, 산동성 일대로 일본군을 끌어들였다(1917년).

제4부
대한민국의 성립과 만주의 실효적 지배

'대한민국의 강토는 구한국의 판도로 함.'
대한제국의 영토는 곧 대한민국의 영토이니,
북으로는 만주를 포함하는 4천리 강토가
곧 우리 대한민국의 영토가 되었다.
그 후 1930년대에 이르기까지
만주는 우리가 장악하고 있었다.

대한민국의 성립과 만주의 실효적 지배

1. 대한민국의 건국과 우리의 영토

이번에는 대한민국의 성립당시 우리의 영토를 살펴보자. 일부에서는 대한민국이 건국된 때가 1948년이라고도 하고 또 일부에서는 1919년이라고도 한다. 이른바 건국절 논란은 앞서 기술한 바 있는 한국 현대사에 점철되어 있는 이념적 갈등의 결정판이다. 공교롭게도 어느 쪽 견해이건 모두 대한민국의 건국과 대한민국 정부의 수립을 혼동한 것이다.

그렇다면 우리 대한민국은 언제 건국된 것인가? 서기 1910년 일본은 우리의 국호를 '대한'에서 다시 '조선'으로 격하하고 그 조선을 강점했다. 그러나 그 무렵 우리의 영토 만주에는 (후술하겠지만) 이미 자치정부가 자리를 잡고 군사기지가 광범위하게 건설되고 있었다. 마침내 1917년 7월 신규식, 박은식, 신채호, 조소앙, 박용만 등 14명의 민족지도자들이 상해에 모였다. 이 자리에서 이들은 1910년 8월 29일자로 대한민국이 건국되었다는 것을 선언하였다.

융희 황제가 삼보(토지, 인민, 주권)를 포기한 8월 29일은 즉, 우리 동지들이 삼보를 계승한 8월 29일이니, 그 사이에 순간의 쉼도 없다. 우리 동지들은 완전한 상속자니, 저 황제권이 소멸한 때가 곧 민권이 발생하는 때요, 구한국 최종 1일은 곧 신한국 최초의 1일이니 … 그러므로 경술년 융희 황제의 주권 포기는 곧 우리 국민 동지들에 대한 묵시적 선위(禪位)이니 우리 동지들은 당연히 삼보를 계승하여 통치할 특권이 있고 또 대통을 상속할 의무가 있도다.

그 이듬해에는 여운형 등에 의해 신한청년당이 창당되고, 이를 중심으로 대한의 독립 즉 대한민국의 건국을 국제사회에 알리기 위한 구체적 방안이 마련되었다. 그들은 전국 각지에 사람을 보내 대한민국의 독립을 선언하는 거사를 추진하였다.

마침내 1919년 음력 1월 1일 만주 길림에서는 박은식, 이동녕, 이동휘, 이범윤, 이상용, 이시영, 박용만, 신채호, 안창호, 김약연, 김좌진, 조소앙 등 민족지도자 39인이 모여 한국의 독립을 선언했다. 조소앙이 작성한 선언서를 통해 대한민국의 건국을 확인하고, 육탄혈전(肉彈血戰)으로 독립을 완성할 것을 다짐하였다.

정의는 무적의 칼이니 이로써 하늘에 거스르는 악마와 나라를 도적질하는 적을 한 손으로 무찌르라. 이로써 5천년 조정의 광휘(光輝)를 현양(顯揚)할 것이며, 이로써 2천만 백성의 운명을 개척할 것이니, 궐기하라 독립군! 제[齊]하라 독립군!

　천지로 망(網)한 한번 죽음은 사람의 면할 수 없는 바인즉, 개·돼지와도 같은 일생을 누가 원하는 바이리오. 살신성인하면 2천만 동포와 한 몸으로 부활할 것이니 일신을 어찌 아낄 것이며, 집안이 기울어도 나라를 회복되면 3천리 옥토가 자가의 소유이니 일가(一家)를 희생하라!

　아 우리 마음이 같고 도덕이 같은 2천만 형제자매여!

　국민본령(國民本領)을 자각한 독립임을 기억할 것이며, 동양평화를 보장하고 인류평등을 실시하기 위한 자립인 것을 명심할 것이며, 황천의 명령을 크게 받들어 일체의 악에서 해탈하는 건국인 것을 확신하여, 육탄혈전(肉彈血戰)으로 독립을 완성할지어다.

　조선총독부가 자리 잡은 경성도 예외가 아니었다. 그런데, 거사일인 3월 1일이 되자 대표로 선정된 자들이 유혈 충돌을 피한다는 핑계로 약속 장소인 탑골공원을 가지 아니하고 대신 태화관에 모여 독립선언서를 낭독한 후 종로경찰서에 자수해 버리는 해프닝이 있었다.

　그러나 탑골공원에서 기다리던 학생들은 뭔가 일이 틀어졌음을 직감하고 스스로 연단에 올라 독립선언서를 낭독하기 시작했다.

　만세소리가 울려 퍼지고, 태극기와 선언서가 하늘에서 꽃비처럼 쏟아져 내렸다. 모인 사람들은 모자를 벗어 허공에 던지며 미친 듯이 기뻐하였다. 학생들이 남대문과 덕수궁으로 나누어 시가행진을 하면서 독립과 함께 독립정부 수립을 제창하자, 성안의 백성들도 기다렸다는 듯이 합세하였다.55)

---

55) 출처: 박은식, 『한국독립운동지혈사(상)』, 서문당. 171~173쪽.

이에 당황한 경찰들이 폭력을 휘두르며 진압에 나서자, 오히려 삽시에 군중이 수십만으로 불어났다. 독립선언은 그 후 천안 아우내 장터를 필두로 퍼져 나가며 전국 방방곡곡에서 1년간이나 이어졌고, 그 함성은 오대양 육대주로 울려 퍼졌다.

대한민국 주권자의 준엄한 명령이 전 세계 방방곡곡에 송달되자, 각지의 민족지도자들은 본격적으로 정부의 수립에 착수했다. 연해주에서는 '대한국민의회'라는 회의제 정부가 구성되고(1919. 3), 상해에서는 신한청년당이 주축이 되어, 국호를 '대한민국'으로 정하고 민주공화제를 골간으로 한 임시헌장을 채택한 뒤 선거를 통해 국무원을 구성하여(4. 10) 대내외에 정부수립을 선포했다(4. 13). 한성에서도 전국 13도 대표로 구성된 국민대회의 명의로 대한민국 정부가 수립되었다(4. 23). 그리고 마침내 대한국민의회, 상해 임시정부, 한성정부의 통합이 이루어지고, 민주공화제를 바탕으로 입법부·행정부·사법부를 갖춘 '통합정부'가 구성되었다(1919. 9. 11).

그렇다면 대한민국의 건국 내지는 통합정부의 수립 당시 우리의 영토는 어떠했을까?

서기 1919년 9월 11일 대한민국은 임시헌법을 공포했다.

임시헌법은 제2조에서 대한민국의 주권은 대한인민 전체에 있음을 선언하고, 제3조에서 '대한민국의 강토는 구한국의 판도로 함'이라고 규정하였다.

그렇다면 유구한 역사와 전통에 빛나는 우리 대한민국은 3·1운동으로 건립된 대한민국 임시정부의 법통을 계승하였고, 또, 대한제국의 영토는 곧 대한민국의 영토이니, 북으로는 만주를 포함하는 4천리 강토가 곧 우리 대한민국의 영토가 되는 것이다.

2. 장작림과 미쓰야 협정

강도 일본이 대한제국이라는 국호를 없애고 황제의 정권을 빼앗았을 무렵에는 앞서 설명한 바와 같이 이미 '간도국민회', '중광단', '정의단' 등 대한의 자치정부가 줄지어 탄생하고, 뒤를 이어 군사정부인 북로군정서가 등장하여 만주를 실질적으로 장악해 나가고 있었다. 한국인들이 신한촌을 이루며 터 잡아 온 연해주 역시 권업회라는 자치조직이 거의 모든 지역에 지부를 설치하고 있었고, 이를 바탕으로 이상설·이동휘·이동녕 등에 의해 '대한광복군정부'라는 군사정부가 세워졌다(1914년). 특히 무오독립선언을 기점으로 탄생한 '대한국민의회' 정부는 연해주를 실효적으로 지배하고 있었다. **당시 만주를 영토로 하는 대한민국이 사실상 건국되어 있었던 것이다.** 그리고 1919년에는 이를 토대로 상해에서 통합정부가 구성되었으나 곧 이승만이 국제연맹 등에 위임통치를 호소하고 다닌 사실이 밝혀지며 임시정부의 대표성 논란이 제기되었다. 이를 기화로 이승만은 곧 탄핵되어 대통령직에서 파면되었으나, 임시정부는 대일투쟁의 구심점으로서의 기능을 상실해 버렸다.

상해를 떠난 대부분의 민족지도자들은 만주 일대로 돌아와 진공작전을 펼치는 등 독자적으로 항일전쟁에 매진하기 시작했다.

상황이 이렇다 보니, 봉천56) 일대를 장악하고 있던 친일파 장작림에게 있어 만주는 계륵과도 같은 것이었다. 장작림은 되지도 않는 만주보다는 북경 쪽으로 관심을 돌리기 시작했다. 그러자 북경정부가 바

---

56) 봉천: 오늘날 심양시를 말한다.

빠졌다. 북경정부는 서둘러 장작림에게 만주의 3개성에 대한 관할권을 인정했다(1918년). 북경 쪽으로는 더 이상 눈길을 돌리지 말라는 것이었으나, 만주는 애초에 북경정부와는 전혀 무관한 땅이니 주고 말고 할 일이 아니었다.

한편, 일제는 앞으로는 장작림을 지원하면서도, 뒤로는 북경의 새 정부에 줄을 대느라 바빴다. 게다가 볼셰비키 혁명이 일어나자 일제는 러시아 내정에도 개입하여 반혁명군을 지원하면서 시베리아에 원정군까지 파견하는 주제 넘는 짓을 했다(1917년).

이 무렵 1차 대전이 삼국협상 측의 승리로 끝맺자, 그 구성원인 일본에게 보상이 따랐다. 광활한 작전 지역을 커버한다는 명분으로 일본은 여순에 본영을 둔 군대의 창설을 인정받았으니, 그 유명한 관동군이다. 산해관 동쪽에 있다고 하여 붙은 이름이다(1919년).

그러나 일본의 만주 진출은 여전히 견제를 받고 있었다. 포츠머스에서 보여준 영국과 미국의 동북아에 대한 입장은 시간이 흘러도 여전히 유효했다. 러시아도 삼국협상의 일원이었으나 역시 마찬가지였다. 하긴 당시 러시아는 볼셰비키 혁명으로 인해 내부가 어수선했던지라 만주에 신경을 쓸 겨를조차 없었다.

한편, 이 무렵 상해의 임시정부가 월세를 못내 전전하고 있던 상황에서, 만주 일대를 관할하던 대한민국 자치정부들 사이에서 유기적인 항일전쟁을 수행하기 위해 통합운동이 일어났다. 그 결과 참의부(1923)·정의부(1924)·신민부(1925)가 차례로 결성되었다. 3부는 모두 각각 입법부·행정부·사법부를 갖춘 공화제 자치정부들이었다. 이들은 관동군에 대항하기 위하여 보다 효율적인 조직체계를 갖추고, 조직적인 대일항전을 치러 나갔다.

이때 친일파 장작림의 발걸음은 이미 북경으로 가 있었다. 그는 직예파 군벌인 풍옥상(馮玉祥)과 연합하여 조곤(曹錕) 정부를 전복시키고 마침내 북경 일대를 장악했다(북경정변, 1924. 10). 한편, 광주의 국민정부는 황푸군관학교 출신들을 주축으로 국민혁명군을 조직했다(1924. 6). 북벌이 임박하자 북경으로부터 먼저 연락이 왔다. 그해 겨울 손문은 광주를 출발하여 북경을 향했다. 손문이 국민회의 개최를 제창하자, 곽송령(郭松齡) 등이 이에 적극 호응하여 손문과 장작림의 협력을 위해 노력했다. 그러나 정작 장작림은 시큰둥했다. 이 당시 그는 무려 수십만 대군은 물론 수십 대의 함정과 전투기까지 거느리고 있었던 것이다. 결국 손문은 뜻을 이루지 못하고 객사하여 북경 교외의 벽운사에 묻혔다(1925. 3).

한편, 장작림의 북경정부가 일제와 작당하여 국민당 정부와 대립하자, 곽송령이 반기를 들었다(1925. 11). 곽송령은 빙옥상(憑玉祥)과 연합하여 '동북국민군'을 조직하고, 장작림을 공격하기 시작했다. 동북국민군의 위세 앞에 장작림의 군대는 연전연패하며 후퇴했다. 곽송령은 파죽지세로 장작림의 본거지인 봉천을 육박했다. 장작림은 일본군의 지원을 다급하게 요청했다. 관동군은 여순과 금주로 가는 교차로이자, 봉천으로 향하는 전략적 요충지인 영구(營口; 잉커우)를 점령하여, 동북국민군의 진로를 차단했다. 관동군의 즉각적인 개입으로 곽송령은 체포되고 그의 군대 또한 속속 장작림에게 투항하였다.

이때 조선총독부 경무국장 미쓰야 미야마쓰가 장작림의 수하인 우진(于珍)를 찾아왔다. 미쓰야는 우진에게 한인단체를 해산시키고 무장을 해제하여 무기와 탄약을 몰수해 달라는 요구를 해왔다. 아울러 한국 독립군들을 검거하여 일본 경찰에 인도해주면, 그 대가로 상금을 지불하겠다고 약속했다. 장작림은 만주 호랑이 목에 방울을 달아야 하는 것이 껄끄럽기는 했지만 이를 거절할 수 없었다. '봉천의 굴러온 돌' 장작림이 만주 독립군의 등 뒤에서 총부리를 겨누면서, 만주 일대의 항일기지들이 제법 타격을 받았다. 이 무렵 김좌진 등은 장개석과 손을 잡고 국민혁명군을 구성하여 장작림과 일제에 조직적으로 대항했다. 만주의 정세가 그야말로 예측 불가능한 혼란의 도가니에 빠졌다.

한편, 장작림은 관동군에게도 따로 모종의 사례를 해야 했다. 그는 여순의 관동군 사령부를 직접 찾아가 시라카와 요시노리(白川義則) 중장을 만났다. 그리고 관동군이 자신을 도와준 것에 감사를 드린다면서 500만 엔을 내놓았다. 그러나 그것으로 만족할 일본이 아니었다. 얼마 후 요시다(吉田茂) 총영사가 봉천의 교섭총서 서장 고청화(高淸和; 가오청허)를 찾아왔다. 요시다는 장작림과의 밀약이 있었다고 주장하면서 장작림과의 면담을 요청했으나, 장작림은 그를 피했다. 당시 장작림은 북경을 장악하고 중화민국 국가원수의 지위에 올랐으나(1926년) 이제 바야흐로 일본과의 관계는 돌아올 수 없는 강을 건너고 있었다.

3. 장작림 폭사와 만주의 실효적 지배

이 무렵 광동에서는 손문 사후 국민정부가 집단지도체제로 전환하였으나, 그 이듬해 장개석은 남경을 점령하고, 곧바로 새로운 정부를 창설했다(1926년). 이로써 국민정부는 내홍에 휩싸였으나, 장개석은 결국 국민당의 분열을 봉합하면서 국민혁명군 총사령관직에 올랐다.

장개석은 손문의 유업을 내세우며 군대를 이끌고 북상하기 시작했다(1928. 2). 그는 제갈량의 흉내를 내고 있었지만, 실제 그의 북벌은 주원장만큼이나 엉성했다. 그가 북상을 거듭하여도 실상 달라진 것은 거의 없었고, 군벌들은 장개석과의 합종연횡을 통해 여전히 막강한 군사력을 가진 채 할거하였다. 특히 풍옥상, 염석산, 이종인 등 군벌세력은 북벌 과정에서 비약적으로 성장하여 장개석의 세력과 어깨를 나란히 할 정도가 되었다.

그런데 북벌군이 일본군이 주둔하고 있던 산동성으로 다가오자 일본 정부에서 파병을 결정하였다(1928. 4). 국민혁명군이 제남에 입성하면서 양측 사이에 대규모 시가전이 벌어졌다. 일본정부는 곧바로 병력을 투입했다. 일본군의 대규모 공격이 개시되면서 국민혁명군은 많은 사상자를 내고 제남에서 퇴각했다(1928. 5). 얼마 후 양측 사이에 협상이 개시되었다. 장개석은 일본군과의 전투를 피해 제남을 우회하여 북벌을 속행하는 대신, 만리장성을 넘지 않을 것을 약속했다. 반면, 일본정부는 장작림을 심양(봉천)으로 철수시키기로 약속하였다.

장작림 앞에는 이제 막다른 선택이 놓여 있을 뿐이었다. 그러나 장작림이 결정을 차일피일 미루는 사이 일본인들의 인내심은 바닥이 났다. 마침내 장작림이 북경을 포기하고 봉천행 기차에 몸을 실었을 때에는 관동군 참모장 고모토 다이사쿠(河本大作)의 암살계획이 이미 실행되고 있었다. 장작림을 실은 기차가 봉천 교외 황고둔 교차로를 통과하여 철교에 이르렀을 때, 기관사는 철로 저쪽에 노란 색 상자가 햇빛에 반짝거리는 것을 보았다(1928. 6. 4).

곧이어 굉음과 함께 커다란 폭발이 일어나더니 순간 철로가 끊어지고 객차가 물건 더미 마냥 짓이겨져 철로가로 내동댕이쳐졌다. 장작림은 두 팔과 두 다리가 모두 떨어져 나가는 중상을 입었다. 그가 피투성이가 된 상태로 그날 저녁 봉천의 본거지에 도착했을 때에는 이미 숨이 끊어져 있었다.

한편, 제남을 우회한 장개석은 북진을 거듭하여 텅빈 북경을 차지하고(6. 8), 천진까지 점령한 후, 다시 북경으로 돌아와 손문의 무덤 앞에서 '북벌의 완성'을 선포했다(6. 15).

이리하여 중국은 장개석을 중심으로 일단 '표면적'으로나마 통일을 이룬 듯 보였다. 그러나 산해관 이남의 관내에 청천백일기가 널리 걸린 것을 제외하고는, 별로 달라진 것은 없었다. 실제 장개석의 남경정부는 남경과 상해 주변만 통제할 수 있었을 뿐이었다. 당시 광서성, 귀주성, 호남성, 복건성, 안휘성 일대는 이종인이 영향력을 행사하였고, 섬서성과 하남성은 풍옥상이, 산서성과 하북성은 염석산이 장악하고 있었다. 또한 모택동이 이끄는 공산당은 양자강 중하류의 농촌지대를 중심으로 세력을 점차 키워 나가고 있었다.

그리고 이 무렵 북만주에서는 여러 개의 군사정부가 통합을 이루면서 혁신의회 정부가 구성되었고(1928년), 이듬해 남만주에서는 국민부 정부가 수립되어 만주 일대를 장악하고 있었다(1929년).

4. 만주사변과 복어계획

한편, 봉천의 수뇌부들은 장작림의 죽음이 외부로 알려지지 않도록 철통보안을 유지한 채, 아들 장학량에게 급히 전보를 띄워 봉천으로 오게 했다. 아버지의 부음을 접한 장학량은 관동군의 눈을 피해 일반 병사로 위장해 급히 돌아왔다. 관동군은 백방으로 첩보망을 가동했으나 장작림의 생사를 확인하지 못하여 후속조치의 실행을 머뭇거리고 있었다.

장학량은 봉천에서 취임식을 열고 며칠 후 장작림의 서거를 공식 발표하였다(1928. 6). 49제를 마친 후 그는 자신의 세력과 아버지의 측근들을 묶어 병권을 장악하고 공식적인 후계자가 되었다. 장학량은 일본 관동군이 '장작림 암살'을 단행했다는 증거들을 공개하며 일제와의 관계 단절을 선언하고, 일본의 노골적인 협박에도 불구하고 장개석에게 평화적인 통일을 희망한다며 공식적인 구애를 표명했다(1928. 7). 이에 장개석은 군사회의를 열어 동북문제를 평화적으로 해결하자고 화답했다. 마침내 장학량은 국민정부의 동북면 총사령관에 임명되고, 봉천 일대에는 청천백일기가 내걸렸다(1928. 12).

그러나 이것은 두 세력의 형식적인 결합에 불과했다. 이로써 달라진 것은 아무것도 없었다. 봉천에서 차지하고 있는 장학량의 지위와 권리는 독보적이었고 장개석은 이를 간섭할 수 없었다. 다른 지역도 사정은 마찬가지였다. 이 무렵 풍옥상과 염석산, 이종인은 삼각 동맹을 맺고 하남성과 산동성, 호북성 일대를 중심으로 反장개석 연맹의 결성을 선언하였다(1930. 3). 그리고 마침내 북경에서 신정부가 수립되었다(1930. 9). 염석산이 정부 주석에 취임하고 왕정위, 풍옥상, 이종인 등이 위원에 추대되었다.

장학량 역시 여기에 포함되었으나, 그는 북경정부와 남경정부가 대립하는 그 틈을 놓치지 않았다. 우학충이 지휘하는 봉천군 3개 여단이 산해관을 돌파하여 북경으로 진격했다. 모든 전력을 장개석과의 전투에 투입하느라 텅빈 북평과 천진이 차례로 장학량의 수중에 떨어졌다(중원대전, 9. 22). 북경정부는 수립된 지 고작 10일만에 붕괴되고 염석산과 왕정위 등은 석가장, 태원 등지로 달아났다.

북경과 천진을 비롯한 황하 이북의 광대한 지역을 차지한 장학량은 남경에서 장개석과 회담을 가졌다(11. 12). 장개석은 장학량에게 화북에서의 주도권을 인정하는 대신 그 대가로 염석산, 풍옥상을 무력 토벌할 것을 요구하였다. 하지만 장학량은 이를 반대하고 무력 대신 정치적으로 해결해야 한다고 주장하였다. 결국 장개석은 장학량이 남경정부의 권위를 인정하는 조건으로 화북의 군정대권을 위임키로 하였다.

중원대전이 끝나자 장학량은 장개석과 어깨를 나란히 하게 되었다. 그러나 이도 잠시 석우삼이 반란을 일으켜 석가장을 차지했다. 장학량은 산서군 등의 지원으로 석우삼을 격파할 수 있었으나, 그 후에도 주변 군벌들의 반격을 받아 기반이 점점 줄어들었다. 북경의 혼란이 가중될수록 장학량은 더 많은 병력을 이동시켜야 했고, 이로 인하여 정작 근거지 봉천은 무방비상태가 되었다. 여기에 봉천 군벌 내부에서 파벌 싸움마저 격화되었다.

여순의 관동군은 이 기회를 놓치지 않았다. 이번에는 관동군 참모 이타가키(板垣征四郎) 대좌가 음모를 꾸몄다. 관동군은 심양 역 북쪽 유조호(柳條湖) 부근의 남만주 철도 선로를 폭파하고, 이를 장학량 군대의 소행이라 우기면서 봉천을 향하여 진격했다(1931. 9). 장학량과 갈등을 빚고 있었던 구파들은 일본에 맞서기는커녕 도리어 관동군과 야합하여 뒷날 만주국이 수립되자 요직에 올라 권세를 누렸다. 결국 관동군은 장학량 군대를 패퇴시키고(1932. 1), 금주(錦州)를 점령하였다. 장학량은 결국 봉천을 잃고 북경으로 쫓겨났다.

장학량보다 더 놀란 것은 미국과 영국이었다. 국제연맹은 즉시 조사단을 파견하였으나 리튼(Lytton)이 도착하기도 전에 일제는 장춘까

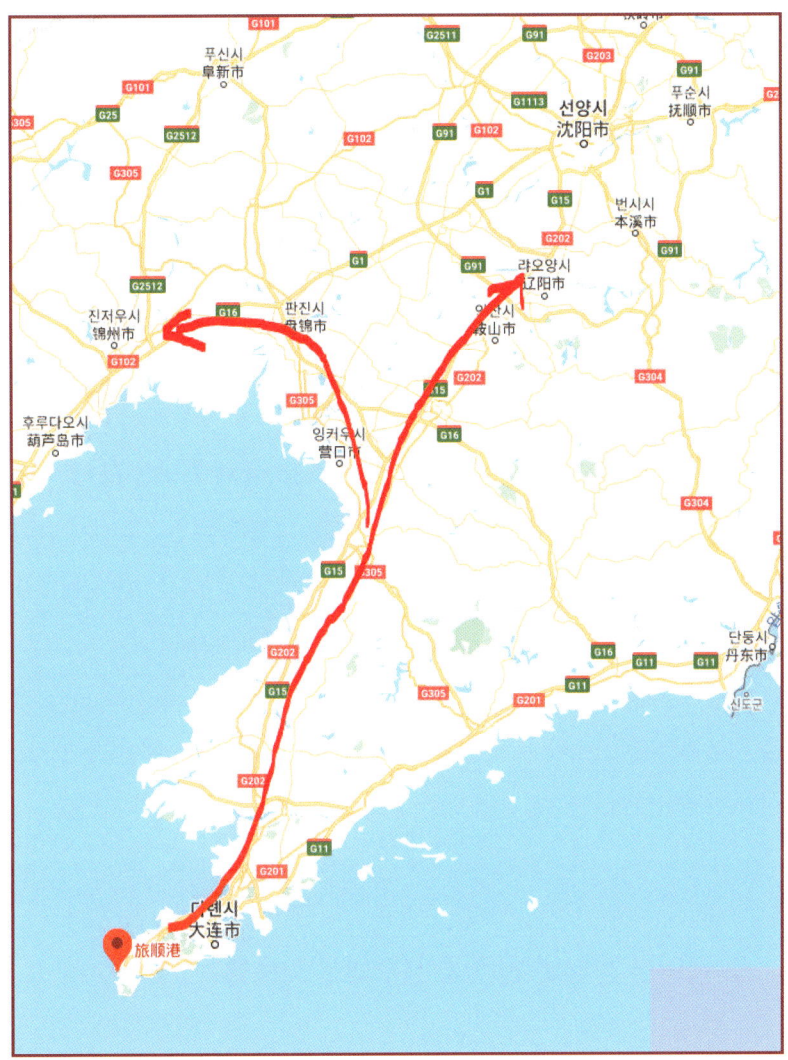

▶ 만주사변 당시 관동군의 진격로

지 점령하여 만주국의 수립을 선포하고 '마지막 황제' 김부의를 만주 국왕으로 옹립했다(1932. 3. 1). 리튼(Lytton)은 만주를 비무장지대로 하고 국제 연맹 산하의 특별경찰기구가 치안 유지를 담당할 것을 제안하였으나, 일제는 국제연맹을 탈퇴해 버렸다.

일제는 영국과 미국의 눈치를 보지 않겠다는 뜻을 분명히 할 만큼 자신감에 차 있는 듯 보였지만, 실은 미국의 압력을 무마할 계책이 이미 실행되고 있었다. 이것이 이른바 복어계획(Fugu Plan)이다. 일제는 수만 명의 유대인을 만주국에 정착시켜 자치구를 건설함으로써 미국의 노여움을 달래고 또 만주개발도 촉진하겠다는 야심찬 사업을 추진하고 있었다. 이미 봉천을 침략하기 몇 해 전부터 야스에 등이 영국 위임통치령이었던 팔레스타인의 유대인 이주지를 오가며 사전조사를 하고 하임 바이트만(Chaim Weizmann) 등 지도자들과 회담을 통해 복어계획의 실행가능성을 타진하고 있었다. 사실 일본이 러일전쟁에서 승리할 수 있었던 것도 유대계 미국인 제이 코브 시프(Jacob Henry Schiff)가 나서서 전비 지원을 알선해 주었기 때문이 아니었던가?

일제는 이번에는 유대인 지도자 아브라함 카우프만(Abraham Kaufman)을 내세워 '디아스포라'를 만주에 결집시키고 이를 소련에 대한 방벽으로 삼자고 제안하며, 만주침공에 대한 루스벨트의 분노를 달래려 하였다.

5. 국민부 정부와 만주국 정부의 군사충돌

관동군이 여순에서 진격하여 봉천과 장춘을 차례로 공격할 당시에도 김구가 이끄는 임시정부는 여전히 곤궁한 처지에 있었지만, 이 시기 만주에서는 신흥무관학교 등을 졸업한 군사 엘리트들이 일선에서 독립군을 이끌면서 대일전력이 한층 강화되고 있었다. 대한민국의 독립군들은 만주 곳곳을 점점 파고들어오는 관동군에 맞서 일진일퇴의 공방을 벌여나갔다. 이 무렵 반일감정의 격화되면서 징병이 원활해지자 독립군의 숫자는 계속 불어났으나, 이에 맞서기 위한 일본군의 증파는 역시 그 규모가 점증하여 관동군의 수가 한 때는 백만에 이르기도 하였다. 독립군과 관동군의 대결은 그 규모면에서 상상을 초월하는 것이었다.

한편, 이 당시 남경의 장개석 정부는 행정구역을 개편하여 봉천성을 요녕성으로 고치고 동구·봉성·수암·관전·장하·수환인·본계·무순·신빈·청원과 통화·류하·해룡·안도·휘남·림강·장백·집안·무송·동풍 등 20여 개 현을 소속시켰으나, 이는 허울일 뿐 실효적 지배와는 거리가 있었다. 역사적으로 보자면 당태종이 요동성을 함락하여 '요주'로 칭하고, 개암성을 '개주'로 칭한 것이나, 오늘날 일본이 독도를 다케시마로 명명하며 사마네현에 소속시킨 것과 다를 바가 없었다.

그도 그럴 것이 이 무렵 남만주에서는 여러 정부가 통합을 이루면서 국민부 정부가 수립되어(1929년), 이 일대를 장악하고 있었던 것이다. 물론 당시 남만주에는 조선혁명군 외에도 반만항일의 기치를 든 수많은 군소 무장세력이 무슨 유격대니 보위대니 하며 일본군과 만주군에 항전하고 있었다. 이들 세력은 과거 장학량 군대에서 이탈한 일부 무리와 보위단 또는 마적이나 비적들이 이합집산에 불과했다. 우리 국민부 정부는 이런 오합지중들을 아울러 관동군과의 일전을 준비하고 있었다.

마침내 서기 1931년 일제가 봉천을 점령하고 장춘 부근에 괴뢰정부인 만주국을 수립하자, 우리 국민부 정부와 괴뢰 만주국 정부 사이에 대규모 군사충돌이 본격화되었다. 사실 국민부는 여순-봉천-장춘의 포위망에 둘러싸인 형국이 되었으나, 조선혁명군은 주변지리에 능숙

▶ 신빈(新賓): 국민부 조선혁명군 사령부의 위치

한 이점을 살려 관동군을 여러 차례 격파하였고 그 선봉에는 양세봉이 있었다. 당시 상황을 '한민족독립운동사' 제4권 독립전쟁을 통해 살펴보자.57)

---

57) 출처: 國史館論叢 第44輯 〈9·18事變後 東北義勇軍과 韓國獨立軍의 聯合抗日述略(譚譯|王駒|邵宇春)〉 [국문] 〈9·18事變後 東北義勇軍과 韓國獨立軍의 聯合抗日述略〉 Ⅲ. 朝鮮革命軍과 遼寧民衆自衛軍의 연합항일, 한국사데이터베이스.

1932년 3월 11일 혁명군 총사령관 양세봉은 참모장 김학규와 중대장 조화선·최윤구·정봉길이 지휘하는 3개 중대병력을 거느리고 중국 의용군 왕동헌·양석복 부대와 합세하여 신빈(新賓) 왕청문에서 무순의 천금채로 향하여 진군했다.

　3월 12일, 이 부대는 신빈 남쪽의 두령지(陡嶺地)에 도착 야영하였는데, 이때 신빈 현성을 수비하던 일본군이 이 정보를 탐지하고, 병력을 총동원하여 중무기로 무장한 채 주변 고지를 점령한 후 박격포 기관총 등으로 맹공을 하여 왔다. 그러나 혁명군의 전력을 과소평가하고 지리적으로 밝지 못한 일본군이 무리한 공격을 감행함으로써 혁명군의 반격에 격퇴되었다. 혁명군은 그 이점을 최대한으로 이용하며 맹공격을 가하여 교전 1시간 만에 일본군이 장악하였던 주변 고지를 탈환하였다.

　일본군이 퇴각하자 혁명군은 계속 일군을 추격하여 30여 리에 위치한 신빈성 서쪽에 영릉가성(永陵街城)을 점령하였고 이에 만족하지 않고 다시 추격전을 감행하여 상협하(上夾河)를 점령하였다. 5일간 계속된 전투에서 일본군은 무수한 사상자와 말·무기를 버리고 패퇴하였다.

　그 이듬해에도 조선혁명군은 신빈 일대를 사수하며 대규모 부대를 편성하여 공격해오는 적에 대항하여 승전을 이어나갔다. 당시 남만주에는 조선혁명군 외에도 반만항일의 기치를 든 수많은 군소 무장세력이 무슨 유격대니 보위대니 하며 일본군과 만주군에 항전하고 있었지만, 이들 세력은 과거 장학량(張學良) 군대에서 이탈한 일부 무리와 보위단(保衛團) 또는 마적이나 비적들이 이합집산한 오합지중(烏合之衆)에 불과하여 일본군에 패퇴하면서, 오히려 항일부대의 사기에 영향을 주었다. 심지어 일부는 일본군과 결탁을 하기도 하였다.

1933년 1월, 양세봉은 군심을 안정시키고 계속 항일하기 위하여 왕청문 의목수촌에서 군사회의를 소집하고 친히 회의를 주최하였다. 이 회의에서 다시 조선혁명당과 국민부, 조선혁명군의 관계를 천명하고 고이허를 계속 조선혁명당의 수령으로 받들 것을 확인하고 김동산을 국민부 총령으로 임명하였다. 회의에서 조선혁명군 칭호를 회복시키고 양세봉이 계속 총사령으로, 박대호는 부총사령으로 결정지었다. 총사령부 밑에 3개 방면군을 설치하고 한검추, 최윤구, 장명도 등을 각 방면군 사령으로 결정했다. 회의에서 조선혁명군과 중국항일의군은 계속 연합하여 항일하는데 다만 연합작전의 방식상 더욱 활성할 뿐 즉 배합적 작전의 방식을 더욱 많이 취할 것을 다시 천명하였다.

　위 자료를 보면 만주국이 성립되었을 당시 남만주를 주도적으로 장악하고 있었던 것은 우리 대한의 군대였음을 알 수 있다. 이듬해에는 중국공산당이 영도하는 항일부대가 점차 발전하여 동북인민혁명군(東北人民革命軍)과 항일연군(抗日聯軍)이 조직되었다(1934년). 이 시기 조선혁명군은 동북인민혁명군과 기타 항일의용군 여부와 연합하여 유격전 전술로 일본침략군과 괴뢰군을 타격하였다.

　앞서 설명한 바와 같이 주은래는 이 시기를 주목하고 있다. 그는 '이 시기에 동북에서 시작한 항일무장투쟁은 조선동지가 중국의 혁명투쟁에 참가했다고 말할 수 없고 오히려 중국과 조선 두 나라 인민의 공동투쟁이며 연합투쟁으로 이것은 새로운 단계를 의미하였다. … 동북항일연합군과 같은 경우 당연히 중국과 조선 두 나라 인민의 항일연합군으로 해석해야 되고 사실 역시 이와 같다.'고 하였다. 그러나 여기서 주은래의 이중성을 감안한다면 이 시기에 요령성 일대에서 시작한 항일

무장투쟁은 우리 대한민국이 주도하고 동북 지역에 흩어져 있던 항일 게릴라 등이 합세하였다고 해석하는 것이 마땅하다. 위 자료에서도 '당시 남만주에는 조선혁명군 외에도 반만항일의 기치를 든 수많은 군소 무장세력이 무슨 유격대니 보위대니 하며 일본군과 만주군에 항전하고 있었지만, 이들 세력은 과거 장학량 군대에서 이탈한 일부 무리와 보위단 또는 마적이나 비적들이 이합집산한 오합지중(烏合之衆)에 불과하여 일본군에 패퇴하면서, 오히려 항일부대의 사기에 영향을 주었다. 심지어 일부는 일본군과 결탁을 하기도 하였다.'라고 하고 있지 않은가? 그러나 신빈 일대를 굳건하게 지키던 양세봉이 괴뢰유격대 등의 배신으로 안타까운 죽음을 맞으면서(1934. 9. 18), 조선혁명군의 위세는 약해지기 시작했다. 그럼에도 불구하고 이들은 최후의 일각까지 일제에 대항하여 남만주를 지키며 산화하였다.

6. 한국독립군 중동철도 동쪽을 지배하다

대한민국 국민부 정부가 남만주에서 괴뢰 만주국에 대항하고 있을 무렵, 북만주에서는 대한민국 혁신의회 정부가 한국독립군을 창설하고 항일전쟁을 더욱 치열하게 전개해 나가고 있었다.

한편, 당시 북만주 일대에도 항일의 기치를 들고 만주국에 대항하는 수많은 군소 무장세력이 산재해 있었다. 그러나 이들 부대는 장락량 부대의 떨거지들이거나 마적부대 출신들로 그 중 대표적인 부대로서 돈화 지방에 왕덕림·풍점해 부대가, 흑룡강지방에는 마점산 부대가 있었다. 또 하얼빈에도 무장 세력이 활동하고 있었는데 이들 역시 출신은 비슷하나 동북철도를 따라 활동한다하여 특별히 '호로군'이라고 불렀다. 호로군은 사령관 정초와 여단장 고봉림을 중심으로 일본 만주군과 싸우고 있었는데, 지나치게 전리품에 집착하는 경향이 있었다.

다시 대한민국임시정부자료집을 통해 당시 북만주에서 한국독립군과 관동군 사이에 어떤 일들이 일어났는지 기록을 살펴보자.[58]

1931년 11월 2일, 길림성 오상현(五常縣) 대석하자(大石河子)에서는, 한국독립당 긴급중앙회의가 열렸다. 이 회의에서는 각 군구에 총동원령을 내려 전체적인 군사행동을 개시할 것, 당내의 모든 공작을 군사 방면에 집중할 것, 길림성 항일군당국에 대표를 파견하여 합작문제를 상의할 것 등을 결의하였다.

11월 10일, 한국독립당은 각 전구에 총동원령을 하달하여 병력 소집과 징모를 실행하는 한편, 이틀 후에는 당과 군의 대표인 신숙·남대관 등을 당시 방정현에 주둔하고 있던 길림자위군 및 호로군연합군총부에 파견하여 합작의 뜻을 전하도록 하였다.

그 달 말 신숙 등은 호로군 연합군 사령인 정초 및 제2·제3군 군장 양문휘·고봉림 등과 회동하여 합작에 관한 의견을 교환하고, 12월 11일에는 총사령 이청천 등이 직접 호로군 연합군 총부를 찾아가 한·중 군대의 연합에 관한 구체적인 조건을 협의하고, 다음과 같이 결의했다.

첫째, 한중 양군은 아무리 열악한 환경 속에서도 공동으로 장기항전을 진행할 것을 서약한다. 둘째, 중동철도를 경계로 서부전선은 중국군의 전투지역으로, 동부는 한국군의 전투지역으로 구분한다. 셋째,

---

[58] 대한민국임시정부자료집 14, 14권, 〈한국광복군 Ⅴ『光復』第2卷〉, 第2卷 第1期(1942. 1. 20).

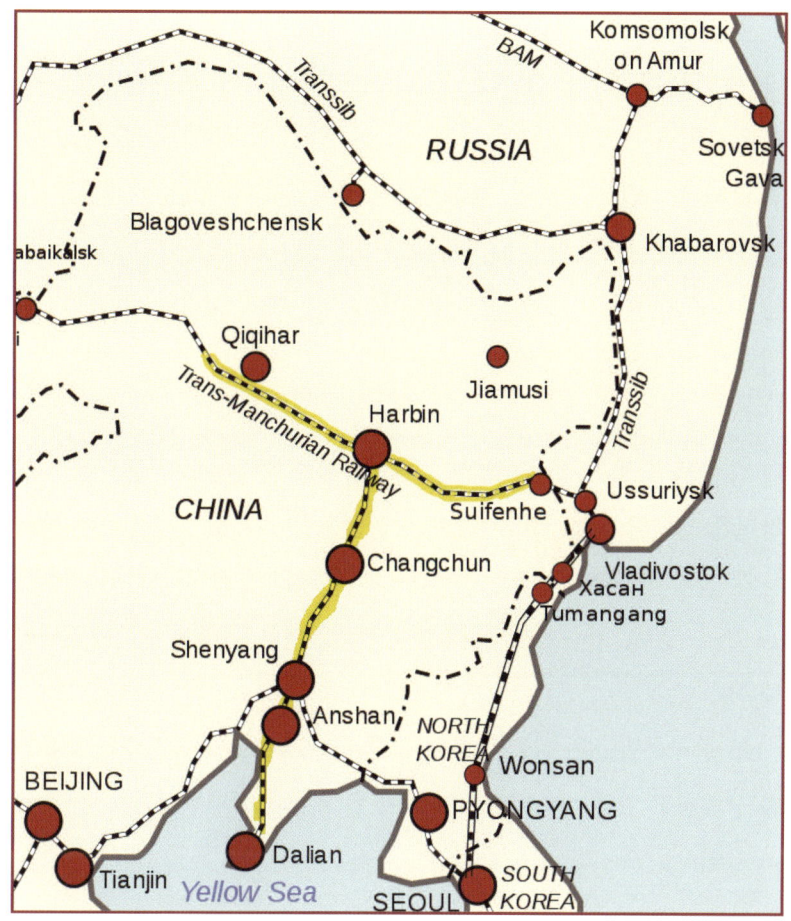

▶ 동청철도(출처: wikipedia): 동청철도(중동철도)를 경계로 서부전선은 중국군의 전투지역으로, 동부는 한국군의 전투지역으로 구분했다.

전시 한·중군대의 후방교육은 한국군 장령이 담당하며, 한국군이 필요로 하는 모든 물자는 중국군이 공급한다는 등이었다.

이 협의에 따라 한국독립군총사령부는 하얼빈 의란현(三姓縣)에 위치하게 되었고, 김영호·최관용 등을 당 중앙에 파견하여 이런 사정을 보고하였다.

아울러 총사령부는 후방 각 군구 무장대오의 전선 집중을 촉진하였다. 수년간 훈련을 받고 기회를 엿보며 잠복해 있던 정예당원과 민중의 장병들은 제2의 고향인 동북의 산하가 왜구의 손에 들어가는 것을 보고 있을 수만은 없었다. 항왜정서가 머리끝까지 차오른 이들은 다투어 독립군총사령부의 동원령에 호응하였으니 그 영용한 기백은 실로 눈물겨운 것이었다. 그러나 불행하게도 각 부대의 정리와 파견배치 과정에서 적지 않은 문제점이 노출되었다.

위 자료를 보면, 한중 양군이 열악한 환경 속에서도 공동으로 장기항전을 진행할 것을 서약하면서, 중동철도를 경계로 서부전선은 중국군의 전투지역으로, 동부는 한국군의 전투지역으로 구분하였다는 것을 알 수 있다. 한중 양국의 국경이 항일전쟁을 통하여서도 확인되는 대목이다.

또 한국독립군은 길림의 항일 군당국에도 대표를 파견해 합작문제를 상의하고 있었는데 이에 비추어 길림 일대에도 우리 군정부가 존재하고 있음을 확인할 수 있다.

7. 한국독립군의 이동범위 및 전투지역

이어 대한민국임시정부자료집을 통해 당시 북만주에서 활동한 한국독립군의 이동 범위 및 전투지역을 살펴보자.[59]

---

[59] 대한민국임시정부자료집 14, 14권, 〈한국광복군 V, 『光復』 제2卷〉, 제2卷 제1期(1942. 1. 20).

1932년 2월 12일, 적위군이 대규모 육·공군을 동원하여 대거 진격하여 왔다(적들은 2월 5일 하얼빈에서 호로군과 자위군의 연합공격을 받아 대패하였는데 그 보복을 위해 대규모 부대를 동원하였다). 적위군은 세 갈래로 병력을 나누어 중동철도 주변 현들을 차례로 석권하며 진군하였다.

이에 맞선 한·중 연합군은 위사하·일면피·오길밀·밀봉참·동빈·방정·의란 등지에서 격렬한 전투를 벌였으나 군량과 탄약이 부족한데다 지휘통제도 완벽하지 못하여 결국 패배하고 사방으로 흩어지고 말았다.

이 전투에서 패배한 뒤 아군 각 부대 간의 연락이 2개월간이나 완전히 끊기고 말았다. 이는 적위군이 각 요충의 감시와 검문을 이전보다 철저히 진행한데도 그 원인이 있지만, 무엇보다도 아군과 우군 간의 통신연락이 주도면밀하지 못하여 수시로 오해와 반목이 발생하였기 때문이었다. 당시 우리부대들의 초조함은 상상하기 어려울 정도였다.

당시 총사령 이청천과 참모장 신숙은 친히 일부 병력을 이끌고 방정에서 의란에 이르러 곳곳에서 전투를 벌였다. 그러나 형세의 어려움으로 결국 송화강을 거쳐 흑룡강성의 통하현으로 퇴각한 뒤 각방의 부대를 수습하여 재정비하였다.

한편 독립대장 안종선은 자신의 부대와 자위·호로 연합군 제3군 고봉림 부대를 이끌고 방정에서 길을 돌아 1932년 3월 3일 아성에 도착 이틀간의 혈전 끝에 이곳을 점령하였다. 제3·4·5 대대의 차철·야상기·전북빈 등 부대와 자위·호로 연합군 제3·5여단 류지광·궁영무 등 부대도 한달 여 간의 고전 끝에 일면피 이북으로 퇴각하였다.

한편 신재만 등의 부대는 그 부대원들이 대부분 무장을 갖추지 못한 채 소집에 응했는데 중도에 적위군의 공격을 받아 심각한 타격을 입고 부대원이 사방으로 흩어지고 말았다. 이들 가운데 일부는 중동로 일대에 이름을 떨치고 있던 산림대(즉 토비) 사진화·마청산의 무리와 합류하여 재기의 기회를 엿보았다. 이렇게 사방으로 분산된 한국독립군 각 부대 간에는 연락이 두절되어 아군의 소식을 전혀 접하지 못하였다.

1932년 3월 2일, 쌍성에 위치하고 있던 한국독립당 제3지부의 간부 공심연 등은 마침 쌍성에 머물고 있던 중앙간부 몇 명과 모아산에서 비상연석회의를 열었다. 이 자리에서는 각지로 사람을 보내 아군의 상황을 조사하기로 하였으나, 각지로 사람들을 파견한지 한 달여가 지나도록 아무런 소식도 전해지지 않았다. 4월 16일에야 비로소 안종선이 쌍성에 도착하여 그간의 사정을 전해들을 수 있었다. 이에 쌍성에 머물고 있던 간부들은 정남용 등 몇 명의 동지를 흑룡강성에 주재하고 있던 총부에 보내어 후방의 형편을 보고하도록 하였다.

다른 한편으로 쌍성의 동지들은 이규보·안훈 및 안종선 등을 아성현의 영발둔에 파견하여 고봉림 및 그 참모장 조린과 재합작의 방법을 논의하도록 하였다. 회동에서 쌍방은 의견의 일치를 보아 이를 계기로 한·중 두 나라 군대의 합작정신이 더욱 견고해졌다. 계속하여 영발둔에 머문 이규보 등은 각지로 사람을 보내어 부대를 수습하고 동지를 규합하였다. 이후 채 한 달이 되지 않아 사방에 흩어져 있던 동지들이 소식을 듣고 운집하여 이전과 같은 규모를 갖출 수 있게 되었다.

김창환을 대리 총사령으로 추대한 이들은 진지를 구축하고 전투를 수행한 후 남는 시간에는 반드시 군사훈련을 실시하였다. 또한 한 지역에 오래 숙영하게 될 경우에는 민간의 경작을 돕기도 하였다.

이들은 6월 12일 출정하여 영림둔·납림장(拉林場; 쌍성현 경내) 일대의 위만군 우환장 부대 소탕작전을 벌여 적지 않은 전과를 거두었다. 이들은 추호도 민간에 피해를 입히지 않았고, 가는 곳마다 항전에 관

▶ 한국독립군 이동범위 및 전투지역
(위사하·일면피·오길밀·밀봉창·동빈·방정·의란·영발둔·영림둔·拉林場)

한 문자·만화 및 강연 등을 통해 민중들의 항일정신을 고취시키는데도 노력하였다. 따라서 각지의 토착민들이 모두 이들에 대한 애호의 뜻을 표함은 물론이고 물질적인 원조를 제공하였으며, 심지어는 스스로 부대에 지원하는 경우도 적지 않았다.

이 무렵이 '9·18' 이후 한국독립군의 활동이 가장 왕성했던 시기였다.

위 자료에서 보듯이 하얼빈 일대에는 우리나라 사람들이 촌락을 이루고 거주하고 있었고 독립군 부대의 활동기반을 제공하고 있었다. 북만주에서 활동한 한국독립군 이동범위 및 전투지역을 통하여 당시 대한민국이 만주를 얼마나 치열하게 사수해 나갔는지를 잘 알 수 있다.

8. 하얼빈 쌍성보 전투

하얼빈은 역사적으로 몽고와 고려가 치열하게 경합을 벌였던 지역이다. 이곳 쌍성(雙城)에는 총관부가 설치되었고 다루가치가 다스리기도 하였다. 공민왕 당시 그곳 다루가치였던 이자춘이 성문을 활짝 열어 고토를 수복하였지만, 그 아들 이성계는 위화도 회군을 통하여 조선을 창업했다.

그리고 오랜 시간이 흘러 하얼빈 의란현(三姓縣)에는 한국독립군 총사령부가 설치되어 관동군을 상대로 치열한 투쟁을 벌이고 있었다. 당시 한국독립군은 하얼빈 쌍성 일대의 언덕에서 위대한 승전을 거두었다. 쌍성보(雙城堡)[60]는 길림성과 흑룡강성의 경계에 위치한 곳으로 북으로는 하얼빈을 제압하고 남으로는 하얼빈 - 장춘 간 철도를 장악할 수 있는 전략적 요충지였다. 쌍성보 전투 당시 한국독립군의 규모는 이미 수십만에 이르고 있었다.

---

60) 쌍성보(雙城堡): 오늘날 쌍성구 현성 일대.

대한민국임시정부자료집61)을 통해 쌍성보 전투를 알아보자.

1932년 8월, 한국독립군의 각 지역의 우군 10여 만과 함께 하얼빈을 공략하기로 하였다. 그 다음 여세를 몰아 애초의 계획은 하얼빈 - 장춘간 철도 연변을 차례로 공략하도록 계획을 세웠다. 치밀한 작전계획을 수립한 한국독립군은 각 도시에 사복부대를 밀파하여 적의 동정과 지리를 탐지하도록 하는 한편 공격 시에 내응하도록 하였다.

8월 9일 아성현의 정백기(하얼빈에서 50키로 정도 떨어진 곳)까지 진군한 한국독립군이 공격을 개시하려 하였으나 강북의용군 이해초 부대의 이동이 적에게 탐지되어 결국 작전에 성공하지 못하고 재차 쌍성현의 납립장으로 퇴각하였다. 이후 방향을 바꾼 한국독립군은 고봉림 부대와 합세하여 쌍성보를 공격하고자 하였다. 이곳은 북으로는 하얼빈을 제압하고 남으로는 하얼빈 - 장춘 간 철도를 장악할 수 있는 길림성과 흑룡강성의 경계에 위치한 전략적 요충지였다.

쌍성보 공격을 위한 모든 계획이 완성되어 갈 무렵인 9월 3일, 흑룡강성의 수천 리를 전전하며 갖은 고초를 겪은 끝에 총사령 이청천이 일부 병력을 이끌고 쌍성현에 도착하였다. 한 때 소식이 끊겨 생사조차 확인하지 못하고 있던 동지들은 재회의 기쁨을 나누었다.

부대를 재정비한 이청천은 당의 결의에 따라 김창환을 부총사령에 임명하는 한편 쌍성보 공격에 관한 더욱 구체적인 의견을 교환하고 계획을 수립하였다. 9월 14일, 고봉림 부대와 함께 랍림을 출발한 이청천과 휘하부대는 16일 저녁 쌍성보에서 남쪽으로 15리 정도 떨어진 소

---

61) 대한민국임시정부자료집 14, 14권, 〈한국광복군 V, 『光復』第2卷〉, 第2卷 第1期(1942. 1. 20).

성자(小城子)에 도착하였다. 이들은 사흘 동안 2백여 리를 행군하면서 중도에 적위군과 몇 차례 조우하기도 하였으나 그때마다 저지선을 뚫고 진군하여 소성자에 도착하였다. 그날 저녁 6시, 저녁식사를 마친 이청천과 부대원들은 앞으로 벌어질 전투를 위한 모든 준비를 마치고 진격명령만을 기다리고 있었다.

고봉림 부대와 공격의 임무를 분담하기로 한 한국독립군은 서문 공격을 맡기로 하였고, 고봉림 부대는 동문과 남문을 공격하기로 하였다. 한편 북문 방향은 적이 퇴각할 수 있도록 공격하지 않되 성문을 벗어나 도망하는 적들은 중간에 홍창대가 매복공격을 가하기로 작전을 수립하였다.

저녁 8시부터 공격이 시작되었다. 아군의 공격에 맞서 당시 성내에 주둔하고 있던 2개 여단 규모의 적위군은 강력하게 저항하였다. 약 3시간에 걸친 교전 끝에 이청천이 지휘하는 우리 부대가 먼저 서문을 뚫고 성내로 진입하였다. 이어 동문과 남문이 차례로 뚫리자 세 방면에서 공격을 당한 적위군은 북문을 통해 기차역 방면으로 퇴각하였다. 그러나 적들은 매복하고 있던 홍창대의 공격을 받아 태반이 사살되고, 나머지는 박격포와 기관총의 엄호 속에 퇴각하였다. 이 전투에서 아군과 우군의 사상자는 3~4십여 명에 불과하였다. 한편 적으로부터 노획한 전리품이 엄청나 아군이 수개월간이나 사용하고도 남을 정도였다.

성을 점령한 사흘 뒤, 전략적인 고려에서 독립군은 총부를 성 남쪽 50여리에 위치한 우가둔(牛家屯)으로 이전하고 일부 병력만을 성내에 남겨두어 적의 내습에 대비하도록 하였다.

이로부터 며칠 뒤 적들이 대거 공격을 진행하였다. 첫 번째 공격에서 적군은 성을 함락시키지 못하였으나 우군 내부에 소규모 반란이 일어나 성은 적의 손에 들어가고 말았다.

9월 23일, 독립군 총부는 안훈·차철·김창환 등을 북만주 각지로 파견하여 병력과 군자금을 모으도록 하였다. 이와 더불어 독립군 총부는 쌍성보를 탈환하기 위한 전투준비에 박차를 가하였다. 11월 17일, 고봉림 부대와 좌·우익으로 나누어 재차 쌍성보로 진격한 아군은 공격에 앞서 성내에 잠입해 있던 사복부대로 하여금 각종 전단을 살포하여 성내 민중들의 합작을 유도하고 불필요한 희생을 줄이고자 하였다. 성을 공격한 아군과 방어에 나선 적군이 격전을 벌인지 얼마 지나지 않아 성내에서 함성이 일고 불빛이 천지를 밝혔다. 성내의 민중들이 들고 일어나 위만군을 죽이고 위만 요인의 주택을 불사르는 등 아군의 공격에 맞춰 내응한 것이었다.

홀연히 총성이 멈추더니 사방의 성문이 열리고 위만군의 장령들이 손에는 흰 등을 들고 목에는 흰 수건을 두른 채 차례로 줄지어 나오며 아군을 맞이하였다. 성내로 진입한 아군과 고봉림 부대는 백성들을 위무하는 한편 전장을 정리하였다. 이 전투에서도 많은 전리품을 획득하였는데 그 양이 첫 번째 전투 때보다도 많았다. 이틀 뒤 전투에 공을 세운 부대원들과 백성들에게 포상을 시행한 아군은 군세(軍稅)를 정하여 현 아문의 명령을 통해 신속하게 이를 징수하도록 하였다.

11월 20일, 하얼빈과 장춘에 주둔하고 있던 적 수비대가 각지의 위만군과 합세하여 공군의 엄호 하에 대거 반격을 진행하였다. 이에 맞서 아군은 일곱 방면으로 부대를 나누어 각 요충지의 수비를 강화하였다. 이틀 밤낮에 걸친 격전으로 적과 아군 모두 상당수의 사상자가 발생하였다. 21일 저녁, 적은 마침내 아군의 좌익진지(우군의 방어지역)를 돌파한 뒤 맹렬한 포격과 비행기 공격을 앞세워 쌍성보를 압박하였다.

▶ 쌍성보 전투 당시 한국독립군 이동범위(정백기·랍림장·소성자·쌍성보·우가둔·충하진

적들의 공격에 군심이 크게 동요되기는 하였으나 아군의 주력은 새벽녘까지 저항을 계속하였다. 그러나 우군이 먼저 패퇴한데다 실탄마저 바닥나 부득이 아군은 성을 버리고 오상현 충하진으로 퇴각하지 않을 수 없었다. 쌍성에서 오백리나 떨어진 충하진으로 퇴각하는 과정에서 아군은 엄청난 손실을 입었고 사기마저 크게 떨어지고 말았다.

쌍성보를 상실한 뒤 돌연 고봉림 부대가 잠시 적과 타협할 것이라는 소문이 돌자(동북의 중국 항일부대 가운데는 불리한 형세에 처하면 왕왕 적에게 잠시 거짓 투항하여 실력을 배양한 뒤 재기의 기회를 노리는 경우가 있었다. 고봉림의 투항도 이러한 예에 속한다) 소식을 접한 아군은 경악을 금치 못하였다. 아군의 격렬한 반대에도 불구하고 고봉림 부대의 투항을 막을 수 없었다. 사태가 이 지경에 이르자 11월 27일 아군은 고봉림 부대와의 결별을 선언하고 독자적인 행동을 취하기로 하였다(들리는 소문에 의하면 고봉림은 지금도 항전을 계속하고 있다 한다).

9. 경박호 전투

1932년 말에서 1933년 초 경, 우리 독립군들이 액목·동녕·영안·경박호 등지를 누비고 있었다. 이 일대는 주은래의 말에 따르면 발해의 수도였고, 그 유적이 남아있는 우리 고유의 영토이다. 대한민국임시정부자료집62)을 통해 당시 상황을 알아보자.

1932년 11월 29일 오상현 사하자에 도착한 한국독립군은 당중앙회의를 개최하여 세 가지 사항을 의결하였다.
첫째, 주된 군사활동 지점을 동만주 일대(연길·화룡·왕청·동장·혼춘·녕안 등 현)로 한정하고, 먼저 사람을 보내어 현지에 주둔하고 있는 구국군 수뇌부와 합작가능성을 논의한다.

---

62) 대한민국임시정부자료집 14, 14권, 〈한국광복군 Ⅴ, 『光復』 第2卷〉, 第2卷 第1期(1942. 1. 20).

둘째, 각 군구별로 훈련된 장정들을 재징집한다.

셋째, 황학수를 부사령으로 선임한다.

이에 근거하여 12월 한국독립군은 강진해·공진원 및 심만호 세 사람을 대표로 구국군 총부가 있는 동녕(東寧)에 파견하였다. 액목현에 도착한 이들은 구국군 제13사단장 요진산으로부터 구국군 총·부사령 왕덕림과 공헌영이 10월 전투에서 패한 뒤 이미 동녕을 떠났고(이들은 유럽을 거쳐 남경으로 갔다), 동녕에는 오의성·시세영·요진산 등의 부대만 남아 현상을 유지하고 있다는 소식을 접하게 되었다. 한편 세 사람은 요진산의 소개로 구국군 총부 및 예하 각 사단과 여단에 관한 다양한 문건을 입수할 수 있었고 합작에 관한 의견도 순조롭게 교환되었다(한국독립군이 장차 동녕지역에서 활동하기 위해서는 이런 문건들이 매우 필요하였다). 임무를 마친 강진해 등은 12월 25일 돌아와 그간의 상황을 보고하였다. 이들의 보고를 바탕으로 동진을 결정한 한국독립군은 짐을 챙겨 12월 30일 장도에 올랐다.

1933년 1월 5일 액목현에 도착한 한국독립군은 현지에 주둔하고 있던 철갑대장 양지의 부대와 후방의 연락사항에 관한 충분한 협조를 약속한 뒤 13일 영안현에 도달하였다. 이후 한국독립군은 구국군 각 사단 및 여단과 차례로 합작을 위한 접촉을 진행하였다. 당시 구국군 총사령부는 제1사단장 오의성이 임시로 총사령 서리를 맡고 있었는데 그는 일 때문에 안도현에 가 아직 돌아오지 않고 있었다. 이에 한국독립군은 구국군 제14사단장 시세영의 부대와 연합하여 잠시 '중한연합토군'이라 칭하였다.

1933년 2월 10일, 한국독립군은 신숙과 금상덕을 남경에 파견하여 중국 중앙군사당국에 원조를 요청하였다. 아울러 동진을 계속한 한국독립군은 2월 25일 경박호 동쪽의 호수입구에 도착하였다. 이곳에서 한국독립군은 적위군 기병 2천여 명(이들은 잠시 동교성에 주둔하고 있었는데 때로는 유격부대를 추격하여 이곳저곳을 순회하기도 하였다)이 서쪽으로부터 추격해 오고 있다는 정보를 입수하였다. 이에 한국독립군은 호수 주변 협곡에 두 갈래로 병력을 나누어 매복하였다. 얼마 뒤 적 기병이 얼음이 얼어있는 호수면을 건너 호구를 통과하려는 찰나 아군은 맹렬한 기세로 기습공격을 가하였다. 불과 두 시간도 채 되지 않는 전투에서 적 기병은 거의 전멸하였다.

1933년 4월 사도하자로 되돌아온 한국독립군은 사병들을 징모하는 한편으로 단기 군사훈련반을 열었다. 당시 동만주 일대에 산재해 있던 신포 이하 5백여 명이 원종교 신도들은 스승인 김소래(근대 한국의 철인)의 유언에 따라 집단으로 한국독립군에 투신하였다. 이들 외에도 한국독립군의 활동 소식을 들은 이들이 다투어 모여들면서 독립군의 위세가 크게 확장되었다.

이런 정보를 입수한 적들은 4월 14일 영안현성에 주둔하고 있던 일군과 적위군을 총동원하여 아군을 향해 진격하였다.

적을 깊숙이 유인하여 섬멸하기로 작전을 수립한 아군은 네 방면으로 나누어 적을 유인하였다. 이 가운데 제1로는 소수의 부대원으로 적을 유인하였고, 주력인 제2·제3로는 삼도하의 후차령 및 사도하 좌우 협곡에 매복하여 적이 사정권 안으로 들어오기만을 기다렸다. 한편 제4로는 이도하자 입구에 매복하여 적 후방의 연락과 퇴각로를 차단하며 적 치중 탈취의 임무를 수행하기로 하였다.

4월 15일 새벽, 적은 1개 사단 정도의 병력을 동원하여 현성 남쪽의 황가둔으로부터 이도하자 방면으로 급히 진군하였다. 적군이 이도하자에서 사도하자 방면으로 진격하려하자 이미 우리가 쳐놓은 그물에 적이 걸려들고 있음을 간파한 아군 지휘부는 예정된 계획에 따라 신속하게 각 부대에 적을 공격할 지점을 지시하는 한편 퇴로를 차단하였다. 아군의 기습공격으로 전력의 태반을 상실한 적은 포위망을 뚫고 퇴로를 확보하기 위해 완강히 저항하였다. 하루 종일 계속된 아군의 공격에도 살아남은 적 일부는 저녁이 되자 어둠을 틈타 금창구 방면으로 도망하였다. 아군 각 부대는 다음날 새벽까지 퇴각하는 적을 추격하였는데, 길을 따라서 적들이 버리고 간 무기와 탄약이 엄청나게 널려 있었다. 16일 저녁이 되어서야 아군은 개선가를 부르며 본진으로 귀환하였다.

5월 2일, 아군은 승리의 여세를 몰아 목림자·금창구·주가둔·황가둔 등지에 유격대를 파견하여 곳곳에 숨어 있는 적위군을 소탕하기 시작하였다. 월말까지 계속된 소탕전에서 아군은 적위군과 대소 20여 차례의 전투를 벌여 잔당을 완전히 소탕하였다. 이번 전투에서 아군은 수많은 적을 사살하고 엄청난 전리품을 획득하는 등 커다란 수확을 거두었다. 뿐만 아니라 이번 전투에서의 패배로 적들은 더 이상 영안현 일대에 주둔할 엄두를 내지 못하였다.

5월 29일, 북만주 일대 각 군구의 장정들을 수습하여 전방에 보충하기 위한 목적에서 한국독립군 사령부는 황학수로 하여금 일부 부대를 이끌고 북만주로 가 장병 징모에 나서도록 하였다.

당시 하얼빈의 한국독립군은 남만주의 조선혁명군과는 달리 남경의 장개석 정부와 동맹을 맺고 있었다.

주은래는 두 나라의 항일연합군을 언급하였는데, 이는 한국독립군

▶ 경박호전투 : 액목·동녕·영안·경박호

이나 조선혁명군과는 달리 동북항일연군을 말하는 것이다. 주은래에 따르면 동북항일연군은 중국과 조선 두 나라 인민의 항일연합군으로 해석해야 되고 사실 역시 이와 같다고 말한 것을 보면, 좌익 계열의 동북항일연군은 중공군과 함께 섬서성, 산서성, 하북성 일대를 누볐음을 알 수 있다. 우리 대한민국의 전사들은 대륙을 광범위하게 대륙을 누비며 항일투쟁을 하고 있었던 것이다.

10. 동경성전투와 대전자령전투

 1933년 중·후반에도 한국독립군은 영안·왕청·동녕·목릉·밀산 일대의 요충지를 장악하고 일제의 침략에 맞서 치열한 전투를 벌여 나갔다. 그러나 관동군의 병력이 100만에 이르게 되면서 이들은 광복군에 합류하거나 끝까지 남아서 대한독립을 위한 만주의 거름이 되어갔으니 그저 숙연해질 뿐이다.

 1933년 여름을 뜨겁게 달구었던 동경성전투와 대전자령전투의 상황을 대한민국임시정부자료집63)을 통해 알아보자.

 1933년 6월 7일, 한국독립군은 동경성을 시작으로 차례로 연도의 중요 거점들을 공략한 뒤 최종적으로 영안현성을 함락시키기 위한 작전을 개시하였다. 당시 아군은 세 방면으로 부대를 나누어 출동하였다. 기병으로 구성된 제1로는 마안산을 출발하여 동쪽으로 목단강 연안의 산릉을 따라 진격하였는데 적이 동경현성으로 구원병을 출동시키지 못하도록 일부러 흔적을 남겨가며 영안현성을 향해 진격하는 척 하였다. 1개 여단의 정예병으로 구성된 제2로는 영안현성과 동경현성의 중간지대에 매복하여 두 지역을 연결하는 교량과 전보선을 차단하여 구원병이 오갈 수 없도록 조치하고 다른 한편으로는 퇴각하는 적의

---

63) 대한민국임시정부자료집 14, 14권, 〈한국광복군 Ⅴ, 『光復』 第2卷〉, 第2卷 第1期(1942. 1. 20).

길목을 지키도록 하였다. 주력군인 제3로는 다시 좌·우익으로 나누어 동경현성을 협공하도록 하였다. 작전계획이 완성되고 각 부대의 배치가 끝나자 그날 저녁 독립군은 동경현성에 대한 공격을 개시하였다.

세 시간에 걸친 교전 끝에 동쪽 성문을 뚫고 성안으로 진입한 아군은 시가전을 전개하였다. 전세가 불리하게 전개되자 왜병은 북쪽 성문을 통해 퇴각하였으나 매복해 있던 아군의 공격으로 거의 전멸되다시피 하였다. 적위군의 여단장인 마도재는 몇 명의 호위병만 거느리고 성벽을 넘어 먼저 도망가 버렸고 휘하 병사들은 모두 아군에 투항하였다. 도망가지 못하고 성내에 남아 있던 적들은 감히 성 밖으로 나올 생각을 하지 못하고 대포를 쏘아대며 경계할 뿐이었다. 이에 아군은 토착 군민들을 투항하게 하는 한편으로 전장을 수습하여 이전의 전투 때(4월 대첩)보다 훨씬 많은 전리품을 노획하였다.

각 거점에 부대를 배치하여 적의 공격에 대비한 뒤 한국독립군은 잠시 총부를 동경성내로 옮겼다. 그러나 이곳은 사방에 적이 산재한데다 급양에 어려움이 있어 영안현성을 점령하기 전에는 오래 머물기에는 적당하지 않은 곳이었다. 그러나 이 무렵 적들은 대규모 병력을 영안현성에 증파하여 아군의 전력으로 함락시키기 쉽지 않은 형편이었다. 이후 아군은 적군과 몇 차례 소규모 전투를 진행하였으나 별다른 성과를 거두지 못하였다. 시간이 지나면서 보급에 어려움을 느낀 아군은 동쪽으로 방향을 바꾸어 왕청현과 동녕현 사이의 산림지대에 새로운 근거지를 마련하고자 하였다.

6월 28일 행군을 시작한 한국독립군은 노송령을 넘어 동서검자에 도착하였다. 이곳에서 수분하 대전자에 주둔하고 있던 왜군 반총 연대(나남군 72연대)가 곧 왕청과 혼춘현성으로 이동 배치될 것이라는 소식을 접한 한국독립군은 밤낮으로 행군하여 7월 1일 저녁 노모저하(대전가에서 남쪽 5리 정도 떨어진 곳)에 도착하였다. 적들이 3일 출발할 것이라는 정보를 입수한 독립군은 2일 저녁 6시 대오를 정비한 뒤 각 부대별 임무를 분배하였고, 3일 새벽 전투위치에 배치되어 적이 오기를 기다렸다.

독립군이 매복한 지역의 지리와 지형을 살펴보면 대략 다음과 같다. 대전가에서 남쪽으로 20리 정도 떨어진 이곳은 길이 동서방향으로 나있는데 동쪽은 왕청현 방향이고, 서쪽은 혼춘현 방향으로 갈라지는 분수령이었다. 따라서 사람들은 이곳을 동서대전령이라 불렀는데, 협곡이 길고 수목이 우거진데다 곳곳에 낭떠러지를 이루고 있었다. 4~5십리에 이르는 협곡은 폭이 좁아 말 두 마리가 동시에 움직이기에도 어려운 곳이다. 그러나 적들은 이곳을 제외하고는 달리 이동할 길이 없어 아군은 고개의 좌우 협곡에 매복조를 배치하는 한편 수분하 상류에 다수의 병력을 배치하여 퇴각하는 적의 배후를 치고자 하였다.

3일 정오 무렵, 고개를 넘기 위해 마침내 적군이 나타났다. 적 첨병과 후미가 모두 협곡에 들어서기를 기다린 아군은 일제히 사격을 가하였다. 창졸간에 기습을 당한 적들은 반항을 시도하였으나 시작부터 열세에 처하여 전세를 뒤집을 수 없었다. 아군은 공격을 개시한지 네 시간이 채 못 되어 적을 완전히 섬멸하였다. 다음날 새벽 전장을 수습한 아군은 이전과는 비교가 되지 않을 정도로 다량의 전리품을 노획하였다. 이어 대전가의 적 병영을 접수한 아군은 이곳에 약 2개월간 머물며 휴식을 취하고 훈련을 진행하였다.

1933년 9~10월 무렵 한국독립군은 왕청현과 동녕현 일대 산림지대에서 활동하고 있던 각 부대와 연결하여 동녕현성을 공격하기로 하였

▶ 동경성전투, 대전자령전투

다. 그러나 약속이 어긋나 사흘간이나 공격을 진행하였음에도 결국 현성을 장악하는데 실패하고 오히려 엄청난 피해를 입게 되었다.

이 전투에서 입은 상처를 치유하기 위해서는 외부의 원조가 절실하다는 판단에서 부득이 당과 군은 중국 중앙 군사당국에 원조를 요청하기로 결정하였다. 그리하여 10월 20일 총사령 이청천과 중요 영수인물들이 관(산해관)내를 향해 출발하였다(동시에 당 중앙의 소재지도 관내로 이동하였다. 이후 한국독립당은 한국혁명당과 합병하여 신한독립당을 결성하였다. 신한독립당은 다시 한국민족혁명당과 통합하게 되는데, 얼마 뒤에는 조선혁명당으로 개조되었고, 이후 한국국민당·한국독립당과 통일을 이루어 현재의 한국독립당이 되었다).

한편 이후 한국독립군은 영안·목릉·밀산 일대의 산림지역으로 이동하여 신골·최악·최만취 등 장령이 영도하였다.

위 자료를 통해 관동군의 수가 100만을 넘어가면서 혁신의회 정부가 산해관 이남으로 철수했다는 것을 알 수 있다. 그러나 그 산하의 한국독립군은 장개석 정부와 연계하면서 만주의 산악지역을 무대로 관동군에 끝까지 대항하며 산화하였다.

당시 우리의 영토 만주를 누비던 우리 대한민국 전사들의 활약에 눈물이 날 것만 같다.

제5부
조선과 청의 국경분쟁

만주족이 일어나 청나라를 세우고 북경으로
이주하면서 인구가 증가하여 북경 내 한족(漢族)
일부가 동북지역으로 옮겨 거주하게 되었으며,
조선인들이 계속 동쪽으로 밀려났다.
바로 이 과정에서 조청 양국 사이에
국경분쟁이 일어났다.

조선과 청의 국경분쟁

1. 애신각라 부족의 이동과 장백산

앞서 살펴본 바와 같이 만주는 적어도 대한제국 시기를 거쳐 적어도 1930년대에 이르기까지는 우리 대한민국이 상당 부분 장악하고 있었다.

그런데 그 이전 시대에는 만주를 두고 조선과 청나라 사이 지속적인 영토분쟁이 있었다. 만주를 둘러싼 조청 양국 사이의 영토분쟁은 근원적으로는 여진족이 만주에서 발흥하였다는 사실에서 기인하는 것이다. 이전 명나라의 영토는 산해관을 기점으로 하는 만리장성을 북방 한계로 하였기 때문이다. 주은래도 한족이 통치한 시기에는 국토가 지금만큼 이렇게 큰 적이 없었는데 청나라에 이르러 중국의 영토가 확대되었다고 하면서 이는 만주족이 오늘의 중국에 대해 공헌한 바라고 하지 않았던가?

조선과 청나라 사이에 뿌리 깊은 영토분쟁의 역사를 이해하기 위해서는 먼저 청 왕조의 내력을 살펴볼 필요가 있다.

　원래 건주 일대에는 '여진'이라 불리는 신라의 후예들이 대대로 고려를 부모의 나라로 섬기고 스스로를 '조선'이라 칭하며 살아오고 있었다. 여기서 '건주'는 만주(정확하게는 북만주)의 옛 이름으로, 그들은 굳이 족보를 따지자면 고려 왕실과 외사촌지간이었으나, 징기스칸이 등장한 이후 몽고에 속하면서 건주 골짜기에서 고립되어 독자적인 언어와 문화를 형성해갔다. 이들은 공민왕 때 다시 고려에 복속된 이후 자연스럽게 조선의 지배하에 들어가게 되었다. 이들은 신라를 사랑하고 잊지 말자는 뜻에서 자신들의 성(姓)을 애신각라(愛新覺羅)라고 하면서, 조선을 '부모의 나라'로 지극하게 섬겼다.

　16세기 말이 되자 '애신각라 노이합적'이라는 자가 등장하여 부족들을 하나 둘 통합하기 시작했다. 오늘날 중국식 발음으로 '누르하치'로 잘 알려진 자이다(이하 본서에서는 편의상 '누르하치'로 명명하기로 한다). 그 후 임진왜란이 일어나자 그는 '부모의 나라'를 구하기 위해 참전 제의를 하였다가 선조로부터 퇴짜를 당하고 나서, 명나라와 조선이 연합하여 항왜를 하는 7년 동안 건주 일대의 여러 세력을 통합해 나갔다. 서기 1616년 누르하치는 부족을 거느리고 심양의 동쪽 허투아라 일대(흥경)로 이주하였다. 이 무렵 그는 조선으로부터 독립하여 나라 이름을 후금(後金)이라 칭하더니, 명나라에 "7가지 큰 원한"을 갚겠다며 선전포고를 하면서 남진을 개시했다(1918년). 이에 명나라는 조선에 원병을 요청하여 대규모 정벌군을 편성하였으나, 누르하치는 사르후에서 조명연합군을 대파하였다(사르후 전투: 1619년).

　이제 바야흐로 역사의 시대가 전환점을 맞이하고 있었다. 애신각라 누르하치는 요양을 거쳐, 심양에 도읍을 건설하고 부족들을 데리고 다

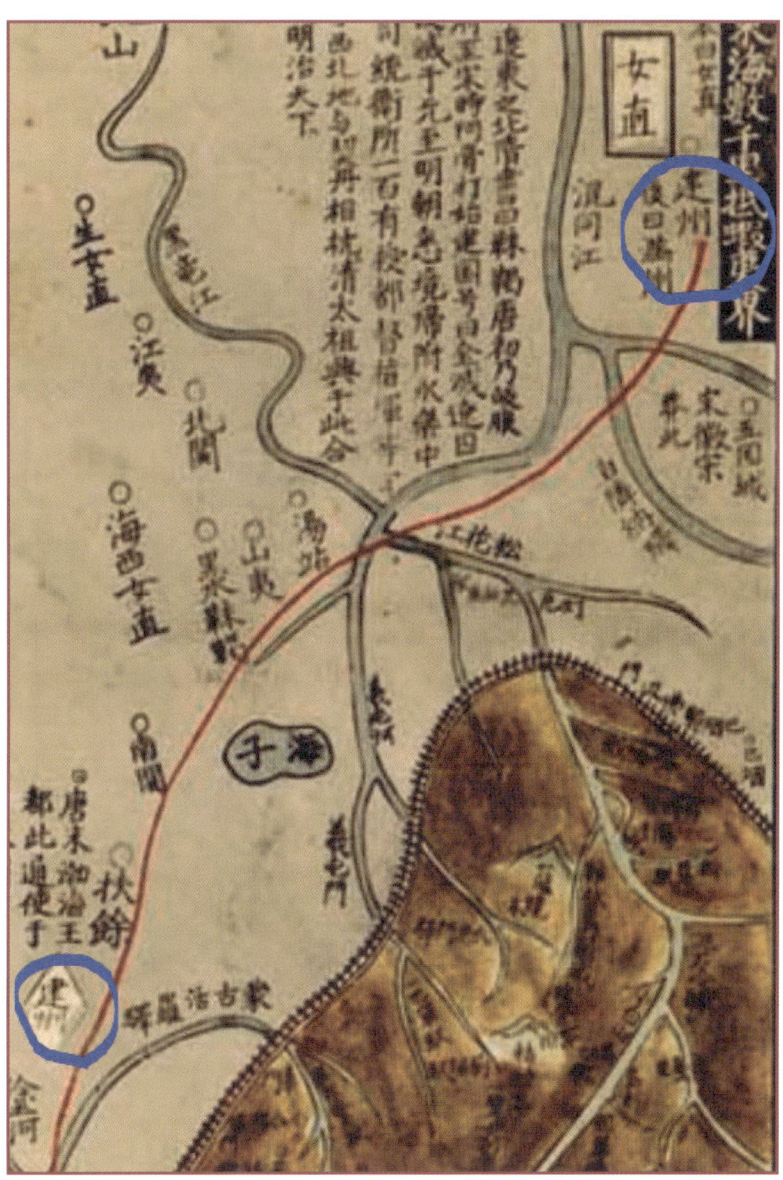

▶ 건주와 애신각라씨들의 이동

시 이주를 단행했다(1625년). 그 후 북경을 향하여 맹렬히 진격하던 누루하치의 진로를 막아선 것은 영원성이었다. 치열한 공성전이 벌어졌으나 홍이포의 포격에 누르하치는 치명적인 부상을 입게 되었다.

여기서 잠깐 확인할 것이 있다. 이 무렵 조선과 후금 사이에 국경은 어떠한 모습이었을까? 당시 건주에 살던 여진족들이 심양과 요양 등지로 이전하면서 후금이라는 나라가 생겼으므로, 새로 나라가 성립한 심양 일대가 후금의 영토라고 할 수 있다. 반면 그들이 떠나 텅텅 비게 된 건주 일대는 당연 조선의 영토가 된다. 조선왕조실록을 찾아 당시 상황을 확인해 보자 1624년 9월 28일 함경감사 이창정이 인조에게 보고를 하였다.

신이 삼수(三水)에 도착하여 관방의 형세를 살펴보건대 백두산이 모두 눈에 들어왔습니다. 부로(父老)에서 물어보니

"백두산은 우리 지경에서 거리가 겨우 4~5일정(日程)이고, 장백산은 더욱 가깝다. 예전에는 호인(胡人)들의 마을로 고미평(古未坪)과 한민평(韓民坪)이 있었는데 1618년부터 모두 누르하치가 데리고 가버렸으므로 지금은 백두산의 남쪽에 거주하는 북방 오랑캐인 호인이 없다."

라고 하였습니다.

위 기록에 따르면 백두산과 장백산은 분명 다른 산이다. 그럼에도 불구하고 오늘날 많은 사람들은 장백산과 백두산이 같은 산으로 알고 있으며, 나아가 중국이 우리 백두산을 일컬어 장백산이라 부른다고 알고 있다. 그러나 조선왕조실록을 보면, 위에서 소개한 기록 외에도 백두산과 장백산이 별개의 산임을 보여 주는 기록을 다수 찾을 수 있다.

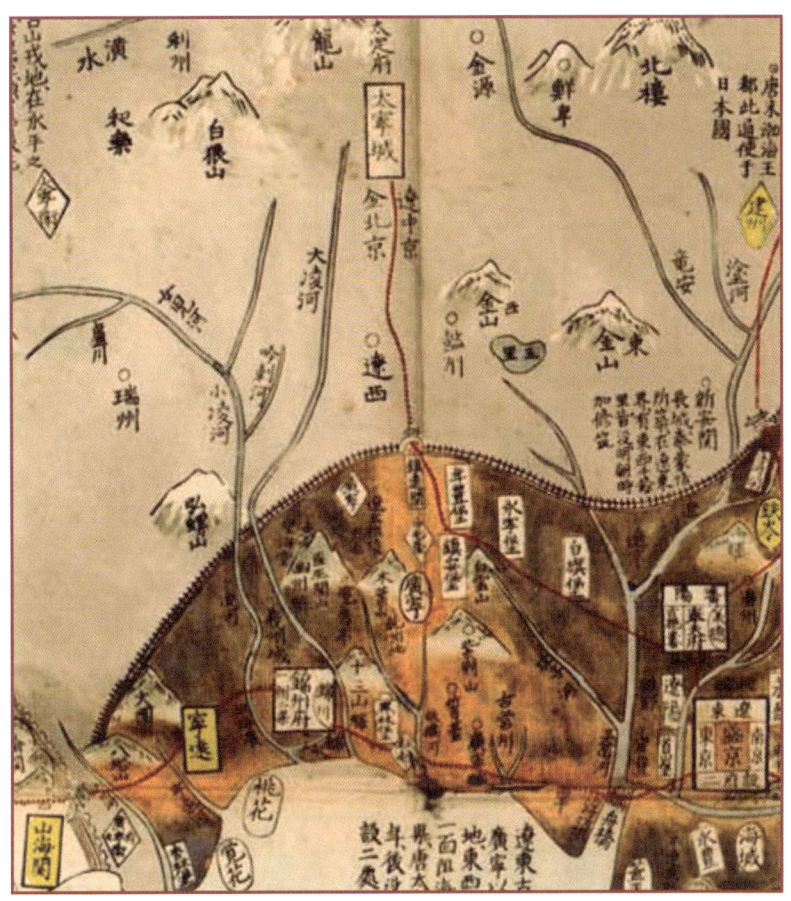

▶ 신라김씨의 이동 경로

또, 위 기록에 따르면 장백산이나 백두산의 위치가 오늘날 우리가 알고 있는 백두산과 사뭇 다르다는 사실을 알 수 있다.

어쨌거나 누르하치가 일어난 백두산 남쪽 일대가 건주, 즉 북만주이며, 당시 조선의 영토는 북만주 일대까지 이르렀다는 점은 부인할 수 없는 사실이다.

2. 만주족의 북경 이주와 봉금정책

누르하치가 죽자(1626년) 아들 황태극(皇太極)이 뒤를 이어 그 부족을 이끌게 되었다. 그는 심양 일대를 성경(盛京)이라 개칭하고, 그들의 새 도읍지를 보호하기 위해 소위 '봉금정책'을 시행했다. 즉, 청태종 '황태극'은 심양에 이주했을 무렵부터 그 주위에 소위 '유조변장(柳條邊墻)', 즉 버드나무 울타리를 세우고 만주족 이외에 한족 등 기타 이민족의 유입을 금지하고 보안을 유지하면서 북경 공략을 준비했던 것이다.

이 무렵 조선에서는 능양군을 위시한 보수세력들이 쿠데타를 일으켜 광해군을 몰아내고(1923년), 재조지은을 갚는답시고 괜히 갈 길이 바쁜 황태극의 발목을 잡았다.

마침내 황태극은 북경으로 향하는 걸음을 돌려 자신의 아비가 '부모의 나라'로 섬겨왔던 조선을 침공했다(1627년). 그러나 인조가 재빨리 강화도로 피신하여 100일을 버텨내자, 갈 길이 바쁜 후금의 군대는 대충 화해하고 이내 철수하였다. 그러나 그 후 국호를 청(淸)으로 바꾼 황태극은 강이 얼기를 기다렸다가 기동군을 보내 강화도로 가는 길목부터 차단하고 나섰다. 황태극은 조선 정부가 남한산성으로 내몰려 고립된 것을 확인하고 직접 삼전도로 내려와 인조를 기다렸다. 결국 추위와 배고픔에 시달린 인조는 45일 만에 삼전도로 내려와 무릎을 꿇었다(1936년). 삼배구고두례를 받은 황태극은 세자 등을 담보로 하여 조선의 종묘와 사직을 보존하게 하였다. 황태극은 다시 북경을 향한 진격에 나서 마침내 영원성을 넘어섰으나, 이번에는 오삼계가 지키는 산해관이 그를 막아섰다.

그 후 황태극이 죽고(1643년) 그의 동생 도르곤과 맏아들 호격(豪格)

사이에 권력투쟁이 일어났다. 도르곤은 황태극의 9남 복림을 왕위에 세우고 권력을 장악하여 섭정을 실시했다(이때 왕위에 오른 복림이 바로 순치제이다).

그런데 무렵 명나라에서는 이자성이 반란을 일으켜 낙양을 함락시키고 개봉과 서안을 점령하며, 북경으로 진격하고 있었다. 마침내 북경을 차지한 이자성이 계속 치고 올라오자, 산해관을 지키던 명나라 장수 오삼계는 북쪽 관문을 열어젖히고 도르곤에게 투항해 버렸다.

산해관을 손에 넣은 도르곤은 파죽지세로 북경을 함락했다(1644년). 그가 자금성을 접수했을 때 명의 숭정제는 이미 죽고 없었다. 도르곤은 진격을 계속 이어나가 이듬해에는 남경까지 함락하였다(1645년).

〈청 왕실 계보〉

世數	본명	왕호 묘호	재위기간
1	애신각라 愛新覺羅 노이합적 努爾哈赤	태조 太祖 천명제 天命帝	1616 ~ 1626
2	애신각라 愛新覺羅 황태극 皇太極	태종 太宗 숭덕제 崇德帝	1626 ~ 1643
3	애신각라 愛新覺羅 복림 福臨	세조 世祖 순치제 順治帝	1643 ~ 1661

마침내 도르곤은 북경으로 수도를 옮겼다. 여진족들이 한족들을 밀어내고 북경으로 대거 이주하여 정착하게 된 것은 바로 이때부터이다. 그런데 당시 북경의 지정학적 위치를 살펴보면, 그 중심에 자금성이 있었고, 자금성 남쪽에는 노구하, 즉 오늘날 영정하가 가로지르고 그 남쪽에는 수십 개 이상의 크고 작은 혜허의 줄기들이 빗살무늬처럼 그

들의 도읍을 켜켜이 에워싸고 있었다. 자금성 북쪽으로는 소위 장성이 예로부터 내려오고 있었는데 그 기본 골격은 남쪽에서 북쪽으로 침입하는 것에 대비하여 건설된 것으로, 그 이북에 고대의 도시가 있었다. 만리장성 이남에 건설된 자금성은 북쪽으로부터의 침입에 취약한 구조를 가지고 있었던 것이다.

애신각라 왕실은 새로운 도읍의 지정학적 안보를 확보하기 위하여 장성 이북지역을 폐쇄하는 '봉금정책'을 시행했다. 그들은 유목구역을 확정하여 몽고인들이 요동으로 진입하지 못하도록 하는 한편, 한인들이 북경의 동북지역으로 왕래하는 것을 전면 금지시켰다.

여기서 다시 확실히 해 둘 것이 있다. 여진족이 북경으로 이주했을 당시 조선과 청의 국경은 어떠했을까?

원래 조선과 명나라 사이의 국경은 후술하겠거니와, 누르하치로부터 도르곤을 거치는 동안 만주 일대에서 흩어져 살던 여진족들이 나라를 세우는 과정에서 흥경과 요양·심양(성경)을 찍고 결국 북경으로 들어가 버리면서, 북만주 일대는 다시 대부분 조선의 영토로 회복되었으나 그들이 거쳐 지역, 정확히 말하면 그들의 궁궐이 있던 심양 일대를 비롯한 그 인근 지역을 중심으로 조청 양국 사이에 영유권 분쟁이 싹트게 되었던 것이다.

3. 압록강과 유조변

병자호란을 겪은 조선의 왕실은 그 후유증을 심하게 겪었다. 그러나 조선은 인조 사후 효종에 이어 서기 1660년 그의 장남 현종이 왕위에 오르면서 국난을 극복하고 점차 안정되어 갔다. 한편, 북경에서는 서기 1661년 순치제가 천연두로 죽게 되면서, 이제 역사상 처음으로 북경 태생이 왕위에 오르게 되었으니 그가 바로 강희제 김현엽이다.

강희제가 즉위한 이듬해 조선왕조실록 기록에 의미 있는 기사가 있다. 조선 현종 3년(1662년) 5월 의주 부윤 이시술이 의주 사람에게 압록강을 건너 벌목을 할 수 있도록 문서를 발급해 주자 청나라가 항의를 한 일이 있었던 것이다.

다음은 현종실록 5권, 현종 3년 5월 17일 기축 1번째 기사의 내용이다.

상이 대신과 비국의 신하들을 희정당(熙政堂)에서 인견하였다. 상이 이르기를,

"이시술의 죄가 점점 지극히 중해지니, 앞으로 어떻게 해야 하겠는가?"

하니, 정태화가 아뢰기를,

"단지 이일선이 조종해서 그러는 것만이 아니라 이는 곧 칙사의 뜻이기도 합니다."

하자, 상이 이르기를,

"내가 중사(中使)를 보내 칙사에게 문안하게 하면서 어제 주선하며 힘을 써준 데 대해 감사를 드리게 했더니, 일선이 말하기를 '이것이야 말로 국왕이 우리를 조롱하는 것이다. 조금도 주선한 일이 없는데 감사할 일이 뭐가 있단 말인가.' 하였다 한다."

하였다. 정치화가 아뢰기를,

"따로 주는 은(銀)에 대해서는 예전에도 정해진 숫자가 없었는데, 지금은 얼마를 주어야 할지 모르겠습니다."

하니, 상이 이르기를,

"먼저 2천을 주도록 하라."

하였다. 상이 또 이르기를,

"이 뒤로 파수(把守)하는 일은 어떻게 의논해 정해야 하겠는가?"

하니, 태화가 아뢰기를,

"압록강을 한계로 해야 마땅하겠습니다. 그러나 그것도 반드시 저 나라와 의논을 해서 정하는 것이 온당하겠습니다."

하자, 상이 이르기를,

"강을 한계로 삼을 경우 우리 땅이 저네들에게 들어가니 어찌 아깝지 않겠는가."

하였다.

이 무렵 상황은 강희제가 적극적인 영토정책을 펼치기 전으로 심양 일대에 인구가 증가하기 시작하던 때였다. 위 기록에 따르면 현종은 분명 "강을 한계로 삼을 경우 우리 땅이 저네들에게 들어가니 어찌 아깝지 않겠는가."라고 말하며 강을 국경으로 삼자는 일부의 주장을 일축하고 있다.

그런데 위 강이 오늘날 압록강인가? 생각해 보면, 북경의 도읍 건설이 바쁜 시점에 청 왕조가 오늘날 압록강 일대까지 영토정책을 펼칠 겨를이 없었을 것이다. 따라서 위 기록상 압록강은 우리가 알고 있는 압록강과 차이가 있었을 것으로 보인다. 그런데 설령 현종이 말한 강이 오늘날 압록강이라고 하더라도 위 기록으로 보건대 압록강 이북 일대가 조선의 영토임은 분명하다.

한편, 여덟 살에 왕이 된 강희제가 점차 자라면서 그와 함께 청나라의 영토도 확대되어 갔는데, 만주 방면도 예외는 아니었다. 강희제는

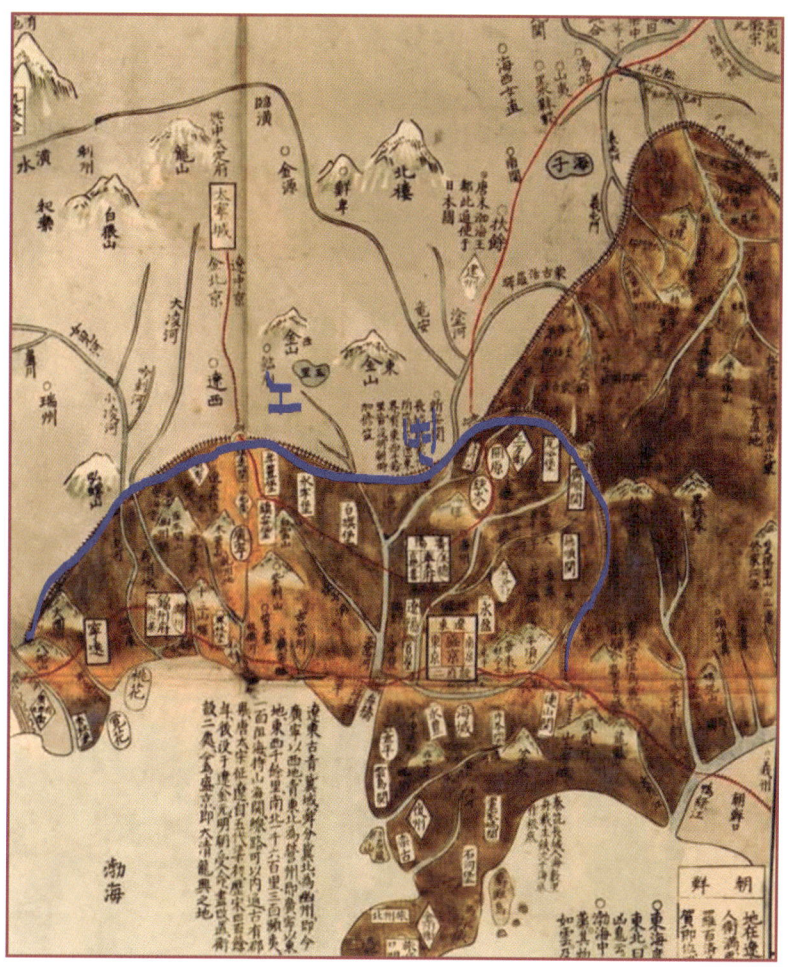

▶ 노변

1667년 이후부터 흥경과 요양·심양(성경) 등 그들의 옛 도읍지를 감싸는 지경에 버드나무를 심기 시작했는데, 이 유조변(버드나무 경계)을 '노변'이라고 한다. 노변은 산해관에서 시작하여 동북으로 가다가 개원의 북위원보에 연결된 뒤 동남으로 꺾어져서 흥경에 이르러 다시 서남방향으로 봉황성 남해안까지 미쳤는데 그 전체 길이가 약 975킬로

조선과 청의 국경분쟁 179

미터나 되었다.

그런데 개원의 북위원보에 연결된 뒤 동남으로 꺾어져서 홍경에 이르러 다시 서남방향으로 봉황성 남해안에서 끝나는 구간의 목책이 완성된 이후 시간이 흐르면서 이 구간이 마치 청과 조선의 국경처럼 여겨지게 되었다. 다시 말하면 북경시대 봉금정책은 안보상 이유로 한족들이 유조변을 넘어가 거주하는 것을 엄격히 금지하기 위해 산해관 밖을 봉해버리려고 한 것이 원래의 취지였지만, 남한산성의 쓰라린 기억을 가진 조선의 입장에서 북경으로 가는 쪽으로는 고개를 돌리고 싶어 하지 않았기 때문에 이 지역을 소홀히 관할하였고, 특히 인조 이후 소극적 영토 정책이 조선의 국경을 사실상 후퇴시켜 나가면서, 산해관에서 시작한 동북방향의 노변이 청나라와 조선의 경계처럼 인식되기 시작했던 것이다.

결국 청나라의 유조변 설치와 인조 이후 조선의 소극적 영토정책이 후일 고종 때 조청 사이에 만주를 두고 벌어진 영토분쟁의 씨앗이 되었던 것이다.

4. 무묵눌의 장백산 등정

강희제가 성장하면서 만주족들은 북경을 중심으로 소위 '강건성세'를 구가하며 옛 신라의 영광을 재현하기 시작했다. 그러나 만주족 애신각라 왕실은 정작 자신들의 고향을 잊어버려 조상의 무덤조차 찾을 수 없게 되었다.

사정이 이러하자 서기 1677년 4월 15일 강희제는 만주족의 고향인 장백산을 찾아보라는 특명을 내렸다. 옛 조상의 땅에서 제사를 지내고 싶은 생각이 문득 들었던 것일까 아니면 청나라 영토의 북방한계점을 확인할 필요가 있었을까?

강희제의 특명을 받든 이가 바로 무묵눌이다. 각종 기록에서 무묵눌이 '각라'라는 성을 쓰고 있는데, 이를 보면 그 역시 신라 김씨였을 것으로 추정되거니와, 대청일통지(大淸一統志), 성경통지(盛京通志), 청사고(淸史稿) 등 각종 문헌에는 그의 행적이 상세히 기록되어 있다. 그의 행적을 추적하면, 조청 양국의 국경 상황에 대한 단서를 찾을 수 있지 않을까?

큰 더위가 오기 전에 역참 사이를 달려 장백산을 찾아보라는 강희제의 특명을 받은 무묵눌은 5월 4일 북경을 출발하여 열흘 만인 5월 4일 성경에 도착했다. 성경이 오늘날 심양을 일컫는 말임은 이미 설명한 바 있다. 다시 길을 나선 그는 5월 23일 오랍(烏拉)[64]에 도착하였다. 여기서 오랍(烏拉)은 음차식 지명 표기로 오늘날 길림시 북쪽 용담구(龙潭区)에 해당한다. 어쨌거나 오랍에 도착한 무묵눌 일행은 여기서 비로소 장백산을 찾기 시작한다.

그런데 기록에 따르면 그들은 장백산의 위치를 전혀 알지 못하여 여기저기 수소문하기 시작한다. 무묵눌은 진을 수비하는 장군들에게 왕의 유지(諭旨)를 보이고, 마을의 엽호들을 불러 물어보았다. 그러나 아무도 장백산을 알지 못했다. 그 탓에 무묵눌 일행은 오랍에서 여러 날을 보내게 되었다. 참으로 희안한 일이다. 과연 만주가 청나라의 영토라면 장백산을 여러 날 수소문을 하고서도 찾지 못할까?

---

[64] 오라(烏喇), 오랄(烏嘞), 올라(兀喇), 오랄(吳喇), 와랄(瓦喇) 등으로 표기되기도 한다.

그런데 이때, 도통(都統)이 이르길,

"니아한(尼雅漢) 종족으로 대목포로(戴穆布魯)란 자가 있는데, 원래 수렵과 채집생활을 하던 사람으로 지금은 이미 나이 들어 쉬고 있습니다."

라고 하였다. 무묵눌이 그를 데리고 오도록 하니, 얼마 후 대목포로가 와서 무묵눌에게 말했다.

"저의 가족은 원래 액혁눌음(額赫訥陰) 지방에 거주하였는데, 저는 비록 장백산 정상에 올라본 적이 없지만, 일찍이 부친으로부터 들은 것이 있는데, 부친이 이르길, 장백산 기슭에 사냥하러 가서 사슴을 잡아 어깨에 메고 돌아왔는데, 도중에 3일 밤을 잤으며, 4일째 되는 날 집에 올 수 있었습니다. 이로써 볼 것 같으면, 장백산은 액혁눌음(額赫訥陰) 지방과 그리 멀리 떨어져 있지 아니하며, 저는 그 나머지 것은 알지 못합니다."

이에 무묵눌은 액음으로 가기 위해서는 수로로는 며칠 걸리며, 육로로는 며칠 걸리는지 물었다. 그러자 이번에는 사냥꾼 갈랍달액혁 등이 대답했다.

"말을 타고 육로로 액음 지방에 가는 데는 10일이면 족하며, 작은 배를 타고 수로로 갈 것 같으면, 도중에 장애로 인해 지체하는 일이 없다고 한다면 20일이면 이를 것이며, 혹시라도 비를 만나 물이 불면 지체하게 될 것이니, 얼마나 걸릴 지는 예측하기 어렵습니다."

무묵눌이 다시 육로로 가는 길을 아는 자가 있는지를 물었다. 그러자 그는,

"사냥꾼 객라(喀喇)란 자가 있는데, 그 자라면 육로를 통하여 액음으로 가는 길을 압니다."

라고 답하였다.

이에 무묵눌은 한 사람 당 3개월분의 식량을 휴대하고 가기로 하고, 또한 생각하기를 혹여 3개월분 식량이 다하거나 혹 마필이 거꾸러져 죽으면 돌아오지 못할 수도 있고, 또는 정해진 기일에 못 미칠 수도 있다고 생각하여 배 한 척에 쌀을 싣고 액혁눌음에 대기하여, 혹시라도 식량이 떨어지면, 거기서 식량을 바로 조달하기로 하였다.

영고탑 장군 파해는 큰 배로는 송아리하(松阿里河)의 험한 길을 지날 수 없다 하여 17척의 작은 배에 쌀을 싣고 액음에 도착하여 기다리겠다고 말했다. 이에 무묵눌은 6월 초에 출발하기로 일정을 정하였다. 무묵눌이 오랍에서 출발하여 장백산이 있는 액음으로 향하는 경로 역시 대청일통지, 성경통지, 청사고 등에 잘 기록되어 있다.

무묵눌은 6월 3일 오랍에서 사냥꾼 갈랍달액혁 등에게 식량을 싣고 배로 출발하게 하면서, 자신은 살포소를 이끌고 육로로 출발하였다.

무묵눌 일행은 일주일 동안 '온덕형하 → 방호산 → 고륵눌림 → 기이살하 → 온도하 → 포이감하 → 납단불륵 → 휘발강 → 발하 → 목돈임파극탄하 → 납이혼하 → 돈돈산 → 찰륜과하'[65]를 경유하여, 수십 여 곳을 지났다.

6월 10일 무묵눌 등은 일주일 만에 액음에 도착하였고, 곧이어 식량을 싣고 배로 출발했던 사냥꾼 갈랍달액혁 등이 도착하였다.

6월 11일, 무묵눌 일행은 장백산을 오르기 시작하였다. 멀리 바라보니 숲이 우거져 길을 알 수가 없어, 살포소(薩布素)가 기치를 든 갑병 2백을 이끌고 나무를 베어 길을 내도록 하였다. 그 다음 날 약 백 수십 리를 전진하여 산 하나를 오른 다음 나무에 올라가니, 멀리에 온통 흰

---

[65] 溫德亨河 → 防虎山 → 庫勒訥林 → 奇爾薩河 → 溫都河 → 布爾堪河 → 納丹佛勒 → 輝發江 → 發河 → 穆敦林巴克坦河 → 納爾琿河 → 敦敦山 → 扎倫果河.

빛으로 뒤덮인 장백산이 보였다(6. 12). 거리를 계산해보니 백여 리에 달할 듯하였다. 이틀 후 무묵눌은 사냥꾼 갈랍달액혁 등에게 머물러서 쌀을 지키며 진주조개 등을 채취하도록 하고, 살포소 등과 만나서 무성한 밀림 속을 어림짐작으로 길을 뚫었다(6. 14).

6월 16일, 이른 아침 운무가 너무 짙어 다시 산을 볼 수가 없었다. 이때, 일행은 학 울음소리를 예닐곱 번 들었다. 이에 학 울음소리가 난 곳을 쫓아 길을 찾다가, 마침내 사슴이 다니는 지름길을 찾았다. 이를 쫓아 나아가다 산기슭을 만났다. 수목이 둘러싸 밀림을 이루는 중에 자못 평탄하고 둥근 곳이 있어 풀은 나 있는데 나무가 없었으며, 앞쪽으로는 물로 이어졌다. 숲이 끝나는 곳에 흰 자작나무들이 있는데 마치 사람이 심은 것처럼 가지런하였다. 이어 향나무가 빽빽하게 자라고, 노란 꽃들이 활짝 피어 있었다.

무묵눌 일행이 숲속의 빈 공간을 따라 가는데, 운무가 가득하여 아무 것도 보이지 않았다. 일행이 너무도 황망하여 왕의 칙서를 읽고 절을 하는데, 서서히 운무가 걷히면서 앞을 역력히 볼 수 있었다. 모두 환호성을 질렀다.

마침내 무묵눌 일행은 장백산 정상에 올랐다. 장백산 정상은 높고 평평한 것이 돈대 같았다.

멀리 바라보면 산의 형상이 장활하고, 가까이 보면 자못 원만한데, 보이는 곳이 다 흰빛이니 모두 빙설이었다. 산 높이는 약 백 리이며, 다섯 봉우리가 물을 둘러싸고 솟았는데, 정상에는 못이 있어 (둘레가) 약 삼사십 리이며, 초목이 없었다. 푸른 물은 맑디맑아 (잔잔한) 파문이 일고 있었다. 못을 두른 여러 봉우리들을 바라보니, 흔들리는 것이 마치 떨어질 것 같아서 보는 이로 하여금 놀라움을 금치 못하게 했다. 남쪽 봉우리는 차츰 낮아지며 문(門) 형상이 완연하였다. 못의 물은 흐르지 않는데, 산 계곡 곳곳이 물이었다. 여기서 물이 좌측으로 흘러 송화강이요, 우측으로 흘러 크고 작은 액음을 이룬다.

일행이 강산을 조망하고 있을 무렵, 정상에서 사슴 한 떼가 놀라 달아나다 7마리가 홀연 추락하였다. 살포소가 무묵눌에게 이르길, "이곳 산신이 주신 것입니다."고 하였다. 이때는 식사를 거르고 있어 절하고 종자들에게 명하여, 이를 매고 내려 가도록했다.

수십 보를 못 내려가 머리를 돌려 산을 올려다보니, 이미 운무가 온 산에 가득하였다. 액음으로 인한 것이었다. 한참 산을 내려오다 다시 고개를 돌려 산을 바라보니 갑자기 다시금 눈보라가 일었다.

6월 18일 무묵눌 일행은 남쪽으로 되돌아왔다. 출발할 때 고개 들어 장백산을 바라보던 곳이었다. 이때는 날이 어둡고 아득한 기운이 뻗쳐, 산 빛을 보지 못하였다.

여기서 무묵눌 일행의 등반과정을 정리해보자. 무묵눌 등은 6월 10일 액음에 도착하여, 6월 11일 장백산을 오르기 시작하였으니, 장백산은 액음에 있는 것이 명백하다. 그리고 장백산 정상에서 물이 좌측으로 흘러 송화강이요, 우측으로 흘러 크고 작은 액음을 이룬다고 하니, 액음은 하천 지형을 일컫는 지명으로 보인다.

그리고, 액음은 오랍(烏拉), 즉 길림시 용담구로부터 멀지 않은 곳에 있다. 그리고 '6월 18일, 남쪽으로 되돌아왔다.'는 기록을 보면, 액음은 적어도 오랍(烏拉)으로부터 북쪽 방향에 있는 것으로 보인다.

다음으로 무묵눌 일행이 장백산에서 하산한 이후의 행적을 살펴보면 다음과 같다.

무묵눌 일행은 산에서 내려와 액음하 두 줄기가 합류하는 곳에 이르렀다(6. 21). 며칠 후 무묵눌 일행은 아로하66)에 이르렀는데(6. 25), 이곳은 강물이 동쪽으로 흘러 합류하는 곳이었다. 무묵눌 일행은 아로하 수고를 출발하여(6. 29), '색극등 → 도필혁 → 갈이한 → 갈달혼 → 살만 → 살극석 → 법극석 → 송아리'67)를 거쳐, 올라(兀喇)에 도착하였다(7. 2).

그 후 무묵눌 일행은 영고탑에 도착하여(7. 12) 회령부68)를 비롯한 여러 부를 두루 감찰하였는데, 여기서 영고탑은 오늘날 흑룡강성 무단장시 영안(寧安)에 있던 지명이고, 회령부는 지금의 하얼빈시 아청구 바이청이다. 며칠 후 무묵눌 일행은 영고탑을 출발하여(7. 17), 한 달여 후에 북경으로 되돌아왔다(8. 21).

5. 장백산과 봉산위장

무묵눌의 장백산등정기에 따르면, 장백산에서 물이 좌측으로 흘러 송화강이요, 우측으로 흘러 크고 작은 액음을 이룬다고 하였고, 장백산에서 송화강이 발원한다고 하였으니 장백산은 우리가 생각하는 것보다 훨씬 북쪽에 위치하는 것이다.

한편, 신라김씨가 세운 금나라의 역사서인 「금사(金史)」는 '여진의

---

66) 阿嚕河.
67) 色克騰 → 圖畢赫 → 噶爾竿 → 噶達琿 → 薩滿 → 薩克錫 → 法克錫 → 松阿哩.
68) 회령부(會寧府): 금나라의 초기 수도 역할을 담당하였다. 상경회령부(上京會寧府)라고도 하며, 현재의 중화인민공화국 흑룡강성 하얼빈시 아청구에 위치하였다. 아스허 강(원래는 아르추허 강(阿勒楚咯河))이 아청구의 남쪽에서 흐르고, 동쪽은 쑹넌 평원이 있다(출처: wikipedia). 이곳에는 아스허강, 외에도 쑹화강, 후란강, 라린강, 망니우강, 마옌강, 둥량주강, 니강, 피아오강, 페이커투강, 샤오링강 등이 흐른다.

땅에 장백산이 있다.'69)고 했다. 또, '회령부 회령현에 장백산이 있다'고 기록한다.70) 한편, 명나라 때 편찬된 지리서인 「명일통지(明一統志)」에 따르면, '장백산은 옛 회령부 남쪽 60리에 있다. 횡으로 천리에 뻗쳤으며, 높이는 20리이며, 산꼭대기에는 주위가 80리에 이르는 못이 있다.71)'고 한다.

금사나 명일통지는 모두 회령부 근처에 장백산이 있다고 증언하고 있다. 여기서 회령부는 앞서 설명한 바와 같이 지금의 하얼빈시 아청구 바이청이다.

한편, 청나라 건륭제의 지시로 편찬한 만주에 관한 역사문화서적인 「만주원류고(滿洲源流考)」는 장백산에 관하여 다음과 같이 기록한다.

"장백산은 우리 조상의 발상지이다. 장백산은 길림 오랄성의 동남에 있으며, 횡으로 천리에 뻗쳤으며, 동으로 영고탑, 서로는 봉천의 여러 산으로 뻗는 줄기이다. 산꼭대기에는 못이 있으며, 이곳에서 압록강(鴨綠江), 혼동강(混同江), 애호강(愛嘑江) 등 세 강이 발원한다. 옛 이름은 불함산이며, 또 태백산이며, 또 백산이며, 또 사태산이며, 또 태말산이다. 장백산이란 이름은 금나라 때부터이다.72)"

앞에서 살펴본 바와 같이 영고탑은 흑룡강성 무단장시 영안(寧安)에 위치한 지명이다.

---

69) 女眞地有長白山.
70) 會寧府會寧縣有長白山.
71) 長白山在故會寧府南六十里橫亘千里高二十里其巔有潭周八十里.
72) 上諭長白山係本朝祖宗發祥之地.案長白山在吉林烏拉城東南橫亘千餘里東自寧古塔西至奉天府諸山皆發脈於此山巔有潭為鴨綠混同愛嘑三江之源古名不咸山亦名太白山亦名白山亦名徒太山亦名太末山其名長白山則自金始也.

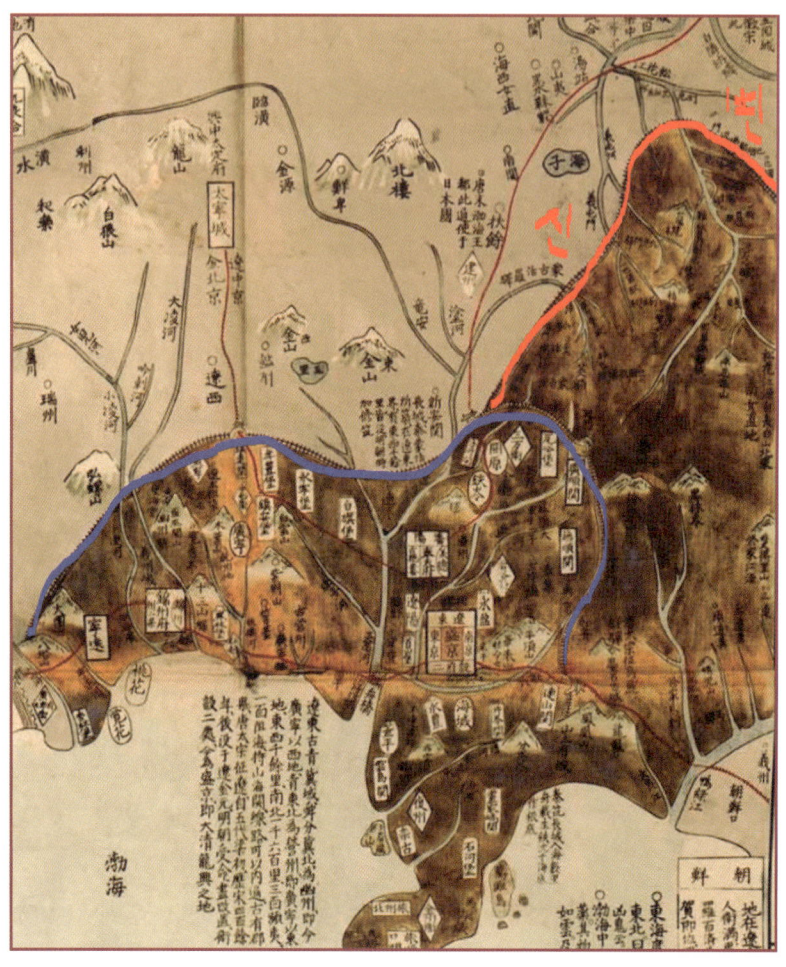

▶ 신변

 따라서 장백산은 분명 오랍(烏拉), 회령부, 영고탑 사이에 있었음이 분명하다. 오늘날 지명으로 하면, 장백산은 길림시 북쪽 용담구(龙潭区), 흑룡강성 하얼빈시 아청구, 그리고 무단장시 영안을 잇는 삼각지대에 위치하고 있었던 것이다.

 또 앞서 살펴본바와 같이 1677년 5월 4일부터 8월 21일 사이에 애신각라 무묵눌은 북경, 심양, 길림, 영안, 하얼빈을 오갔는데, 이러한 그의 행적을 보더라도, 길림시 용담구 북쪽 인근에 장백산이 있는 것이다.

또, 무묵눌의 장백산등정기에 나오는 정상을 묘사한 대목을 보아도 그렇다. 무묵눌은 정상의 모습을 "수목이 둘러싸 밀림을 이루는 중에 자못 평탄하고 둥근 곳이 있어 풀은 나 있는데 나무가 없었으며, 앞쪽으로는 물로 이어졌다. 숲이 끝나는 곳에 흰 자작나무들이 있는데 마치 사람이 심은 것처럼 가지런하였다. 이어 향나무가 빽빽하게 자라고, 노란 꽃들이 활짝 피어 있었다."라고 묘사하고 있다. 그러나 수목의 고도한계선은 해발 2,000m 내외이고 자작나무는 대표적인 고도한계 수목이다. 오늘날 자작나무는 백두산 해발 1,000m 이하에 분포되어 있으며 이 일대에 향나무라는 것은 존재하지 않는다.

무묵눌의 장백산 등정기에 따르면, 장백산에는 송화강과 혼돈강이 발원하여 북으로 흘러가고, 압록강이 발원하여 남으로 흘러 내려가는 분수령이 있다. 그렇다면 장백산은 위진하(渭津河: Weijin River)와 대류수하(大柳樹河: Daliushu River)가 발원하는 용봉산(龍鳳山)이 아닐까 조심스럽게 추정을 해본다.

한편, 조상의 땅을 확인한 강희제는 장백산 인근 봉산(封山) 일대에 위장(圍場)을 건립하기 시작했다(1677년). 그 후 강희제는 여러 해에 걸쳐 영고탑 남쪽의 위원보에서부터 동북의 길림 북법특까지 약 345km에 달하는 유조변을 신축했는데 이 방책을 신변이라 불었다.

결국 봉금정책은 산해관 이남의 안전을 확보하려는 안보정책임과 아울러 북경을 중심으로 북방의 경계를 확정하는 일종의 영토정책이 되었다. 즉, 봉산위장 이북과는 달리 그 이남에서는 청 조정의 단속에

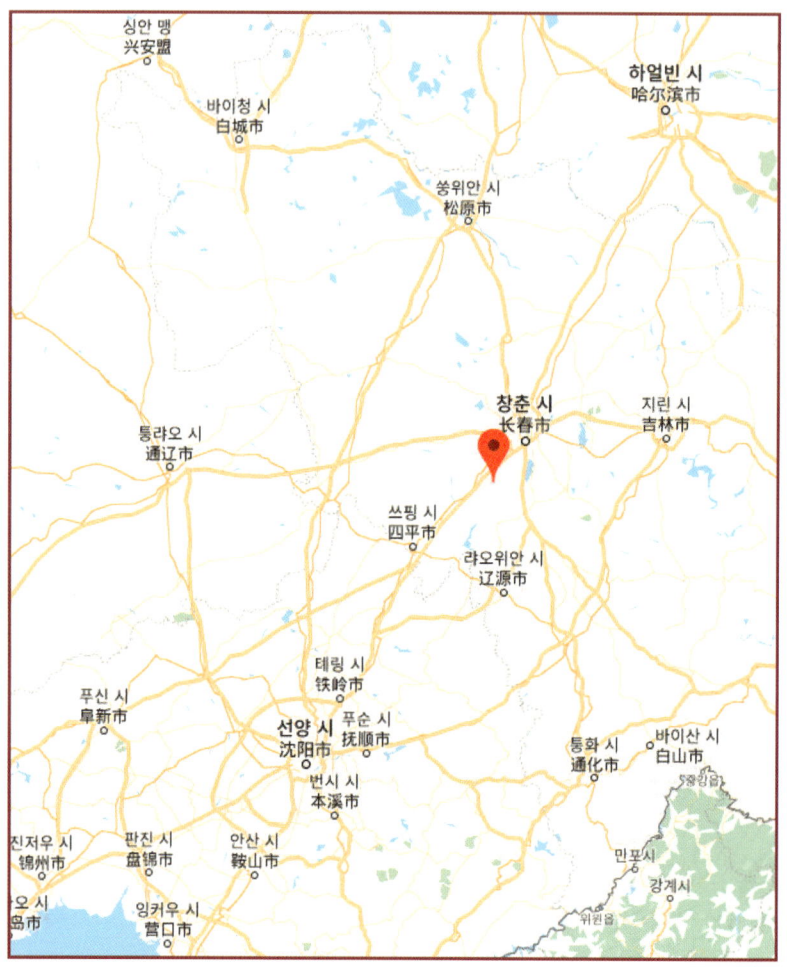

▶ 봉산위장(1677년)의 위치

도 불구하고 관내 인구가 증가하면서 한족들이 산해관을 넘어가 이주하면서 황무지를 개간하여 경작을 하는 일이 잦아지자, 청 조정에서는 요동부를 설치하고, 심양, 해성에 현을 설치하게 된 것이다.

요동부나 심양현 등은 청 조정이 남만주에 설치한 최초의 행정구역으로 실제 행정력을 행사하였다기보다는 행정지도상의 존재하는 형식적인 기관에 불과했고, 관리들이라고 해봐야 중앙에서 봉록을 받지 않는 지방 촌주들로 그들은 그저 담비가죽을 모아다 청 조정에 바치고 청조로부터 그 대가를 받는 정도에 불과했다.

길림이나 흑룡강 일대는 이마저도 시행되지 못하였다.

6. 목극등(穆克登)의 정계비와 분수령(分水嶺)의 위치

서기 1661년 조선에서는 현종의 아들이 태어났으니, 그가 바로 후일 숙종이다. 숙종은 45년 10개월 동안 왕위를 지켜, 조선 역대 임금들 중 51년 7개월 재위한 영조 다음으로 오래 통치권을 행사했다.

한편, 조선의 현종이 태어난 해에 8세의 나이로 즉위한 북경 태생 강희제 현엽은 무려 51년간 재위하였다. 강희제가 소위 '강건성세'를 이끌며 나라가 안정되자 관내 북경 인구가 부쩍 증가하기 시작했다. 일부 한족들이 산해관을 월경하는 일이 잦아지자 강희제는 만주 일대에 대해 영토적 관심을 가지게 되었다.

마침내 강희제는 목극등에게 조청 양국의 경계점을 확인하여 경계석을 세울 것을 명하는 한편, 조선정부에도 이를 협조해달라는 공문 서신을 보냈다(1712. 2). 숙종실록 51권, 숙종 38년 2월 24일 정축 2번째 기사를 보자.

청나라 예부에서 자문(咨文)이 나왔으니, 그 자문에 말하기를,

"지난해 8월에 태학사 온달 등이 아뢰어 황제의 뜻을 받들어 올해 목극등 등이 봉성(鳳城)에서 장백(長白)에 이르러 우리의 변경을 답사하

려 하였으나, 길이 멀고 물이 큼으로 인하여 곧장 그곳에 이르지 못하였으니, 내년 봄 얼음이 풀리는 때를 기다려 따로 사관을 차견하여 목극등과 함께 의주에서 작은 배를 만들어 흐름을 거슬러 올라가되, 만약 능히 전진하지 못한다면 곧장 육로로 토문강(土門江)으로 가서 지방을 답사키로 한다. 다만 변방의 도로가 멀고 지세가 매우 험준하여 중간에 막힘이 있다면, 조선국으로 하여금 보살피게 하여야 하니, 이 사정을 조선국에 상세히 알리라."

하였다. 그 후 사신 등이 원본을 얻었는데, 바로 목극등이 돌아가 아뢴 뒤에 황제가 판부(判付)한 것이지, 새로운 일이 있는 것은 아니었다.

위 기록을 보면 오늘날 지리개념으로는 도무지 이해가 가지 않는 대목이 있다. 중국 관리가 장백산을 가기 위해 의주에서 배를 타고 압록강을 거슬러 간다거나 아니면 육로로 해서 두만강으로 간다니 이 어찌 말이 되는가? 중국 관리가 단동에서 배를 타고 가지 않고 굳이 의주에서 배를 탈 일은 무엇이며, 육로로 바로 백두산을 가면되지 두만강까지 일부러 돌아갈 일은 또 무엇인가?

따라서 기록상의 장백산은 오늘날 백두산이 아니며 의주는 오늘날 의주가 아니며, 토문강은 두만강이 아닌 것이다.

어쨌든 조선 정부는 논란 끝에, 접반사 박권과 함경감사 이선부를 파견하여 함께 조사하도록 하였다. 그 내용은 조선왕조실록에 여실히 기록되어 있다.[73] 숙종실록 51권, 숙종 38년 3월 8일 기사를 보자.

---

73) 출처: 조선왕조실록, 숙종실록, 38년 2월 27일.

약방(藥房) 도제조(都提調) 이이명이 말했다.

"사관의 행차는 백두산 분수령의 정계(定界) 때문이라고 말을 하고 있습니다. 백두산은 갑산으로부터 거리가 6, 7일 정도 거리이며 인적이 통하지 않기 때문에 우리나라의 진(鎭)·보(堡)의 파수(把守)가 모두 산의 남쪽 5, 6일 정도 거리에 있습니다. 우리나라에서 토문강과 압록강을 경계로 한다면, 물의 남쪽은 모두 마땅히 우리 땅이 되어야 하니 마땅히 접반사(接伴使)로 하여금 이로써 변명(辨明)하여 다투게 하여야 합니다."

이에 숙종이 허락하였다.

그 후 목극등은 박권과 이선부를 젖혀두고 접반사 군관 이의복, 순찰사 군관 조태상, 거산찰방(居山察訪) 허량, 나난만호(羅暖萬戶) 박도상, 그리고 역관 김응헌·김경문 등과 함께 산을 올라 조사하였다. 그리고 목극등은 분수령 위에 비석을 세웠다. 당시 상황을 5월 23일 접반사 박권이 돌아와 숙종에게 보고한 내용을 통해 살펴보자.

총관 목극등이 백두산 산마루에 올라 살펴보았더니 압록강의 근원이 과연 산허리의 남변에서 나오기 때문에 이미 경계로 삼았으며 백두산에서 시베리아로 흐르는 토문강의 근원은 백두산 동변의 가장 낮은 곳에 한 갈래 물줄기가 동쪽으로 흘렀습니다. 총관 목극등이 이것을 가리켜 두만강의 근원이라 하고 말하기를

'이 물이 하나는 동쪽으로 하나는 서쪽으로 흘러서 나뉘어 두 강이 되었으니 분수령(分水嶺)으로 일컫는 것이 좋겠다.'

하고 목극등이 분수령(分水嶺) 위에 비(碑)를 세우고자 하며 말하기를

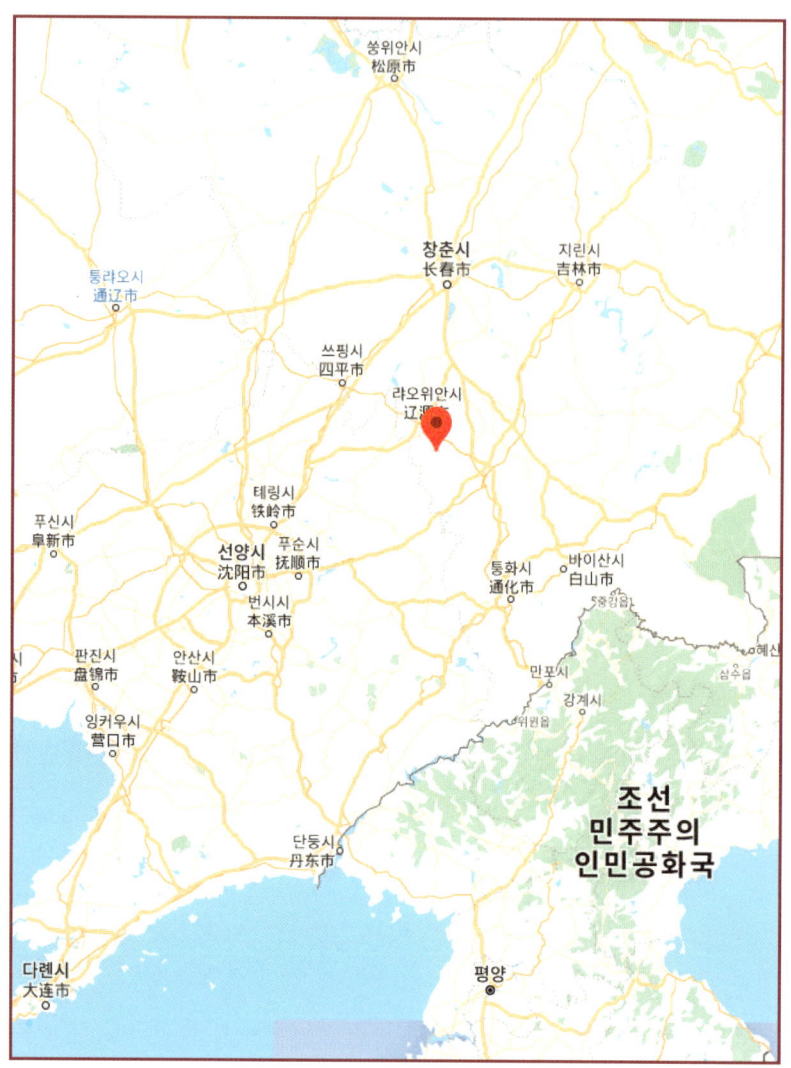

▶ 분수령 랴오위안시 둥랴오현

　'백두산 분수령의 경계를 정한 백두산정계석을 세우는 정계입석이 황상의 뜻이다. 도신(道臣)과 빈신(賓臣)도 또한 마땅히 정계석 끝에다 이름을 새겨야 한다.'고 하기에 신 등은 '이미 함께 가서 보고 살피지

못하고 정계석 끝에다 이름을 새김은 일이 성실하지 못하다.'
는 말로 대답하였습니다.

그리고 조선왕조실록에는 분수령이 위치한 산이 백두산이라 표현하고 있으나, 우리가 알고 있는 백두산과 사뭇 다르다. 또, 압록강의 근원이 과연 산허리의 남변에서 나오고, 백두산에서 시베리아로 흐르는 토문강의 근원이 백두산 동변의 가장 낮은 곳에 한 갈래 물줄기가 동쪽으로 흘렀다고 하니, 조선왕조실록에서 표현된 압록강·두만강은 우리가 알고 있는 압록강·두만강과 현격한 차이가 난다. 한편 목극등이 세운 이 비석은 1931년 만주사변을 계기로 사라져 버렸는데, 다행스런 것은 그 비석의 탁본이 남아 여기저기 돌아다니게 되었다는 것이다. 비석의 제목조차 없는 탁본의 내용은 다음과 같다.

'大淸 烏喇摠官 穆克登 奉旨 査邊至比 審視 西爲鴨綠東爲土門 故於分水嶺 上勒石爲記'(대청 오라총관 목극등이 명을 받들어 변경을 조사하여 이곳에 이르러 살펴보니 서쪽은 압록이요 동쪽은 토문인지라 이에 분수령에 비석을 세워 기록하노라.)

여기서 '서위압록동위토문(西爲鴨綠東爲土門)'이란 문구에서 '爲'는 지세가 어떠하다는 뜻을 가진 동사로 양국 경계점인 분수령의 지세를 묘사하는 서술어이다.

어쨌든 이제 조청 양국의 영토분쟁은 새로운 국면을 맞게 되었다. 이른바 '백두산정계비'로 알려진 '분수령 정계비'의 해석 문제가 새로운 뇌관으로 등장하게 된 것이다.

7. 북경의 인구증가와 남만주의 영토잠식

서기 1722년 북경에서는 강희제가 죽고 그의 넷째 아들 윤진이 왕위에 오르게 되니, 그가 바로 옹정제이다. 한편, 조선에서는 1720년 숙종이 죽고 희빈 장씨의 소생 경종이 왕위에 올랐다가 몇 년 재위하지 못한 채 사망하고, 이어 숙빈 최씨의 소생이 왕위에 오르게 되니 그가 바로 영조이다.

이 무렵에는 조선과 청의 경계가 불명확한 가운데, 양국 모두 인구가 크게 증가하게 된다. 특히 북경의 인구증가는 가히 폭발적이어서 산해관을 넘어 들어가 남만주에서 경작을 하는 유민들의 수가 150만에 이르렀다.[74] 그러자 이 무렵 청나라는 노골적으로 우리 영토를 잠식해 들어왔다. 주은래가 '만주족이 일어나 청나라를 세우고 북경으로 이주한 이후 한족(漢族) 또한 일부가 동북지역으로 옮겨 거주하게 되었으며 청나라는 조선인들을 계속 동쪽으로 밀어냈고 결국 압록강·도문강 동쪽까지 밀리게 되었다.'고 한 것은 바로 이를 두고 한 말이다.

〈청 왕실 계보〉

世數	본명	왕호 묘호	재위기간
4	애신각라 愛新覺羅 현엽 玄燁	성조 聖祖 강희제 康熙帝	1661 ~ 1722
5	애신각라 愛新覺羅 윤진 胤禛	세종 世宗 옹정제 雍正帝	1722 ~ 1735
6	애신각라 愛新覺羅 홍력 弘曆	고종 高宗 건륭제 乾隆帝	1735 ~ 1795

---

74) 출처: 동북아역사재단, '이민과 개발'.

우리 측 기록에도 보면, 특히 봉천장군 나소도(那蘇圖)가 옹정제에게 조청 경계인 망우초에 수군을 설치하여 방비할 것을 상소하자 옹정제가 수로를 핑계로 영조에게 자문을 구하였다고 한다. 이에 영조대왕은 청나라에서 망우초 지방에 수로를 개설하는 문제를 논의에 붙였다(1731. 6. 20). 영조실록 29권, 영조 7년 6월 20일 신해 5번째 기사를 보자.

이때에 청나라 예부에서 망우초(莽牛哨) 지방에 수로를 설치하여 가을에 물이 범람하는 것을 방어하는 일로 우리나라에 자문을 구해왔다. 망우초는 바로 봉황성(鳳凰城) 근처의 초하(草河)와 애하(靉河)가 합해 감돌아서 들어오는 곳인데 경계가 우리나라와 서로 접해 있으니, 북자(北咨)의 뜻은 땅을 개척하는 데 있었다. 임금이 여러 신하들에게 물으니, 좌의정 조문명이 말했다.

"순치제 때부터 책문(柵門) 밖 1백여 리의 땅을 버려두고 피차 서로 접하지 못하게 했으니, 그 뜻이 심원했던 것입니다. 또 우리나라는 변방 백성들이 근래 매우 간악하여 경계를 넘어 이거(移居)하는 자가 있으니 마침내 반드시 대국에 죄를 얻을 염려가 있습니다. 이런 뜻으로 자문하여 국경을 막는 것이 옳습니다."

하니, 영조대왕이 관각(館閣)으로 하여금 회자(回咨)를 지어 날짜를 정하여 출발해 보내도록 하였다.

위 자료를 보면, 산해관 내의 폭발적인 인구증가로 유민들이 대거 봉천지역으로 밀려들자 청나라가 유민의 증가를 빌미로 망우초 일대까지 수로를 설치할 수 있도록 해달라고 정부에 부탁을 해왔으며, 조선 정부에서는 이를 동맹의 입장에서 우호적으로 처리하고 있음을 알

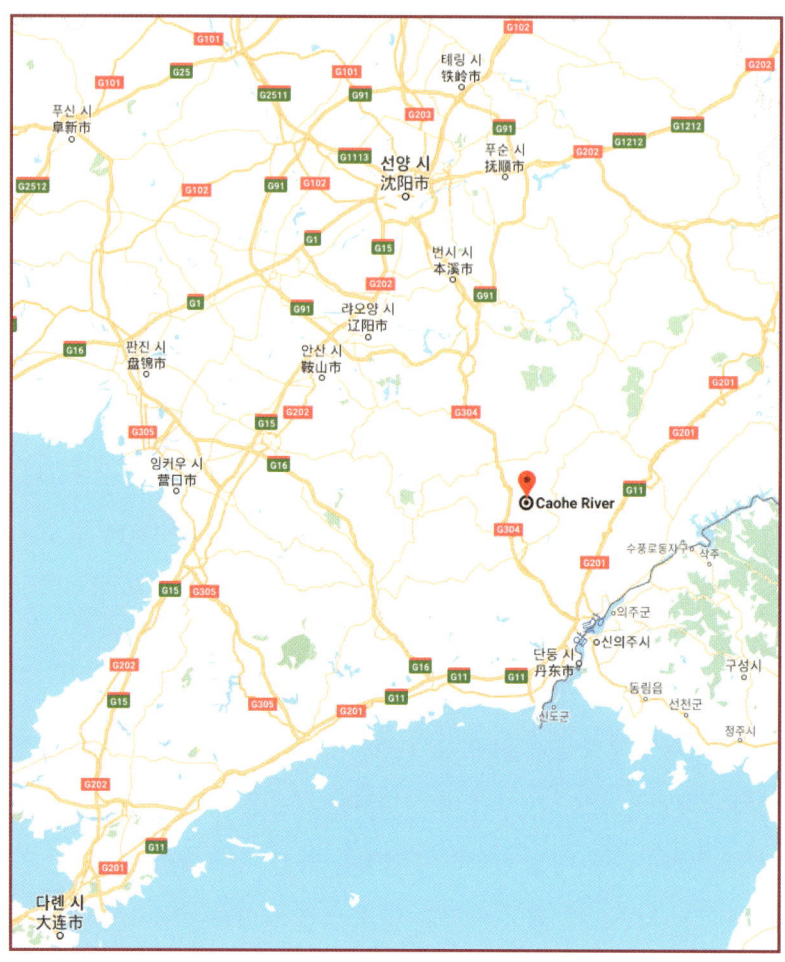

▶ 애하

수 있다. 또, 위 기록에서 '순치제 때부터 책문(柵門) 밖 1백여 리의 땅을 버려두고 피차 서로 접하지 못하게 했다'는 부분을 보면 조청 양국 사이에 국경을 표시하는 무슨 목책 같은 것이 있었음을 알 수 있는데, 이것은 바로 버드나무 방책을 말하는 것으로 보인다.

그 후에도 청나라는 망우초 지방에 대한 분쟁을 끊임없이 일으켰는데, 심지어 둔전을 설치하겠다고 조선에 알려왔다. 조선왕조실록에는 영조대왕이 이 문제를 신하들과 상의한 기록을 볼 수 있다(1747년 11월 25일). 영조 23년 11월 25일 신해 1번째 기사를 살펴보자.

대신이 비국 당상을 이끌고 대면을 청하니, 임금이 인견(引見)하였다. 대개 의주 부윤 정하언의 장계에, '심양 장수가 망우초에 둔전을 설치할 뜻이 있습니다.'라고 한 때문이었다. 좌의정 조현명이 말하기를,
"이는 실로 그들이 변방을 편안히 하려는 큰 책략입니다. 들건대 유민이 전에는 거의 30만에 가까웠는데 지금은 다섯 갑절이 되므로 이익이 생길 만한 길을 열어서 안집(安集)할 땅으로 삼으려고 하는 것이니, 과연 이와 같다면 앞으로의 염려가 끝이 없습니다."
하고, 영의정 김재로는 말하기를,
"퇴책(退柵)하는 일이 가장 민망스럽습니다."
하니, 임금이 말하기를,
"저들이 만약 둔전을 설치한다면 방비의 방도는 마땅히 착실하게 처리해야 할 것이나, 둔전을 설치하는 일에 이르러서는 심양 장수가 하는 짓이 지극히 음흉하다. 사신이 보고하면 탐지할 수 있겠으나, 만약 청을 들어주지 않는다면, 어찌 연산(燕山)에 뼈를 묻을 수 있으리요? 저들의 탐욕스러운 풍조가 크게 떨치고 있으니 지금 비록 뇌물을 보내 임시로 해결하더라도 뒤에 가서 반드시 지탱하기 어렵게 될 것이다."
하고, 조현명이 말하기를,
"만약 우리가 국경을 후퇴하고 그들이 그곳에 둔전을 설치하면, 목축지와 농경지가 서로 접하게 되어 필시 분쟁이 발생할 가능성이 더 큽니다. 그런데 이는 오히려 작은 것이고 유민이 만약 가까이 있으면

실제로 국가의 안위에 관계되는 것입니다."

하니, 임금이 말하기를,

"사신이 힘써 다투면 될 것이다."

하였는데, 사직 김시형이 말하기를,

"그 설둔하는 곳은 압강(鴨江)과 지척(咫尺)입니다. 농경지가 연결되면 남녀가 반드시 무상으로 왕래할 것입니다. 이와 같은데도 폐해가 없을 수 있겠습니까?"

하고, 사직 조관은 말하기를,

"그 지대는 토지가 비옥하므로 반드시 개간하고자 할 것이니, 우리에게는 반드시 싸워야 하는 땅이 됩니다. 또 들건대 심양 장수는 탐학(貪虐)하여 눌친(訥親)의 족속 3, 4인과 함께 한패가 되었다고 합니다."

하고, 호조 판서 김약로는 말하기를,

"만약 뇌물을 보내어 정지할 것을 청하면 뒤의 폐해가 끝이 없을 것이니, 옳지 않을 듯합니다."

하니, 임금이 말하기를,

"그렇다. 끝내는 반드시 조선이 기울어지는 데에 이르러 뇌물을 보내는 것도 그 역시 어렵다. 뇌물 보내는 것을 일절 엄히 금하는 것이 옳겠다." 하였다.

결국 강희제 이후 인구증가로 한족들이 산해관을 넘어가는 일들이 잦아지면서 노변이 동남으로 꺾어져서 홍경에 이르고 다시 서남방향으로 내려가는 경계에 따라 강희제가 세운 목책이 조선과 청의 국경선처럼 여겨지기 시작하였는데, 옹정제에 이르러 다시 국경을 파고 들어와 둔전을 설치하겠다는 요구를 해오고 있었던 것이다.

그리고 그 중심에 연산(燕山)이 있었다.

▶ 연산관

8. 봉천의 인구증가 봉금정책의 와해

 1735년 옹정제가 급사하자 그의 넷째 아들 건륭제가 왕위에 올랐다. 이 무렵에는 봉천 일대의 인구가 크게 증가하였으니, 당시 봉천으로 유입된 인구만도 4만여 명이나 되었다고 한다.75) 이에 건륭제76)는 봉천 일대를 중심으로 전면적 봉금정책을 시행하였다.

 1740년(건륭 5) 4월, 건륭제는 "성경은 만주의 근본의 땅이라 매우 중요한데, 지금은 외지로부터 많은 민인들이 모여들어 토지를 점유하고 경작을 하고 있다. 성경지역은 양식이 풍족하여 반드시 민인의 경작에 의지하여 먹을 필요는 없는데, 쓸데없이 민인에게 경작케 하느니, 차라리 기인에게 경작케 하는 것이 낫지 않겠는가? 설령 기인이 경작을 하지 않더라도 그 땅을 공터로 두고 훈련장이나 사냥터로 써도 괜찮지 않겠는가? 그대는 그곳에 가서 액이도와 자세히 의논하여 보고하도록 하라."라고 하였다. 이에 서혁덕 등은 "봉천지방은 만주의 근본이라 실제로 매우 중요합니다. 당연히 (이들 민인들을) 깨끗이 추방하고 군중의 잡거를 허용하지 않으며, 지역의 이익을 기인에게 귀속시켜야 합니다. 그렇지만 이렇게 모여 산지가 이미 오래되어 각기 자신들의 재산을 소유하고 있어서 모두 쫓아내는 것은 쉽지 않을 것이므로 반드시 천천히 처리해야 할 것 같습니다. 엄격하게 금지하면 수년 후에는 모여드는 사람들이 점차 줄어들어 만주는 곧 옛 모습을 회복 할 것입니다"라고 보고하였다.77)

---

75) 출처: 동북아역사재단, '이민과 개발'.
76) 건륭제: 1735~1795.
77) 출처: 동북아역사재단, '이민과 개발'.

청 정부는 봉금령을 내림과 동시에 같은 해에 봉천지역의 미입적자들에게 6개월의 기간을 주고 원적지로 돌아갈 것을 명하였다. 이에 봉천부윤은 "오랫동안 이곳에 거주한 사람들을 6개월 내에 이주시키는 것이 실질적으로 매우 어렵다"고 보고하여, 건륭제는 그 기한을 10년으로 연장하여주었다. 그러나 5년이 지난 1746년(건륭 11)의 상황을 보면, 유민이 입적하거나 원적지로 되돌아간 경우는 드물었다. 한편 봉금정책이 시행된 지 10년이 지난 1750(건륭 15)에는 원적지로 돌아가야 하는 기한 10년이 되었는데도, 여전히 입적도 피하면서 원적지로 돌아가지도 않은 수많은 유민들이 있었다. 그래서 건륭제는 또다시 양보하여 10년의 기간을 연장해주며, 그 기간 내에도 입적하지 않고 원적지로 돌아가지도 않는 자는 엄히 다스리도록 명하였다.[78]

그러나 18세기 중반 이후 산해관 내의 인구의 증가율이 가경지 증가율을 초월하면서 관내로부터 밀려드는 유민을 봉금령을 통해 제어하기는 사실상 어려웠다. 결국 시간이 흐르면서 봉금령은 사실상 와해되어 갔다.

(그 결과) 1746년(건륭 11)에는 4만 여 명이, 1792년(건륭 57)에는 북경 일대의 재해로 인하여 성경 지역으로 수십만 명이 유입되었다는 기록이 있으며, 또 1747년(건륭 12) 요동을 방문한 조선의 한 관원은 "관내에서 온 유민이 이전에는 20만 명이었는데, 지금은 30만 명이라는 얘기를 들었다"는 기록을 남기기도 하였다.[79]

이 당시 모습을 한번 우리 기록을 통해 살펴보자. 정조는 부사 정원

---

78) 출처: 동북아역사재단, '이민과 개발'.
79) 출처: 동북아역사재단, '이민과 개발'.

시를 청나라에 파견하였는데 청나라 갔다가 돌아온 부사 정원시가 청국 사정을 아뢴다(1780년 11월 27일). 건륭제 재위 45년의 일이다. 정조실록 10권, 정조 4년 11월 27일 신축 1번째 기사의 내용은 다음과 같다.

임금이 말하기를,
"요사이는 호족(胡族)과 한족(漢族)이 혼인한다고 하는데, 그러하던가?"
하니, 정원시가 말하기를,
"건륭 초기까지도 한족은 한족끼리, 호족은 호족끼리 혼인하였으며, 한인은 청관(淸官)을 주로 하고 호인은 권직(權職)을 주로 하는 등 각자 끼리끼리 모여 서로 종자를 바꾸지 않았습니다. 그런데 근래부터 비로소 혼인의 길을 열어 호족과 한족이 구별이 없게 되자, 호족의 종자가 비로소 천하에 가득 찼습니다. 조정에는 호족이 많고 한족이 적어서 호족이 주인이 되어 있고 한족은 객이 되어 있습니다."
하였다.

위에서 소개한 조선왕조실록의 기록을 살펴보면 과연 18세기 말 북경의 인구가 폭발적으로 증가하였음을 알 수 있다. 또 이로 인하여 호족과 한족이 구별이 없게 되고, 호족의 종자가 비로소 천하에 가득 찼다는 것이니 인구증가가 북경 지역의 사회구조에 미친 영향 역시 미루어 짐작할 수 있다.

그러나 봉천지역의 인구 구성 대부분이 모두 북경의 폭발적인 인구증가로 인해 한족 유민들로 이루어진 것인지에 대하여는 의문이 있다.
청 정부는 1781년(건륭 46)에 전부(토지세)를 늘려서 유민의 토지점유를 줄여보려는 정책을 시행하기도 하였으나 효과를 거두지 못하였다.80) 그리하여 1800년경 가경제 때에 이르면 심양(봉천)을 중심으로 도시가 형성되고 있었다.

〈청 왕실 계보〉

世數	본명	왕호 묘호	재위기간
6	애신각라 愛新覺羅 홍력 弘曆	고종 高宗 건륭제 乾隆帝	1735 ~ 1795
7	애신각라 愛新覺羅 옹염 顒琰	인종 仁宗 가경제 嘉慶帝	1795 ~ 1820
8	애신각라 愛新覺羅 민녕 旻寧	선종 宣宗 도광제 道光帝	1820 ~ 1850

당시 봉천지역의 모습은 이 일대를 지나간 조선 사신의 다음의 서술을 통해 알 수 있다.81)

봉황성에서 요동에 이르기까지 비록 깊은 협곡이 계속되었지만, 곳곳에 인가가 있고, 곳곳에 산전(山田)이 있어서 사람은 많으나 땅이 적은 것을 볼 수 있구나. 또 요양에서 경사까지 광야의 수천 리 사이에 밥 짓는 연기가 계속되고, 닭과 개 소리가 들리는구나. 백보마다 촌 하나가 있고, 몇 리마다에 장(莊)이 있는데, 많으면 50~60호 적어도 10~20호가 있다. 좀 큰 도회지는 도로가 교차하고 성의 둘레는 4~5리가 되어 인구가 많아서 지금처럼 번성한 적이 없다고 한다.82)

---

80) 출처: 동북아역사재단, '이민과 개발'.
81) 출처: 동북아역사재단, '이민과 개발'.
82) 출처: 동북아역사재단, '이민과 개발'.

이처럼 청 왕조가 시행한 봉금정책의 실패로 인하여 한족들이 대거 유입됨으로써 봉천지역의 인구가 크게 증가한 것은 사실로 보이지만, 그렇다고 하여 당시 이 지역 인구 구성이 한족이 절대 다수를 차지하였을 것이라고 단정하는 것은 무리가 있다. 주은래 역시 '조선족이 … 요하·송화강 유역에서 오랫동안 살았다는 것이 증명된다.'고 하지 않았던가?

저간의 사정을 살펴보아도, 과거 반우파투쟁과 문화대혁명을 거치며 한족화를 강요당하고 한족 이주정책이 본격적으로 시행된 이후에도 여전히 수백만의 조선족들이 만주 일대에서 조선인으로서 문화적 정체성을 유지하면서 살고 있었고, 심지어 최근까지도 조선족이 동북 3성 인구의 상당수를 차지하고 있었다. 이러한 사정을 감안하면 이 당시 봉천지역의 인구구성 역시 청나라가 성립하기 전부터 대대로 거주하여 왔거나 또는 한반도로부터 이주한 조선족이 상당수였을 것으로 넉넉히 짐작할 수 있다.

어쨌든 산해관을 넘어온 유민이 봉천 일대로 유입된 것은 사실이며 그 유입 인구의 다수는 한족이었을 것이라는 사실은 기록을 통해 알 수 있다.

그런데 청나라는 이러한 유민 유입을 계기로 야금야금 우리 영토를 잠식하기 시작하였고, 이로 인하여 19세기 후반에 이르면 조청양국 사이에 본격적인 영토분쟁이 발생하게 된다는 점은 틀림없는 역사적 사실이다.

9. 조청국경분쟁의 촉발

19세기에 접어들면서 영국, 프랑스 등 세계열강들이 아시아로 밀려 들어왔다. 당시까지만 해도 애신각라 왕조는 세계 제일의 경제대국이 었으나, 광동을 개항한 이후 함풍제에 이르러 아편전쟁과 애로우호 전쟁에서 잇달아 무너지면서 남경과 북경에서 연이어 굴욕적인 서명을 해야 했다.

〈청 왕실 계보〉

世數	본명	왕호 묘호	재위기간
9	애신각라 愛新覺羅 혁저 奕詝	문종 文宗 함풍제 咸豊帝	1850 ~ 1861
10	애신각라 愛新覺羅 재순 載淳	목종 穆宗 동치제 同治帝	1861 ~ 1875
11	애신각라 愛新覺羅 재첨 載湉	덕종 德宗 광서제 光緖帝	1875 ~ 1908
12	애신각라 愛新覺羅 부의 溥儀	공종 恭宗 선통제 宣統帝	1908 ~ 1912

청나라의 굴욕은 조선의 조야에도 적지 않은 충격을 주었다. 이 무렵 조선의 상황을 살펴보자. 서기 1800년 정조의 갑작스런 죽음 이후 조선은 아무런 준비 없이 험악한 19세기를 맞아야 했다. 일부 세도가들에 의해 중앙정치가 혼란해지고 삼정의 문란으로 백성들의 삶은 벼랑 끝으로 내몰렸다. 들끓는 민심은 19세기 중반을 거치면서 진주에서 폭발하였고, 이후 봉건시대의 청산을 요구하는 시위가 삼남 일대를 휩쓸었다. 이러한 엄중한 시기에 조선에서는 서기 1863년 흥선군 이하응

의 둘째 아들이 12세의 나이로 조선의 제26대 임금으로 등극을 하면서 흥선군이 미성년자 아들의 법정대리인 자격으로 권력을 잡았다. 그는 삼정의 문란을 해결하면서 민심을 수습했다. 조선은 이렇게 응집된 힘으로 강토를 침절한 프랑스군과 미군을 차례로 격파하는 기염을 토했다. 그러나 권불십년이라고 했던가? 집권 10년 차가 지나면서 아들의 나이가 성년을 훌쩍 넘어 버리자 궐내 대원군의 자리가 궁색해졌다. 이때 최익현이 이를 지적하는 상소를 올리자, 아버지는 아들의 의례적인 만류를 뿌리치고 운현궁으로 돌아가야 했다.

한편, 일본은 1854년 메이지 유신을 통하여 서양 오랑캐로 변신하고 있었고, 청나라 역시 이홍장을 앞세워 군함과 대포를 만들며 서양 오랑캐 흉내를 내기 시작했다. 얼마 후 일본은 오키나와를 점령한 뒤 조선을 정벌하자며 떠벌리고 있었고, 청나라는 적극적인 영토정책을 펼쳐 광서제 즉위 연간에는 봉금정책을 폐지하고(1875년) 심양을 중심으로 남만주를 잠식하였고, 아울러 북만주 일대에 대한 야욕을 숨기지 아니하였다.

1876년 마침내 일본이 강화도를 침범하여 함포사격을 해대자, 이에 놀란 민씨정권이 부랴부랴 개방에 나섰다. 그러나 그들의 개방정책은 고작해야 청나라의 양무운동을 모방하거나 신식군대를 만들어 신식제복을 입히는 정도에 불과했다. 정무에 미숙한 이들이 잡다한 신문물을 급하게 구매하는데 자금이 어디 한두 푼 소요되겠는가? 선혜청 당상 민겸호가 수령의 말단직까지 팔아치우며 거둬들인 비자금이 민비의 치마폭으로 들어갔다.

갑술년(1874년) 이후 大內의 경비가 불법으로 지출되고 호조와 선혜청의 창고도 고갈되어 서울의 관리들은 봉급이 지급되지 않았으며, 5

영의 병사들도 종종 결식을 하여 급기야 5영을 2영으로 줄이고 그중에서도 노병과 약졸들을 도태하였다.83) 민씨정권이 이처럼 조선의 국방력을 무력화시키고 백성을 도탄에 빠뜨리는데 10년이 채 걸리지 않았다.

결국 보다 못한 민중들이 들고 일어났다. 선두에 선 이들은 왕십리 일대에 살던 구식군인들이었다. 이들은 나라를 혼란에 빠뜨린 주범 민비를 찾아 동대문을 돌파하여 경복궁을 향했다. 길가의 백성들이 대원군을 연호하며 가담하기 시작하며 군중은 마침내 대궐을 범했다. 결국 대원군이 다시 경복궁으로 돌아와 성난 민심을 도닥였다. 그러나 천신만고 끝에 장호원으로 달아난 민비의 구원요청에 제 앞가림하기도 바쁜 청나라가 생뚱맞은 파병으로 화답했다. 1882년 7월 오장경이 이끄는 3,000명의 청나라 군대가 화성 마산포에 상륙했다. 한성에 입성하여 대원군을 찾아간 오장경은 국부에 대한 예를 깍듯하게 갖추며 답방을 애걸했다. 이에 속아 청군 진영을 찾은 대원군은 천진으로 납치당했다.

청나라는 국부를 볼모로 용산에 군대를 주둔시키고 내정을 간섭하면서 나아가 만주 일대에 거주하는 조선인들에게 세금을 부과하고 호적정리를 시행하는 것은 물론 귀화를 강요하는 등 본격적으로 만주침탈에 나섰다. 그러나 임금의 생부를 유인, 납치하여 인질로 잡고 온갖 양아치 짓을 일삼는 중국에 비하면 차라리 아편을 압수를 당하자 자유무역 운운하며 전쟁을 일으킨 영국은 신사의 나라였다. 국내외 여론이 청나라에 대하여 싸늘하게 얼어붙었다.

조선정부 역시 청나라의 예상과는 달리 영토문제에 강하게 대처했다. 고종은 서북경략사 어윤중·김윤식을 보내 분수령(分水嶺) 위의 정

---

83) 출처: 매천야록.

계석(定界石)을 조사하게 하고 청나라가 북해(北海)의 북쪽과 토문강(土門江)의 남쪽 사이의 북간도를 침탈하는 것에 대하여 엄중 경고하였다 (1883년). 청나라는 대원군을 볼모로 잡고 있는 것이 결코 득이 되지 않는다는 사실을 깨달아야 했다.

한편, 고종실록 21권, 고종 21년 1884년 6월 17일 기축 5번째 기사에는 지현룡이 고종에게 올린 상소의 내용이 다음과 같이 소개되어 있다.

신은 함경도 변경에서 나서 자랐으니, 함경도에서 보고 들은 것을 말하려고 합니다.

두만강 북쪽과 백두산 아래의 분수령(分水嶺)을 기준으로 동쪽, 남쪽, 서쪽으로 1,000여 리 둘레의 비옥한 땅은 바로 선덕(宣德) 연간에 절제사 김종서가 강토를 개척하여 목책을 세운 지대이며, 지금 경원부(慶源府) 동북쪽 700리와 선춘령(先春嶺) 이남의 2,000여 리 둘레의 땅은 바로 고려 때 시중 윤관이 고을을 설치하고 성을 쌓은 지대입니다.

강희 계미년(1703년)에 오라 총관 목극등이 칙지를 받들어 변방을 조사할 때에 돌을 캐어 비석을 세워 '서쪽은 압록이요 동쪽은 토문이다.'라고 기록하였습니다. 이에 이것은 실제로 중국에서 경계를 정해서 땅을 갈라놓은 것인데 까닭 없이 그 땅을 중국에 돌려준 것은 본디 예가 아닙니다. 삼가 바라건대, 중국에 자문(咨文)으로 진달하여 기어코 얻어냄으로써 영토를 넓히기 바랍니다.

요컨대, 백두산이 두만강의 북쪽에 있고, 그 사이에는 길이가 1천여 리에 달하는 비옥한 땅이 있는데, 그곳은 김종서가 개척한 우리 땅이라는 것이다.

10. 조청 감계회담

　대원군이 천진에서 유배생활을 하고 있을 무렵 국내 사정을 보면, 김홍집, 김윤식, 어윤중 등 민씨정권에서 요직을 독차지하고 있던 친청파가 청과의 사대관계를 유지하면서 '구본신참'의 원칙아래 점진적인 개혁을 추진하고자 하고 있었다. 이때 '문명개화론'의 영향을 받은 김옥균, 박영효, 홍영식, 서광범 등 친일파들은 정부의 개화정책의 속도가 불만을 품고 청의 간섭에서 벗어나 근본적으로 변화할 것을 요구했다. 그러나 김옥균 등은 일본으로부터 차관을 도입하여 개혁에 소요되는 자금을 충당하려는 얼빠진 생각을 가지고 일본의 술책에 놀아나고 있었다.

　양측의 갈등이 고조되는 가운데 청나라는 또 주제넘게도 베트남을 두고 프랑스와 영토분쟁을 벌여 조선주둔군의 절반을 파병했다. 일본은 이 기회를 놓치지 말고 청나라의 지배에서 벗어나라며 김옥균 등을 꼬드겼다. 그들은 일본의 군사적 지원 약속을 내세우며 고종의 은밀한 승인을 받아냈다. 마침내 친일파들은 우정국 축하연회를 이용하여 변란을 일으키고, 민태호와 조영하 등 민씨정권의 수족들을 닥치는 대로 죽여 정권을 찬탈했다(1884. 12. 4). 그러나 약속과는 달리 일본군이 증파되지 아니한 탓에, 청군의 반격으로 갑신정권은 속절없이 무너졌다. 이 일로 일본 공사관이 불타고 일본공사가 본국으로 철수해 버리면서 국제사회에서 청나라는 다시 한 번 주권국가의 내정을 무력으로 침탈한 무도한 나라가 되었고, 그 결과 국내외 압력을 받아 군대를 철수해야 했다.

　그나마 청나라의 입장에서 다행한 것은 천진에서 일본과 합의를 이

룸으로써 여전히 조선에 대한 소위 종주권을 확인받고 만주에 대한 주장을 이어갈 수 있었다는 것이다. 그리하여 청나라는 원세개를 총리교섭통상사의로 임명하여 조선에 파견하였고, 그들의 경내에 들어온 조선인 유민들을 청나라 국적에 편입시키겠다는 뜻을 조선에 통보했다.

그러나 고종은 '조선총독' 원세개의 내정간섭이 극심한 가운데에서도 영토문제에 강경 대응하여 1885년과 1887년 두 차례에 걸쳐 이중하를 토문감계사로 파견하여 정계석의 토문(土門)을 감계하고, 청나라의 영토침탈에 단호한 입장을 취했다. 조선왕조실록 1885년 7월 30일 기사를 보자.84)

내무부에서 아뢰기를,

"토문(土們) 땅의 국경 때문에 중국에서 앞으로 관원을 파견한다고 하니 우리나라에서 먼저 관원을 차임(差任)하여 맞이해야 합니다. 안변부사 이중하를 토문감계사로 차하(差下)하고, 교섭아문 주사 조창식을 토문감계종사관으로 차하하여 빨리 내려 보내게 하여 양쪽의 관원들이 모여서 상의하여 합당하게 처리하도록 하는 것이 어떻겠습니까?"

하니, 윤허하였다.

이어 조선왕조실록 1887년 3월 4일 기사를 보자.85)

---

84) 출처: 조선왕조실록, 고종실록 22년 7월 30일.
85) 初四日。德源府使李重夏疏略: "臣於再昨冬, 猥承土門勘界之命, 與華員秦瑛等, 窮躋白山之巓, 遍勘豆江之源, 閱月論卞, 終未妥結, 馳啓待罪, 卽伏承再勘之命, 往役義重, 當促裝登途。竊伏念有國之事, 疆界最重。歷稽我世宗朝曁肅宗朝, 經理北界也, 于時則重臣, 道臣, 咸住邊上, 君臣上下, 辛苦籌劃, 久而後始得竣完。今臣學疎, 識淺, 階卑, 人微。而遽擔重任, 寧不疎虞乎? 脫有錯誤, 誅亦奚補? 今日勘界, 非往昔之可比, 職不過申明舊址, 安挿流民而已。然以言乎舊址, 則水源不一, 木柵盡朽, 指點之論, 不合於舊獻, 妥勘之方, 難處於今日。以言乎流

덕원 부사 이중하가 올린 상소를 올리니, 그 대략은 다음과 같다.

"신이 재작년 겨울에 분에 넘치게도 토문(土門)을 감계하라는 명을 받고, 중국 관원 진영 등과 함께 백산(白山) 꼭대기에 올라가 두강(豆江)의 수원을 두루 답사한 다음 달포나 논쟁했으나 끝내 결말을 보지 못하여 이를 보고한 뒤, 벌을 기다리고 있었는데, 곧 다시 조사하도록 명을 받았습니다. 맡은 일이 중대한 만큼 응당 재촉해서 행장을 꾸려 길을 떠나야 하지만, 가만히 생각해 보건대, 나라의 일 가운데서도 국경에 관한 문제는 가장 중요한 것입니다. 우리 세종 때와 숙종 때 북쪽의 경계 문제를 처리한 것을 두루 상고하여 보니, 그때에는 중신(重臣)과 도신(道臣)이 함께 변경에 머물렀으며 임금과 신하, 상하 모두가 오랫동안 고생하며 주획(籌劃)한 뒤에야 비로소 일을 마칠 수 있었습니다.

지금 신으로 말하면 배운 것이 없고 식견이 얕으며 품계가 낮고 사람이 보잘 것 없습니다. 그런데 갑자기 중임을 맡았으니 어찌 소홀하여 실수를 하지 않겠습니까? 만일 착오가 있게 되면 주륙한들 무슨 소용이 있겠습니까?

오늘날 경계를 확인하는 일은 지난 시기에 비할 것이 못 됩니다. 옛날의 경계를 다시 밝히고 유민들을 찾아다 안착시키는 데 지나지 않습니다. 그러나 옛터를 말하자면 수원(水源)이 일치하지 않고 목책(木柵)도 다 썩어서 경계를 논하는 것이 옛 문헌과 맞지 않기 때문에 옳게 감계하기가 오늘날에는 난처합니다. 유민에 대해 말하자면, 강에 대한 단속이 오랫동안 해이해져 넘어간 사람들이 아주 많은데 쇄환할 길이

民, 則江禁久弛, 過者甚衆, 旣無以刷還, 又不忍拋棄. 而向來北咨, 將有收入版籍之意, 此又難便. 此是疆土、人民, 關係甚重, 宜令廟堂, 爛加會議, 舊址則攷證圖誌, 流民則量度事宜, 標劃之從某至某, 安插之此地彼地, 十分商確, 再行酌奪. 更差可堪人, 申明知委, 則國體鄭重, 事理妥當." 批曰: "事係審愼, 至有再勘之擧, 爾其勿辭, 卽往辦事."

없으며 그렇다고 포기할 수도 없습니다.

전번에 청나라에서 온 자문(咨文)에 저들의 국적에 편입시키겠다는 뜻을 보였지만, 이 역시 쉬운 일이 아닙니다. 이것은 강토와 백성들에게 관계되는 매우 중요한 문제로, 묘당86)에서 충분히 의논하도록 해야 하니, 옛터는 지도를 고증하고 유민들은 사리를 잘 헤아려, 어디서부터 어디까지인지를 표획하고, 이 곳 저 곳 편입할 것을 충분히 토의하고 확정하여 다시 그러한 행위를 못하게 해야 할 것입니다.

감당할 만한 사람을 새로 차하(差下)하여 다시 분명히 통지하면 나라의 체면도 정중하게 되고 사리에도 합당하게 될 것입니다."

이에 고종이 다음과 같이 비답하였다.

"신중하게 조사해야 할 일이기 때문에 다시 획정하도록 한 것이니 너는 사양하지 말고 곧 가서 일을 처리하라."

위 글을 살펴보면 먼저 1885년 감계회담 때 이중하가 중국 관원 진영 등과 함께 백산(白山) 꼭대기에 올라가 두강(豆江)의 수원을 두루 답사한 다음 달포나 논쟁했으나 서로 국경을 정하지 못하고 있었다는 사실을 알 수 있다. 여기서 백산이 백두산이고 두강이 두만강이라는 단정을 하기 힘들다. 이는 이로부터 2년 후인 1887년 감계회담 기록을 살펴보면 명확해 진다.

1887년 감계회담의 감계사 책봉을 받은 이중하는 조선인 유민들을 청나라 국적에 편입시키겠다는 청나라의 통보에 대해 '경계를 잘 확정하여 해결할 문제'라고 하면서 우리 국경에 대하여 언급하고 있다. 그

---

86) 묘당(廟堂): 의정부의 별칭.

의 글을 자세히 보면, 조청국경 사이에 목책이 있다는 사실을 알 수 있다. 이러한 사실로 미루어 볼 때, 조청국경은 우리가 알고 있는 압록강 두만강 라인이 아님은 분명하다.

나아가 이중하는 청나라의 통보는 '강토와 백성들에게 관계되는 매우 중요한 문제로, 묘당(廟堂) 즉 의정부에서 충분히 의논하도록 해야 한다'면서, '옛터는 지도를 고증하고 유민들은 사리를 잘 헤아려, 어디서부터 어디까지인지를 표획하고, 이 곳 저 곳 편입할 것을 충분히 토의하고 확정하여 다시 그러한 행위를 못하게 해야 한다'는 입장을 밝혔다.

이러한 과정을 거쳐 앞서 설명한 바와 같이 대한제국은 강력한 영토정책을 펼쳐 만주일대에 대하여 영유권을 주장하였던 것이다.

제6부
명의 건주위와 만주의 실효적 지배

이성계 조상의 무덤은 만주에 있었다.
이성계가 직접 만주 동북면으로 거둥하여
조상의 묘를 참배할 때면, 강(江) 밖에 사는
야인들이 앞을 다투어 와서 뵈었으며,
길이 멀어서 뵙지 못한 자들은
모두 눈물을 흘리고 돌아갔다.

명의 건주위와 만주의 실효적 지배

1. 육룡이 동북면(공주)에서 나르샤

청나라가 만주에서 일어나 오늘날 중국 본토를 석권했던 까닭에 당시 조청의 국경에 상당한 논란이 있었으나, 그 이전 시기 조선과 명의 국경의 상황은 사뭇 달랐다. 남경에서 북경으로 겨우 올라온 명나라의 영토라고 해봐야 장성 이남이었을 것이니, 당시 양국의 경계로 오늘날의 압록강 두만강을 들먹인다면 이는 어이없는 일이다. 조명 양국의 국경문제는 고려 말 철령위 사건에서 비롯되었는데, 여기에 대한 자세한 논의는 일단 뒤로 미루고, 여기서는 일단 조선을 창업한 태조 이성계의 가계에 대하여 먼저 살펴보자.

이성계의 집안의 내력은 후일 세종 때 지어진 용비어천가에서 이를 잘 볼 수 있다. 용비어천가 제1장과 제2장을 살펴보자.

해동 육룡이 ᄂᆞᄅᆞ샤 일마다 천복이시니
古聖(고성)이 同符(동부)ᄒ시니
불휘 기픈 남ᄀᆞᆫ ᄇᆞᄅᆞ매 아니뮐씨 곶됴코 여름 하ᄂᆞ니
ᄉᆡ미 기픈 므른 ᄀᆞᄆᆞ래 아니그츨씨 내히 이러 바ᄅᆞ래 가ᄂᆞ니

여기서 조선을 창업한 '해동 육룡'은 이성계와 이방원을 포함하여 이성계의 고조부 이안사, 증조부 이행리, 조부 이춘, 부 이자춘을 가리킨다. 이들은 각각 목조, 익조, 도조, 환조로 추존되었으며, 그들의 묘 역시 덕안릉(德安陵), 지릉(智陵), 의릉(義陵), 정화릉(定和陵)으로 높여 조선왕조가 이어지는 내내 받들어졌다.

국조오례의는 '태조의 무덤인 건원릉(健元陵)은 경기 양주에 있고, 태종의 무덤인 헌릉(獻陵)은 경기 광주에 있다'고 기록하는데, 이는 우리가 지금 알고 있는 바와 차이가 없다. 그런데, 국조오례의는 '덕안릉은 영안도 함흥(咸興)에 있고, 지릉은 영안도 안변(安邊)에 있으며, 의릉과 정화릉은 모두 영안도 함흥(咸興)에 있다.'고 한다. 그렇다면, 이성계 집안은 대대로 오늘날 함경도에 뿌리를 박고 살아왔었단 말인가?

그런데 조선왕조실록을 보면, 이성계의 조상은 일찍이 동북면에 살았으므로, 5대조인 목조 이안사의 분묘는 공주(孔州)에 있고, 고조부 이행리와 조부 이자춘의 분묘는 모두 함주에 있었다는 기록이 한두 군데가 아니다.

다시 용비어천가를 살펴보자. 용비어천가 제3장에는 이성계의 고조부 이안사의 행적을 엿볼 수 있는 대목이 있다.

周國(주국) 大王(대왕)이 豳谷(빈곡)애 사ᄅᆞ샤 帝業(제업)을 여르시니

우리 始祖(시조)ㅣ 慶興(경흥)에 사ᄅᆞ샤 王業(왕업)을 여르시니
狄人(적인)ㅅ 서리예 가샤 狄人(적인)이 ᄀᆞᆯ외어늘 岐山(기산)
올ᄆᆞ샴도 하ᄂᆞᇙᄠᅳ디시니
野人(야인)ㅅ 서리예 가샤 野人(야인)이 ᄀᆞᆯ외어늘 德源(덕원)
올ᄆᆞ샴도 하ᄂᆞᇙᄠᅳ디시니

주나라 시조 고공단보가 빈곡에 살다가 기산으로 옮긴 것처럼, 조선의 시조 이안사도 경흥에 살다가 덕원으로 옮겼다는 것이다. 이안사는 고려 원종이 개경으로 환도한 직후 사망하여, 원래 공주(孔州)에 묻혔었다. 태조실록 1권, 총서 6번째 기사에서 이에 관한 기록을 볼 수 있다. 이를 살펴보자.

지원(至元) 원년(1264) 갑자 5월에 황제의 선명(宣命)을 받아, 그대로 알동(斡東) 천호(千戶)에 충원(充員)되었다. 지원(至元) 11년(1274) 갑술 12월에 훙(薨)하니, 공주(孔州)【곧 경흥부(慶興府)이다.】성(城) 남쪽 5리(里)에 장사하였다.
후일에 함흥부(咸興府)의 의흥부(義興部) 달단동(韃靼洞)에 옮겨 장사하였으니, 곧 덕릉(德陵)이다.

태종실록 20권, 태종 10년 1410년 10월 28일 신유 1번째 기사를 보면 이를 좀 더 상세히 알 수 있다.

덕릉·안릉을 옮기어 함주 달단동 언덕에 합장하였는데, 달달동은 함주 북쪽 50리에 있다. 장사에 회격(灰隔)을 썼는데, 덕릉은 서편에 있

고 안릉은 동편에 있게 하였다. 능(陵)을 8월 경신일(庚申日)에 파묘하여 즉일로 발인해서, 9월에 함주(咸州)에 이르러 빈전(殯殿)에 봉안하였다가, 이때에 이르러 장사지냈다.

이씨 집안의 선산은 원래 공주에 있었는데, 이를 파묘하여 즉시 발인해서 함주로 옮기는데 무려 1개월이 걸렸음을 알 수 있다. 함주를 함경도로 해석하더라도 공주는 만주 일대에 설치된 행정구역으로 해석할 수 있는 대목이다.

이성계 집안은 대대로 몽고의 다루가치(총독)였으며 이는 너무나 잘 알려져 있는 사실이다. 여기서 이성계의 아버지 이자춘에 대하여 말하자면, 그는 여러 부인을 두었는데, 첫 번째 부인 이씨에게서 원계와 천계를 낳은 후, 두 번째 부인 최씨에게서 성계를 낳았다. 그렇다면 이성계는 이자춘의 셋째 아들로 위로 배다른 형이 2명 있었던 것이다. 태조실록 8권, 태조 4년 1395년 12월 14일 계묘 3번째 기사에는 흥미로운 대목이 있다.

영안군(寧安君) 양우(良祐)를 동북면(東北面)에 보내서 모든 능(陵)에 제사를 올리게 하였다.

위 기사는 1395년 12월 14일의 일이니 함주로 이장하기 15년 전의 상황을 기록한 것이다. 여기서 이양우는 이원계의 장남이니 이씨 집안의 장손이다. 이양우는 '공주'로 가서 이안사 등의 제사를 모셨는데, 이 기사에는 '공주' 일대를 '동북면'으로 부르고 있다. 그렇다면 동북면은 만주 일대에 있었음을 넉넉히 짐작할 수 있다.

동북면은 고려시대 지방행정구역 양계의 하나이니, 이 시대 양계는 만주 일대에 있었다는 사실을 알 수 있다.

앞서 설명한 바와 같이 황성신문이 사설을 통해서 간도보호관 이범윤의 파견으로 조선 '성조의 발상지'를 회복하고 정계비의 판도를 완전히 거두어들일 것이라고 기대하면서, 이범윤의 공적은 윤관과 김종서의 위업에 추배할 만하게 될 것이니 힘써달라고 주문하지 않았던가?87)

2. 이성계, 만주를 아우르다

오늘날 우리는 고려 말 이성계가 우왕의 명을 받들어 명나라를 정벌하러 가던 중 돌연 말머리를 돌려 우왕과 최영을 숙청하고 권력을 잡은 뒤 마침내 조선을 창업했다는 것을 잘 알고 있다. 그러나 우리는 태조 이성계가 즉위 직후부터 만주 일대를 경략했다는 사실을 잘 알지 못한다.

당시 동북면은 원래 왕업을 처음으로 일으킨 땅으로서 이성계의 고향이니만큼 이성계를 지근거리에서 호위하는 무사들 역시 이곳 출신이었다. 특히 이씨 성을 하사받은 퉁지란은 이성계와 호형호제하는 사이로, 언제나 활과 칼을 차고 자택까지 들어와서 이성계를 지켰으며, 동정서벌(東征西伐)할 때에도 따라가지 않은 적이 없었다.

당시 여진의 형세를 보면, 여진은 알타리 두만(斡朶里豆漫) 협온 맹

---

87) 황성신문, 1903.7.17, 2면, 별보 北道邊界墾島에 關ᄒ 意見書 (續), wikipedia.

가첩목아(夾溫猛哥帖木兒)·화아아 두만(火兒阿豆漫) 고론 아합출(古論阿哈出)·탁온 두만(托溫豆漫) 고복아알(高卜兒閼)·합란 도다루가치(哈闌都達魯花赤) 해탄가랑합(奚灘訶郎哈)·삼산 맹안(參散猛安) 고론두란첩목아(古論豆闌帖木兒)·이란 두만 맹안(移闌豆漫猛安) 보역막올아주(甫亦莫兀兒住)·해양 맹안(海洋猛安) 괄아아화실첩목아(括兒牙火失帖木兒)·아도가 맹안(阿都哥猛安) 오둔완자(奧屯完者)·실안춘 맹안(實眼春猛安) 해탄탑사(奚灘塔斯)·갑주 맹안(甲州猛安) 운강괄(雲剛括)·홍긍 맹안(洪肯猛安) 괄아아올난(括兒牙兀難)·해통 맹안(海通猛安) 주호귀동(朱胡貴洞)·독로올 맹안(禿魯兀猛安) 협온불화(夾溫不花)·간합 맹안(幹合猛安) 해탄설렬(奚灘薛列)·올아홀리 맹안(兀兒忽里猛安) 협온적올리(夾溫赤兀里)·아사 맹안(阿沙猛安) 주호인답홀(朱胡引答忽)·인출활실 맹안(紉出闊失猛安) 주호완자(朱胡完者), 오롱소 맹안(吾籠所猛安) 난독고로(暖禿古魯)·해탄발아(奚灘孛牙), 토문 맹안(土門猛安) 고론발리(古論孛里)·아목라(阿木剌) 당괄해탄고옥노(唐括奚灘古玉奴)이며, 올랑합(兀郎哈)은 토문(土門)의 괄아아팔아속(括兒牙八兒速)이며, 혐진 올적합(嫌眞兀狄哈)은 고주(古州)의 괄아아걸목나(括兒牙乞木那)·답비나(答比那)·가아답가(可兒答哥)이며, 남돌 올적합(南突兀狄哈)은 속평강(速平江)·남돌아라합백안(南突阿剌哈伯顏)이며, 활아간 올적합(闊兒看兀狄哈)은 안춘(眼春)·괄아아독성개(括兒牙禿成改) 등이 이것이다.

  태조 이성계는 여진의 우두머리에게는 만호(萬戶)와 천호(千戶)의 벼슬을 적절히 주고, 이지란을 시켜서 여진의 백성들을 가르쳐 머리를 풀어 해치는 풍속을 모두 관대(冠帶)를 띠게 하고, 금수와 같은 행동을 고쳐 예의의 교화를 익히게 하였다. 사실 강(江) 밖은 풍속이 달랐지만, 구주(具州)에 이르기까지 풍문으로 듣고 의(義)를 사모해서, 혹은 친히

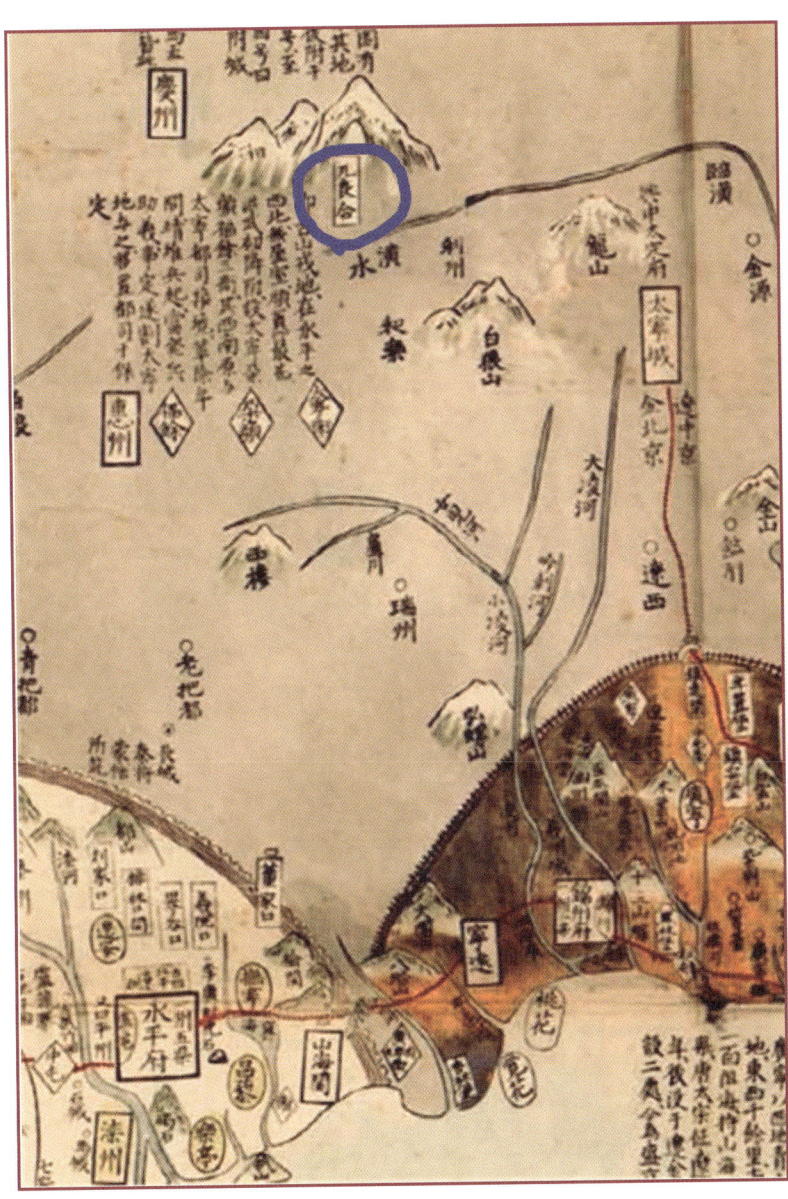

▶ 올량합의 위치

내조하기도 하고, 혹은 자제들을 보내서 볼모로 시위(侍衛)하기도 하고, 혹은 벼슬 받기를 원하고, 혹은 내지로 옮겨 오고, 혹은 토산물을 바치는 자들이 길에 잇닿았으며, 기르는 말이 좋은 새끼를 낳으면 자기네가 갖지 않고 서로 다투어서 바치며, 강 근처에 사는 자들이 우리나라 사람과 쟁송하는 일이 있으면, 관청에서 그 옳고 그름을 변명하여 혹 가두기도 하고, 혹은 매를 치기까지 해도 변방의 지방관을 원망하는 자가 없고, 사냥할 때에는 모두 우리 삼군(三軍)에게 예속되기를 자원해서, 짐승을 잡으면 관청에 바쳤다. 태조 이성계는 여진족들과 내지인들의 혼인을 허통하고, 여진 부락에 대한 세금과 군역을 보통의 민호와 다름이 없게 하였고, 법률을 어기면 벌을 받는 것은 우리나라 사람과 다름이 없게 하였다. 이성계는 공주(孔州)에서 북쪽으로 갑산(甲山)에 이르기까지 읍(邑)을 설치하고 진(鎭)을 두어 백성의 일을 다스리고 군사를 훈련하며, 또 학교를 세워서 경서를 가르치게 하니, 문무(文武)의 정치가 이에서 모두 잘되게 되었고, 또한 그들 역시 모두 국민이 되기를 원하였으므로, 천 리의 땅이 다 조선의 판도로 들어오게 되었다.

  태조는 직접 만주 동북면으로 거둥하여 조상의 묘를 참배하기도 하였다. 이때 강(江) 밖에 사는 야인들이 앞을 다투어 와서 뵈었으며, 길이 멀어서 뵙지 못한 자들은 모두 눈물을 흘리고 돌아갔다. 당시 야인들은 조정의 은덕을 생각하고, 변장들과 술을 마시고 거나하게 취하면 태조 때 일을 이야기하며 감읍하기를 마지아니하였다.

3. 철령 부근에 있었던 조선의 수도

파란만장한 격동의 14세기가 저물고 역사의 수레바퀴가 15세기에 접어들면서 이방원이 왕위에 올랐다. 그의 시호가 바로 태종이다. 태종 역시 즉위한 직후부터 만주 일대를 경략하고 여진족들을 적극적으로 포용하는 정책을 펼쳤다.

그런데 서기 1403년 11월 여진족 우두머리 어허출(於虛出)이 남경에 인사를 방문하자 영락제는 이를 기화로 장백산 북쪽에 건주위(建州衛)를 설치하면서 이를 어허출을 위장으로 임명하고 이를 조선에 통보해 왔다. 당시 주원장이 건주위를 설치한 장소는 만주 길림성 부근의 휘발천(輝發川) 상류에 있는 북산성자(北山城子)이다.

명나라의 건주위 설치는 조선왕조실록을 통해서도 확인할 수 있다. 다음은 서기 1404년 6월 10일 조선왕조실록의 내용이다.[88]

요동과 삼만위의 천호가 칙유(勅諭)와 상사(賞賜)를 싸 가지고 양내사(楊內史)와 함께 와서 뒤따라 들어 왔으니, 대개 건주위로 향하려고 함이었다. 각사(各司)의 한 사람씩을 명하여 교외에서 맞게 하고, 옛 태평관(太平館)에 사관(使館)을 정하고 이조전서 김한로를 관반으로 삼아 잔치를 베풀었다.[89]

---

[88] 출처: 국사편찬위원회 한국사데이터베이스, 태종실록 7권, 태종 4년(서기 1404년) 6월 10일 기묘 2번째 기사.
[89] 遼東千戶, 三萬衛千戶等, 齎勅諭及賞賜, 與楊內史偕來, 隨後而入, 蓋以向建州衛也。命各司一員迎于郊, 館于古太平館。以吏曹典書金漢老爲館伴設宴。

다음은 같은 해 6월 15일의 내용이다.90)

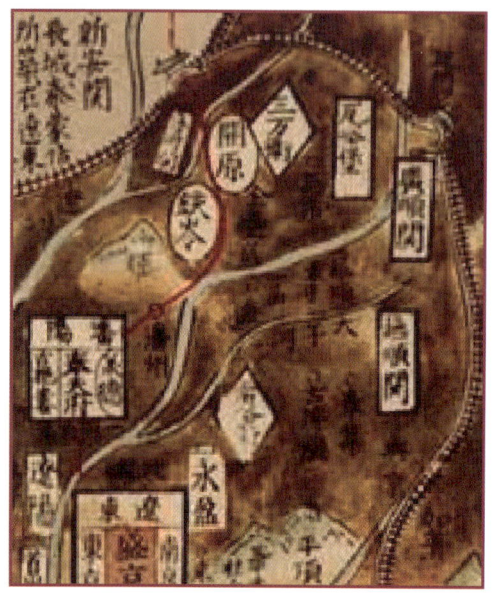
▶ 철령시 개원 삼만위

요동천호 등이 대궐에 이르러 하직을 고하였으니, 건주위로 향하기 때문이었다.91)

과연 위 두 기사를 통해 신라 김씨의 땅인 만주에 건주위라는 행정관청이 설치되고 있었고, 실제로 명나라에서 만주에 관리를 보내고 있었다는 사실을 확인할 수 있다. 아울러 여기서 요동이 고려 말기와는 달리 오늘날 랴오허강을 가리키고 있다는 점 역시 대청광여도를 통해 확인된다.

여기서 삼만위를 찾아보자. 기록에 따르면 요령성 철령시 개원의 일부지역에 삼만위를 설치했다는 기록이 있다. 철령 일대는 원래 부여의 영역이었다가 그 후 고구려가 흡수하였고, 고구려가 망한 이후에는 발해가 통치했다. 그 후 요나라는 이곳에 함주(咸州)와 동주(銅州)를 설치했는데, 이후 여진족들이 차지하여 오랫동안 대를 이어 살아왔다. 여진족은 금나라를 세우고 이곳에 함평로를 설치하였고, 원나라가 등장하자 그 속방이 되었으나 원나라가 무너지자, 여진족들은 이곳에 3

---

90) 출처: 국사편찬위원회 한국사데이터베이스, 태종실록 7권, 태종 4년(서기 1404년) 6월 15일 갑신 2번째 기사.
91) 遼東千戶等, 至闕告辭。以向建州衛也。

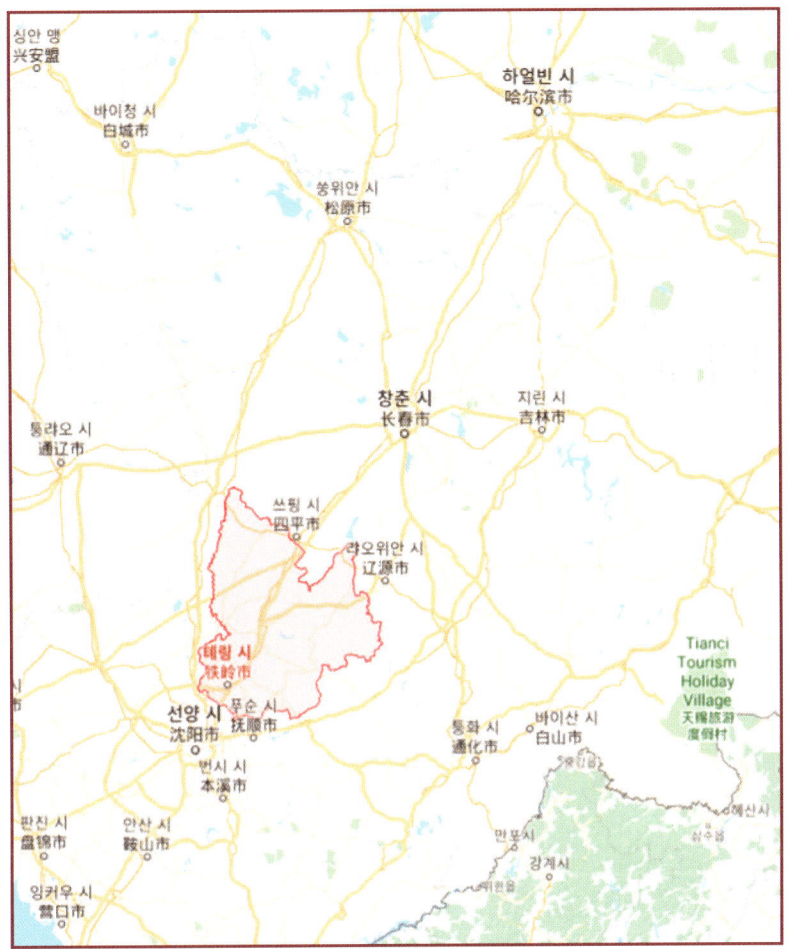

▶ 조선의 수도: 철령시 개원 삼만위

부족 연맹국가인 훌룬국을 세웠다.

그런데 이상한 점이 있다.

위 기록을 보면 요령성 철령시 개원에서 만주로 향하는 길목에 당시 조선의 궁궐이 있었다는 사실이 확인된다. 가만히 생각해 보면, 조선이 한양으로 천도한 것은 서기 1405년의 일이니, 이 시기 조선은 개경에 그대로 자리 잡고 있었을 때가 아닌가?

그렇다면, 고려의 왕경이자 조선 초기의 도읍인 개경이 요령성 철령시 부근에 있었단 말이 된다.

4. 만주의 실효적 지배

명나라가 건주위를 설치하였다는 것은 역사적 사실이나 그렇다고 만주에 대한 실효적 지배를 명나라가 확립하고 있었다고 단정할 수는 없다. 앞서 보았듯이 당태종이 요동성을 함락하여 '요주'로 칭하고, 개암성을 '개주'로 칭하였지만 안시성에서 패하여 모두 잃고 달아났음에도 계속 '요주'니, '개주'니 명명했던 사실을 상기해 본다면, 건주위를 설치한 사실과 만주에 대한 실효적 지배를 구축한 사실은 별개의 문제임이 틀림이 없다.

과연 명나라가 만주에 대한 실효적 지배를 확립하고 있었는지는 기록을 통하여 검증해 볼 수 있다. 조선왕조실록을 통해 이를 확인해 보자. 다음은 서기 1405년 길주도 도안무사가 그 지역의 사정을 태종에게 보고하는 내용이다.[92]

올량합 만호 파아손(把兒遜)·보을오(甫乙吾), 아란 천호(阿亂千戶) 기라미(其羅美)·어적어산불화(於赤於山不花)·소흘라(所仡羅)·다시고(多時古)·가을비(加乙非) 등 20여 인이 인거참(囷居站)에 모였습니다.

---

[92] 출처: 국사편찬위원회 한국사데이터베이스, 태종실록 10권, 태종 5년 9월 22일 갑인 2번째 기사.

여기서 파아손이 말하기를, "이때에 강남(江南)으로 들어가지 않으면, 맹가첩목아(猛哥帖木兒)가 반드시 성지(聖旨)를 받고 우리를 관하(管下) 백성으로 삼을 것이다. 그러므로, 부득이하여 명나라에 입조(入朝)하는 것인데, 돌아오면 전과 같이 조선을 섬기겠다."라고 하였습니다.93)

여기서 '강남으로 들어가지 않으면…'이라는 표현에서 명나라가 아직 강남, 즉 황하 이남에 있음을 알 수 있다. 후술하겠지만, 명나라가 북경으로 온 것은 서기 1421년의 일이다. 길주도 도안무사의 보고를 이어서 살펴보자.

그리고 길주 첩입은실(疊入殷實) 관하의 천호 자안(者安) 등 14호의 남녀 1백여 명이 절기를 놓쳐 농사를 망치는 바람에 집집마다 한두 사람씩이 예전에 살던 곳으로 가서 고기를 잡아 생활하려고 하였습니다.
그런데 이거양(以巨陽)의 천호 고시라고(高時羅古)와 은실(殷實)의 일족 및 건주위의 천호 시가(時家) 등이, 자안(者安)과 구로(仇老)·보안(甫安)·골간 올적합(骨看兀狄哈)을 초안(招安)하기 위하여, 건주위 천호 담파로(談波老)와 더불어 나와서 기다리고 있었기 때문에, 그들이 돌아가서 고기를 잡지 못하였습니다.
그리하여 천호 아을다불화(阿乙多不花)와 백호(百戶) 호시불화(好時不花) 등이 서울에 올라가서 양식을 얻고자 사정하므로, 부득이하여 올려 보냅니다.

---

93) 兀良哈萬戶把兒遜·甫乙吾·阿亂, 千戶其羅美·於赤於山不花·所伫羅·多時古·加乙非等二十餘人, 會于因居站. 把兒遜曰: "此時不入江南, 則猛哥帖木兒(兒), 必受聖旨, 以予爲管下百姓, 故不得已入朝, 還來則如前仰事朝鮮."

호시불화(好時不花)는 활을 쏘고 말을 타는데 능하고, 또 영리하오니, 마땅히 서울에 머물게 하여 시위(侍衛)하게 하고, 벼슬과 상을 주어 후일을 권하소서.94)

위 자료를 통해 건주, 즉 북만주가 길주도 감영 바로 인근에 있으며 길주도의 속현으로 여전히 조선이 장악하고 있음을 알 수 있다.

서기 1404년 5월 19일 태종은 김첨을 통하여 명나라에 보낸 태종의 국서를 보아도 우리 국토 북방의 면면을 알 수 있다.

조사해 보건대, 본국의 동북 지방은 공험진(公嶮鎭)으로부터 공주(孔州)·길주(吉州)·단주(端州)·영주(英州)·웅주(雄州)·함주(咸州) 등 모두 본국의 땅에 소속되어 있었다.

서기 1107년, 동여진이 난을 일으켜서 함주(咸州) 이북의 땅을 빼앗아 웅거하고 있었을 때, 고려 조정에서 군사를 보내 회복하였다.

서기 1258년 몽고의 산길보지 등이 만주로 쳐들어 왔을 때, 본국의 반민 조휘와 탁청 등이 그 땅을 가지고 항복하였으므로, 원나라에서 조휘로 총관을 삼고, 탁청으로 천호를 삼아 군민을 관할하였다.

이로 말미암아 그 이후로는 방언으로 이 지역의 이름을 지어, 길주를 '해양(海陽)'이라 칭하고, 단주를 '독로올(禿魯兀)'이라 칭하고, 영주를 '삼산(參散)'이라 칭하고, 웅주를 '홍긍(洪肯)'이라 칭하고, 함주를 '합란(哈蘭)'이라 칭하였다.

---

94) 吉州疊入殷實管下千戶者安等十四戶男女幷一百餘人, 節晩失農, 每戶一二人, 欲往舊居處, 捕魚資生. 以巨陽千戶高時羅古及殷實一族建州衛千戶時家等, 欲招安者安及仇老, 甫安, 骨看兀狄哈, 與建州衛千戶談波老出來待候, 故未得入歸捕魚. 千戶阿乙多不花, 百戶好時不花等, 欲上京乞糧, 故不得已上送. 好時不花, 能弓馬, 且穎悟, 宜留京侍衛, 職賞勸後.

서기 1356에 이르자 공민왕께서 원나라를 정벌하여 이를 모두 혁파하고, 인하여 공험진 이남을 본국에 환속시키고 관리를 정하여 관할하여 다스렸다. 그런데 서기 1388년 2월, 귀국의 태조 고황제(주원장)가 다음과 같이 통보하였다.

"철령의 이북(以北)·이동(以東)·이서(以西)는 원래 개원(開原)의 관할에 속하였으니, 군민(軍民)을 요동(遼東) 관할에 소속시키라."

이에 고려 조정에서 즉시 박의중을 보내 항의하여 공험진 이북은 요동에 환속하고, 공험진 이남에서 철령까지는 본국에 환속시켜야 한다고 하였다.

그해 6월 12일 경사에서 돌아온 박의중이 보고하길 명나라 예부에 자문을 의뢰하였는데, (그의 말에 따르면) 예부상서 이원명 등이 그해 4월 18일에 명나라 조정의 영을 받았는데, "철령의 일로 인하여 고려에서 말이 있다."라고 하여, 전과 같이 고려에서 관할해 다스리게 하였다.

김첨이 명나라에 가져간 태종의 국서를 이어서 살펴보자.

지금 동녕위(東寧衛) 천호 왕수가 싸 가지고 온 칙서를 보니, '삼산(參散)·독로올(禿魯兀) 등지의 여진 일대의 관민인(官民人) 등을 초유(招諭)한다.'고 하였다.

상고하건대, 삼산 천호(參散千戶) 이역리불화(李亦里不花) 등 10개 지역은 비록 여진인들에게 속해 있기는 하나, 본국의 땅에 와서 산지가 오래되었고, 호인(胡人) 나하추 등의 군사와 왜구의 침략을 여러 번 겪었기 때문에, 조잔(凋殘)하여 거의 다 없어지고, 그나마 얼마 되지 않는 후손들은 본국의 인민과 서로 혼인하여 자손을 낳아서 우리 백성으로서 부역에 이바지하고 있다.

 또 우리 조상이 일찍이 동북면에 살았으므로, 5대조이신 이안사의 분묘가 현재 공주(孔州)에 있고, 고조 이행리와 조부 이자춘의 분묘가 모두 함주에 있다.

 생각건대, 우리나라와 귀국은 수교한 이래로 여러 번 국서를 주고받으며 평등하게 동맹을 맺고 있다.

 명나라 법률 조문에 따르면, '서기 1374년 7년 10월 이전에 다른 고을로 이주하여 일찍이 그곳의 호적에 등재되어 부역에 종사하고 있는 자는 논하지 말라.'라고 규정되어 있다.

 우리나라는 이미 동맹의 한 가운데에 있고, 공험진 이남은 또 귀국의 고황제 주원장이 고려의 것이라고 인정한 바 있으니 그곳에 살고 있는 여진의 후손들까지 모두 본국에서 전과 같이 관할하는 것이 마땅하다.

 이 때문에 지금 김첨을 경사로 보내 알린다.

 건주는 원래부터 우리의 관할이었고, 그곳에 섞여 살고 있는 여진의 후예들이 모두 우리나라에 조세를 납부하는 우리 국민이라는 내용이니, 이를 통하여 만주가 조선 초기 우리의 영토였음을 잘 알 수 있다.

 위 태종의 국서를 찬찬히 읽어보면, 한때 신라 김씨들이 일어나 금나라를 세우고 중국대륙을 호령한 신라 김씨들이 일어난 곳에 설치된 건주위 일대를 실질적으로 관리한 것은 명나라가 아니라 조선이었다는 사실을 잘 알 수 있다.

5. 한양에서 즉위한 첫 임금, 세종

   1397년 음력 4월 10일 개경, 새 세상을 축하라도 하듯이 후일 세종대왕으로 추앙을 받게 되는 한 아이가 태어났으니, 그의 이름은 이도였다. 이도가 막 태어났을 무렵 그의 아버지 방원은 대궐을 공격하여 할아버지를 몰아내고 권력을 잡았으니, 방원 부부에게 충녕군 이도는 복덩어리였던 셈이다. 어머니를 비롯한 민씨 일족들의 필사적인 헌신 덕에 서기 1400년 아버지 이방원은 마침내 왕위에 올랐다.
   서기 1405년이 저물 때 쯤, 태종은 개경을 떠나 새로운 도읍 한양으로 이주했다. 우리 민족의 도읍이 한반도에 자리를 잡게 된 첫 해이다. 조선이 한양으로 이전하자, 명나라 영락제는 북경에 자금성을 건설하기 시작했다. 그리고 만주에는 건주위가 설치되었다. 그러나 그 광활한 영토에 아무리 형식적인 조치이긴 하나 건주위 하나 설치하는 것만으로는 허전하기 짝이 없었다. 그리하여 명나라 조정에서는 1411년 흑룡강 하류에 누르간 도지휘사사(奴兒干都指揮使司)를 두었고, 이어 1411년 태감 이시하 등에게 명하여 군병 약 1,000을 인솔하고 25척의 선박으로 송화강과 흑룡강이 만나는 하류지점에 행정관청인 도사(都司)를 설치하여 우자위(兀者衛)·누르간위(奴兒干衛) 등 3개의 부족을 일괄 통제하려 하였다. 건주위와 누르간도지휘사사 등의 설치는 북경천도를 위하여 북방의 안보를 강화하기 위한 사전 정지작업으로 볼 수 있다.
   한편 조선 왕실이 한양으로 이사를 가면서 이도의 부계와 모계 사이에 이해관계가 대립하기 시작했다. 더욱이 아버지 태종은 이후 18년간 재위하면서 후궁만 수십을 두었으니, 어염집 주부에서 어느 날 갑자기 왕비가 되어버린 어머니 민씨는 이를 정서적으로 감당할 수 없었다. 그들 부부 사이는 돌이킬 수 없는 강을 건넜다. 종국에는 아버지 태종이 민무구를 비롯한 이도의 외삼촌 넷을 차례로 죽여 이도의 외가를 아예 몰살시켜 버렸다.

그리고 서기 1418년 한양의 경복궁에서 역사상 처음으로 즉위식이 열렸다. 그 주인공이 바로 세종이다. 그리고 그로부터 3년 뒤인 서기 1421년 마침내 영락제는 남경에서 장강과 황하를 넘어 북경으로 도읍을 옮겼다. 한족의 도읍이 북경까지 올라온 것은 유사 이래 이때가 처음이다.

그러나 만주에 대한 영락제의 지리적 탐욕은 그다지 오래가지 못하였다. 특히 영락제 사후 명나라의 만주에 대한 관심은 급격히 사라져 갔다. 만주에 대한 형식적 관리마저 허술해졌고 건주위와 누르간도지휘사사 등의 관청은 실로 유명무실하게 되었다.

건주 일대는 여진 부족의 토착 부족장이 건주위의 대표노릇을 수행하면서 독자 세력화하였고, 잠시 명나라에 조공의 바치던 여진의 부락들은 앞 다투어 조선의 실효적 지배 아래로 들어왔다.

6. 조선의 북방한계선 공험진

태종은 아들 이도에게 왕위를 물려주고 난 이후에도 몇 년간 외교와 국방에 있어 중요사안에 대한 전결권을 놓지 않았다. 그 기간 태종은 아들 이도의 장인을 죽이는 등 이도의 처가를 작살냈다. 서기 1422년에 이르러 아버지 태종이 죽고 나서야 세종 이도는 비로소 왕권을 행사할 수 있게 되었다.

그 후 세종은 많은 사람들이 찬사를 아끼지 않을 만큼의 업적을 남기게 되는데 그 중 하나가 만주 경략에 관한 것이다. 특히 서기 1424년 영락제가 죽고 명나라의 국력이 기울어져 가면서 세종은 만주에 대한 지배권을 확립하게 되었다.

후일 조선총독부는 세종이 김종서, 최윤덕을 보내 4군과 6진을 개척함으로써 조선의 영토가 비로소 압록강과 두만강에 이르게 되었다고 가르치려 발버둥을 쳤지만, 이는 허구임이 이미 증명되었다. 조선왕조실록을 살펴보자. 1433년 3월 20일 세종대왕은 다음과 같이 하교하였다.[95]

고려의 윤관은 17만 군사를 거느리고 여진을 소탕하여 주진(州鎭)을 개척해 두었으므로, 여진이 지금까지 모두 우리나라의 위엄을 칭송하니, 그 공이 진실로 적지 아니하다. 고려에서 주(州)를 설치할 적에 길주(吉州)가 있었다.

그런데 지금 길주가 예전 길주와 같은가? 명나라에서 조선 지도를 보고 알려오기를, 공험진(公險鎭) 이남이 조선의 영토라고 하니, 경들이 참고하여 아뢰라.

하교의 내용에 비추어 조선 영토의 최북단이 공험진이라는 사실은 의심할 나위가 없다. 여기서 공험진이 곧 오늘날 하얼빈 일대라는 사실은 이미 확인한 바 있다.

1437년 8월 6일 세종대왕은 내전에서 친히 글을 짓고, 동궁으로 하여금 이를 받아쓰게 하여 김종서에게 서신을 보냈는데, 그 내용을 통

---

95) 출처: 국사편찬위원회 한국사데이터베이스, 세종실록.

해서도 우리 북방 영토의 범위를 가늠해볼 수 있다.

처음에 부거(富居)의 경원 백성들이 모두 조정에 고하기를,

"옛 경원(慶源) 땅이 목축과 농사에 적당하고, 또 강이 있어서 어로가 용이하니, 청하건대, 옮겨 살게 하소서."

하였다. 또 윤대(輪對)하는 사람이 말하기를,

"옛 위정자들은 그 토지를 넓히는 데에 힘썼사오니, 공험진(公嶮鎭) 이남은 버릴 수 없습니다."

하였다. 또 유생들 시험에도 이를 출제하였다.

서신의 내용은 부거에 경원읍을 설치한 유래가 담겨 있다. 그리고 경원은 바로 공험진 아래에 위치한다는 사실을 알 수 있다.

서신이 오갈 당시 김종서는 하얼빈 이남에서 소위 '4군'을 개척하고 있었는데, 이곳이 바로 공주 부거였던 것이고, 이곳에 경원읍이 설치되었던 것이니, 오늘날 북한에 있는 경원과는 사뭇 다른 곳이라는 사실을 알 수 있다.

7. 파저강 이야기

서기 1437년 8월 6일 김종서에게 보낸 세종의 서신의 내용에는 우리 영토의 비밀을 풀어줄 단서들이 숨겨져 있다. 이를 차례로 살펴보자.[96]

---

96) 출처: 국사편찬위원회 한국사데이터베이스, 세종실록.

1433년 겨울에는 마침 올적합이 관독(管禿) 부자를 때려죽였으므로 아목하(阿木河)에는 추장이 없었다.

그때 대신들이 이를 논의했다.

'강토는 버릴 수 없고 기회는 놓칠 수 없으니, 마땅히 강변을 따라 진을 설치하여 성곽을 높이고, 현지에서 군사와 백성들이 증가하여 농사를 짓고 고기잡이를 하게 되면, 중앙에서 군사가 오가는 폐단도 역시 없어지게 될 것입니다.'

만약에 명나라에서 추장이 없다는 말을 듣고 혹시 다른 조치를 하게 되면 후회하여도 쓸데없을 것이다.

예전에 공주(孔州)는 성의 높이가 한 사람의 키에 불과하고, 사는 백성도 4백 호에 불과하였으나, 오히려 수십 년을 지킬 수 있었으니, 지금의 전략은 결코 염려할 바가 없다.

다만 이와 같은 성한 때에 적임자를 얻는 일은 말로 부족한 것이니 훗날 기강이 해이해져서 변장이 적임자가 아닐까, 이것이 염려된다. 비록 그렇다 하더라도, 안정과 혼란은 서로 반복하는 것으로 각각 백년을 지속하지 않는 것이 만물의 상식이다. 말세에 이르면 피폐해지는 일이 어찌 유독 변경뿐이겠는가? 역시 논할 만한 것이 못된다. 소소한 좀도둑도 영원히 끊을 수는 없는 것인데, 큰일은 권세로도 할 수 없으니 어찌하겠는가?

혐진 올적합은 그 수가 본래 많지 아니하다. 그들이 사는 곳은 우리나라와 걸어서 6, 7일 거리에 불과하다, 또 필시 파저강 전투에 대하여 들었을 것이니 어찌 두려워하지 않겠는가? 역시 염려되는 바가 없다.

생각해보니, 1410년 일어난 변란에 여러 의논하는 신하들이 혹은 말하기를,

"공주는 사방이 트인 곳이라 방어하기가 지극히 어려우니, 혁파하는 것만 같지 못합니다."

라고 하였고, 혹은 말하기를,

"경내 수백 리의 땅을 버려서 오랑캐에게 주는 것이 옳겠습니까. 반드시 서로 거느리고 들어가서 살게 할 것입니다."

라고 하니 태종께서 말씀하기를,

"강역(疆域) 안에 오랑캐가 사는 것은 실로 옳지 못하다. 즉시 이를 쫓아내면 어찌 근심이 있겠는가?"

하시어, 혁파하자는 의논을 따른 것이다.

그 뒤에 명나라에서 공주 땅에 위를 세운다고 하여, 조정에서 크게 놀라 즉시 경원을 부거에 다시 설치하였다고 한다. 그렇다면 태종께서 그 땅을 버리지 않았음이 명확하다.

근년 이래에 올량합 수백 호가 공주 등지에 들어오므로, 내가 이를 쫓아내려고 여러 대신들에게 의논하니, 모두 말하기를,

"야인들은 강제로 몰아내지 말고 그대로 두고 달래는 것이 옳습니다."

라고 하였다.

의논하는 신하들의 말은 태종께서 바로 쫓아내라고 한 뜻에 반

▶ 파저강(황수)

하지 아니한가? 어떠한가? 수십 년이 못 되어 야인들이 광범위하게 퍼져 살게 될 것이 분명하다.

요사이 또 장내관(張內官)의 영지에서 공주 등지에 기거하며 연이어 겨울을 나고, 해동청과 시라소니를 잡아가지고 돌아간다. 아목하(阿木河)에는 추장이 없다는 풍문의 말이 저와 같고, 오늘날 장 내관과 아목하의 일이 또 이와 같으니, 야인을 위엄으로 제어하여 해청을 잡는 것은 지금 조정에서 하려고 하는 바이다.

만약에 혹시나 추장이 없는 기회를 타서 명나라가 여기에 위를 설치하여 야인에게 위엄을 보이고 해청을 잡는다면, 우리나라는 이미 이를 버렸으니 다시 무슨 말로 청하겠는가. 기회를 잃을 수 없다는 말이 심히 나의 뜻과 부합한다.

만약에 태종께서 쓰시지 않던 계책을 이제 행할 수 없다고 말한다면, 이는 옳지 아니하다. 태종께서 즉시 쫓아내라고 말씀하신 것을 능히 받들어 행하지 못하면서, 다만 이런 말만 하는 것이 옳겠는가? 하물며 태조께서 이미 이루어 놓으신 일을 지금 다만 받들어 행할 뿐이다.

위 글을 통해 당시 올랑합이 파저강을 사이에 두고 조선과 대치하고 있었다는 사실을 알 수 있다.

태종 때에는 주민들을 이주시키고 공주 부거에 경원을 설치하였고, 그 후에도 야인들이 약탈하는 일이 잦아지자 서기 1433년 세종은 최윤덕을 보내 여진족들을 정벌하였는데, 이때 가장 큰 전투가 파저강 유역에서 있었다.

도대체 파저강이 어디인가?

오늘날 혼강(渾江)이 명나라 때 '파저강(婆猪江)'이라 불렸다는 주장

▶ 파저강: 서랍목륜하(西拉木伦河)

이 있다.97) 그러나 청나라 정부가 제작한 대청광여도에는 올랑합의 남방한계선이 표시되어 있다. 대릉하 북쪽에 황수가 보인다.

이를 구글지도를 통해 찾아보면 이곳이 바로 바로 청나라 시절 황수(潢水)로 불렸던 서랍목륜하(西拉木伦河)이다. 이곳이 바로 해동청과 시라소니가 주로 서식하는 지역인 것이다.

---

97) 출처: wikipedia.

8. 조·명의 국경, 용성

서기 1437년 8월 6일 김종서에게 보낸 세종의 서신의 내용을 이어서 살펴보자.98)

태조께서 말씀하시기를,
"용성(龍城)은 극히 요충지이므로 이를 관문으로 하여 요새로 삼으면 내가 베개를 높이 베고 누울 수 있을 것이다."
하셨는데 이는 옳지 아니하다.
용성을 요새로 삼으면 야인들의 사는 것도 역시 용성이 경계가 될 것이며, 길주를 요새로 삼으면 야인들의 사는 것도 역시 길주가 경계가 될 것이니, 끝이 없을 것이다. 하물며 용성의 남쪽은 들어오는 길이 한둘이 아니지 않은가?
내 말의 요지가 이와 같으니 경이 잘 알고 있을 것이다.
지난해 9월의 일은 지세가 그런 것이 아니라, 장수가 적임자가 아니었던 까닭이다. 가령 용성으로 한계를 삼는다 하더라도 한 사람으로서 관문을 감당할 수 없고 사방으로 싸워야 되는 곳이다. 사는 백성들이 필시 그 들판에 펼쳐 있을 것이니, 이런 일이 반드시 없으리라고 말하기 어렵다.
1410년의 일이 곧 이런 것이다. 이에 대해 말하자면, 오늘날 변방을 개방하는 것으로써 상책을 삼으면 의심이 없다. 뜻밖에 첫해 큰 눈이 내리고 이듬해 큰 역질(疫疾)이 돌아 사람과 가축이 많이 죽었고, 지난해에

---

98) 출처: 국사편찬위원회 한국사데이터베이스. 세종실록.

는 적들의 변란으로 포로로 잡혀가고 피살된 이가 또한 적지 않았다.

그러나 비록 그렇다 하더라도, 내 생각으로는 대사를 이루기 위해 오히려 처음에는 반드시 순조롭지 못한 일이 있어도 감수해야 후일의 공효를 바랄 수 있다. 작금의 상황에서 또 염려되는 일이 있으므로 글로써 경에게 이르노니, 오늘날 적을 방비하는 것은 옛날의 비교가 되지 않는다. 적이 오지 않으면 그만이지만, 온다면 필시 천이나 만 명으로 떼를 지어 마음대로 거리낌 없이 행동할 것이다. 우리가 만약에 성채만 지키고 싸우지 않는다면 더욱 도둑의 마음만 키우게 되어 뒷날의 화가 무궁할 것이니, 반드시 징계하여 후일의 마음을 저지하는 상책이다.

최근 적의 변란을 고하는 자가 혹은 정월이라 하고, 혹은 5월이라 하며, 혹은 8, 9월이라 하고, 혹은 얼음이 얼 때라 하고, 혹은 홀라온이라 하고, 혹은 수빈강이라 하고, 혹은 흑룡강(黑龍江)이라 하며, 혹은 수천이라 하고, 혹은 만 명의 수나 된다고 한다.

이와 같이 떠들썩하지 않은 해가 없으므로, 듣는 사람의 입장에서 이를 헛말이라고 여기는 것은 실로 옳지 못하다.

만일에 대비하여 계절을 불문하고 남도에서 징병하기를 거의 수천에 이르고 또 성을 쌓는 군졸이 2, 3만 명이나 되니, 이렇게 해서 그치지 않으면 10년이 못되어 재정이 바닥나고, 국력이 다하여 반드시 원망하고 흩어져 떠나게 될 것이니, 장차 성공을 기약할 수 없는 것이다.

세종이 할아버지인 태조의 북방정책을 평가하며 용성을 국경으로 삼는 것을 경계하고 있다. 여기서 용성을 구글지도를 통해 검색해 보았더니, 요령성 조양시 용성구 일대에 있음이 확인되었다.

세종대왕은 조양시 부근으로 여진과의 경계를 후퇴시켜 소극적으로 수비를 하는 것은 국력만 소진하게 되므로 상책이 아니라고 하며, 더욱 북쪽으로 밀어붙여 적극적으로 공략할 것을 김종서에게 주문하고 있었던 것이다.

9. 국경의 요새 영북진

세종이 김종서와 서신을 주고받던 날로부터 약 5년 전인 1432년 6월 14일 병조에서 올라온 보고 내용이 사뭇 의미가 있다.[99]

석막(石幕) 상평(上平)에 돌성을 축조하여 명칭을 영북진(寧北鎭)이라고 하고 절제사를 파견하소서.
경성(鏡城)에 있는 정군·수성군과 용성의 유방군을 영북진 소속으로 정하고, 경원·경성에 사는 관공서의 노비를 영북진의 노비로 소속을 정하되, 부족하면 사삿집의 노비를 바꿔서 소속시키고 번(番)을 나누어서 복역하게 하소서.
경성군은 승격시켜 도호부로 하여 판관을 두고, 영북진 절제사가 도호부사를 겸임하게 하고, 판관은 계속하여 옛 경성에 있으면서 백성의 일을 다스리는 데에 전심하게 하되, 절제사가 그 일도 겸임하여 유무를 서로 돕게 하소서.
또 용성에 돌성을 쌓고 매년 봄·가을에 도절제사로 하여금 군사를 거느리고 방어에 나아가서 응원하게 하소서.

---

99) 출처: 국사편찬위원회 한국사데이터베이스, 세종실록.

조선왕족실록은 세종이 이 보고를 받고 그대로 따랐다고 기록한다. 여기서 용성은 요령성 조양시 용성구 일대에 있었음을 앞서 확인한 바 있다.

그렇다면 영북진은 어느 곳에 있었을까? 구글지도에서 영북진을 찾아보면 요령성 금주시(錦州市) 북진시(北镇市)에 있는 것으로 확인된다.

다음은 1433년 5월 7일 평안도 절제사 최윤덕이 박호문을 보내 보고를 올렸다. 그 내용은 다음과 같다.[100]

3월 17일에 공경히 부교(符敎)를 받들고 장차 파저강의 도둑을 토벌하려고 하였으며, 좌부(左符)를 보냄에 이르러 병부를 맞추어 보고 군사를 발하였나이다. 이에 곧 본도의 마병·보병의 정군 1만을 발하고, 겸하여 황해도 군마 5천을 거느리고 4월 초10일에 일제히 강계부에 모여서 군사를 나누었는데, 중군 절제사 이순몽은 군사 2천 5백 15명을 거느리고 적의 수괴 이만주의 채리(寨里)로 향하고, 좌군 절제사 최해산은 2천 70명을 거느리고 거여(車餘) 등지로 향하고, 우군 절제사 이각은 1천 7백 70명을 거느리고 마천(馬遷) 등지로 향하고, 조전(助戰) 절제사 이징석은 군사 3천 10명을 거느리고 올라(兀剌) 등지로 향하고, 김효성은 군사 1천 8백 88명을 거느리고 임합라(林哈剌) 부모의 채리(寨里)로 향하고, 홍사석은 군사 1천 1백 10명을 거느리고 팔리수(八里水) 등지로 향하고, 신은 군사 2천 5백 99명을 거느리고 주적 임합라의 채리로 향하여, 본월 19일에 여러 장수들이 몰래 군사를 거느리고 가서 토벌을 마쳤습니다.

---

100) 출처: 국사편찬위원회 한국사데이터베이스, 세종실록.

위 글을 보면 단연 파저강과 올라(兀刺)라는 지명이 눈에 띤다. 먼저 파저강은 앞서 설명한 바와 같이 청나라 시절 황수(潢水)로 불렸던 서랍목륜하(西拉木伦河)로 추정되고, 올라(兀刺)는 길림을 일컫는 음차식 한자어이다.

10. 단종과 수양대군

세종대왕 이도는 확인된 후궁만 10여명이 넘고 자녀는 25명이 넘는다. 그는 왕비 심씨와의 사이에 8남을 두었는데, 장남이 문종대왕이요, 차남이 바로 수양대군이다. 문종은 왕비 권씨와의 사이에서 아들을 하나 보았는데 그가 바로 단종이다.

단종의 어머니 헌덕왕후는 단종을 낳고 하루만에 산후통으로 죽었다. 할아버지 세종은 어미를 잃은 손주를 각별히 보살폈다. 단종은 1448년 8살이 되던 해에 왕세손으로 책봉되었고 그로부터 2년 후 세종이 문종에게 양위를 하면서 세자가 되었다. 세종은 문종이 병약하므로, 장손인 단종을 몹시 걱정하여 황보인, 김종서, 성삼문, 신숙주 등에게 손주를 지켜줄 것을 당부하였다. 세종은 양위한지 2년 후 붕어하였는데 마지막까지 손주 걱정에 눈을 제대로 감지 못하였다. 그리고 다시 2년 후 문종마저 세상을 떠나면서 단종은 불과 12세의 나이로 왕위에 오르게 되었다.

단종이 즉위한 해에 수양은 사은사로 책봉되었다. 1452년 10월 10일 수양의 사저에서 전별연이 열렸다. 그 후 수양은 이듬해인 1453년 2월 26일 명나라 예부의 자문을 가지고 와서 복명하였다. 단종은 바깥

뜰에 장막을 치고 연회를 베풀어 수양을 위로하였다.

그런데 단종실록 5권, 단종 1년 1453년 2월 26일 계축 1번째 기사에는 명나라로 향하던 수양의 일정이 간단히 소개되어 있다.

수양이 처음에 압록강을 건너자, 군사들에게 엄명을 내려 사냥을 하지 못하게 하고, 이르는 곳마다 영진(營陳)에서 기율(紀律) 있게 정제(整齊)하며, 횃불이 서로 바라보이게 하여, 각각 그 처소에서 편안히 지내게 하니, 사람들이 서로 말하기를,

"다른 재상은 오히려 소홀히 하는데, 대군께서는 지체가 높으시면서도 마음쓰심이 이와 같다."

하며, 밤에도 오히려 잠을 자지 않았다. 하루는 의주(義州)의 군인이 민가에서 짚단을 가져왔으므로, 세조가 이행검을 시켜 매를 때리게 하고, 그 우두머리 등에게 '군사를 정제하지 못했다는 죄'로써 책망하고, 곧 통사(通事)로 하여금 각각 그 주인에게 돌려주게 하였다.

요동에 이르러 도지휘사사에 나아가니, 한인들이 몰려와서 담처럼 둘러서서 구경하며 말하기를,

"하나하나의 동작이 모두 예도에 맞고 풍모가 아름답고 영특하니, 진실로 장군이다."

하고, 야인(野人)들도 또한 옆에서 보고 말하기를,

"부처님이다."

하였다.

위 기록은 사은사 행렬이 압록강을 건너 의주에 유숙을 하게 된 상황을 보여준다. 위 기록에 따르면, 수양은 특별히 각 영진(營陳)의 규율

을 정제히 하도록 엄명을 내렸다는 것이고, 그런데 의주의 군인 하나가 민폐를 끼치자 이를 엄히 다스렸다는 내용이다.

이때의 압록강이 오늘날 압록강이라 하더라도 이를 건너 의주가 등장하는 것은 오늘날 영토개념에 입각한다면 도대체 이해할 수 있는 대목이 아닐 수 없다.

11. 계유정란과 북해

세종이 손자인 단종에 대해 두고두고 걱정한 것은 실은 자신의 둘째 아들 수양 때문이었다. 사실 세종은 아버지 태종에 대해 엄청난 두려움을 가지면서 성장했다. 실제 아버지는 자신의 외가인 민씨 일족에게 사약을 내렸고, 심지어 자신이 즉위한 이후에도 상왕으로 권력을 꿰차고 앉아 불경죄를 물어 왕의 장인인 심온을 비롯한 처가 일족을 처형해버리지 않았는가?

그런데 둘째 아들 수양이 제 할아버지를 쏙 빼 닮자, 세종의 공포심이 되살아났다. 수양은 자랄수록 제 할아버지의 외모는 물론 성격이나 행동까지 흡사해져 갔다. 세종은 장손에 대한 걱정에 결국 눈을 감지 못하고 죽었던 것이다.

아니나 다를까? 수양은 조카인 단종을 끌어내리고 결국 왕위를 차지하였다.

그러나 그러한 내부의 정변에도 불구하고 만주에 대한 조선의 대외정책 기조는 변함이 없었다. 세조 역시 적극적으로 만주를 경략해 나갔다. 세조실록 6권, 세조 3년 1457년 1월 10일 을해 3번째 기사의 내용은 다음과 같다.

예조에서 아뢰기를,

"앞서는 동·남·서해(東南西海)뿐이었는데, 지금은 북해(北海)를 더 설치하고, 폐백은 흑백(黑帛) 1개를 사용하며, 앞서는 풍운뢰우(風雲雷雨)는 동쪽에 있고, 동·남·서해는 서쪽에 있었는데, 지금은 풍운뢰우를 고쳐서 서쪽에 있게 하고, 동·남·서·북해를 고쳐서 동쪽에 있게 하소서."

하니, 그대로 따랐다.

한편, 세조실록 8권, 세조 3년 1457년 7월 29일 경인 2번째 기사에는 세조가 함길도 도절제사 곽연성에게 지시한 내용이 실려 있다. 그 내용은 다음과 같다.

야인과 왜인들은 모두 우리의 번리(藩籬)이고, 모두 우리의 신민이니, 왕(王)된 자는 똑같이 대우하고 차별을 없이 하여 혹은 무력을 사용기도 하고, 혹은 소통을 하기도 하는데, 작은 폐단 때문에 그들이 와서 귀부하려는 마음을 물리칠 수가 없다. 내가 즉위한 이후에 남만(南蠻)·북적(北狄)으로서 귀부하는 자가 심히 많은데, 모두 나의 백성이 되기를 원하니, 이것은 하늘이 뜻한 바이지, 짐의 슬기와 힘이 아니다. 다만 먼길을 오가야 하는 폐단이 있고, 국가에서 계속 처리하기 어려워 경에게 재량을 주니, 그 기준은 다음과 같다.

1. 만약 낭발아한(浪孛兒罕)·속로 첩목아(速魯帖木兒)·이귀야(李貴也) 등의 우두머리들이 입조하기를 청하거든 답하기를, '교지가 있기를 「최근 와서 조공한 지가 오래 되지 않았으니, 올해에는 보

내지 말라.」하셨다.' 라고 하라. 다만, 송골매를 잡아와서 별례(別例)로 친히 아뢰겠다는 일이거든 올려 보내라.
2. 흑룡강(黑龍江)·속평강(速平江)의 올적합(兀狄哈)과 화라온(火剌溫)·건주위(建州衛) 올량합(兀良哈) 이만주(李滿住)·동창(童倉) 등 심처야인(深處野人)과 삼위달자(三衛㺚子)가 관문을 두드리고 들어와서 조공하기를 청하거든, 후하게 대하되 그 숫자를 줄여 올려 보내라.
3. 야인으로서 예(禮)를 더할 것이 없는 그 나머지 종인(從人)일 것 같으면, 관(館)에서 후하게 대하라.

하였다.

위 자료를 살펴보면, 세조가 제위하던 당시 만주와 흑룡강 일대가 모두 조선의 번리(藩籬)였고 그 주민들은 모두 조선의 신민이었다는 사실을 알 수 있다.

다시 궐내의 사정을 살펴보자. 세조의 장남 의경세자는 아버지가 너무나 많은 사람들을 죽인 것을 괴로워했다. 이때 세조의 꿈에 단종의 생모인 헌덕왕후가 나타나 저주를 퍼부었다. 얼마 후 꿈의 저주가 실현되었는지 의경세자는 시름시름 앓다가 아내 한씨와 두 아들을 남기고 세상을 떠났다.

격분한 세조는 단종에게 사약을 내리고 헌덕왕후의 능을 파헤쳐 시신을 조각내 강물에 버렸다. 그 후 그는 제 스스로도 죄책감을 느꼈던지 후일 불교에 귀의하여 절에 다녔다. 그러나 다시 형수 헌덕왕후가 나타나 침을 뱉었다. 결국 그 자리에 종기가 돋아나고 온데로 번지며 피부가 곪고 살이 썩어 들어갔다. 세조는 좋다는 온천을 찾아 전국을 다녔으나 결국 문둥병으로 사망했다.

12. 중종과 장백산

　세조가 죽고 그의 둘째 아들(예종)이 19세의 나이로 왕위에 올랐으나 헌덕왕후의 저주는 아직 끝나지 않았다. 예종 역시 피부에 염증이 생기더니 보위에 오른 지 불과 1년 3개월 만에 결국 패혈증으로 숨졌다.
　이때 사가에서 월산군, 자산군 두 아들을 야심으로 키우던 한씨는 첫째인 월산군이 아닌 둘째인 자산군을 밀어 왕위에 세웠다. 그래야 좀 더 오래 섭정을 할 수 있었기 때문이었다. 그러나 그녀는 왕비가 아니었으므로 대비가 될 수 없다는 탄핵을 받고 궁에서 다시 쫓겨나야 했다.
　그녀가 사가에서 절치부심하는 동안 그의 아들 성종이 어느덧 성인이 되어 친정을 시작했다. 마침내 의경세자가 덕종으로 추존되자, 그녀는 덕종의 왕비 자격을 얻고 비로소 대비가 되어 입궐하게 되었으니, 바로 인수대비이다. 인수대비는 아들의 효심을 볼모로 자신의 정치적 욕구를 해소해 나갔는데, 급기야 왕비 윤씨와 고부갈등을 겪던 끝에 윤씨를 폐비시키더니 결국 사사해버렸다.
　그 후 성종이 죽고 폐비윤씨의 아들 연산군이 즉위했다. 어렸을 적부터 총명했던 연산군은 할머니 인수대비를 중심으로 모여 있는 정난공신들을 하나 둘 제거해 나갔지만, 그 끝에 인수대비의 장벽이 가로막고 있었다. 그는 어머니 윤씨의 죽음에 대한 전면적인 조사에 착수하면서 인수대비 일파를 몰아붙였다. 결국 인수대비가 사망하면서 연산군의 정치적 투쟁은 성공하는 듯하였다. 그런데 이때 연산군의 어린 아들을 키우던 월산대군의 부인 박씨가 52세의 나이로 사망하였는데, 연산군의 반대파들이 차마 입에 담을 수 없는 말을 퍼뜨리기 시작했다. 박씨의 남동생인 박원종은 이틈을 놓치지 않고 누나의 죽음에 의혹을 제기하며 세력을 규합하여 쿠데타를 일으켰다. 박원종 세력은 연산군을 폐하고 그의 배다른 동생을 왕위에 올렸으니, 이가 바로 중종이다.

이처럼 조선의 궁궐 안은 말도 많고 탈도 많았건만 만주에 대한 조선의 실효적 지배는 계속 이어졌다. 다음은 1528년 함경북도 병사가 중종에게 보고한 내용이다.[101] 이 보고 내용에는 장백산의 위치가 묘사되어 있다.

경성(鏡城)은 지형이 원래 낮고 좁아 서쪽과 북쪽 골짜기의 물이 영(營)의 성 밑으로 쏟아지게 되는데, 서쪽 골짜기의 물은 장백산에서 발원하여 첩첩이 겹친 골짜기의 물이 다투어 흐르다가 하나의 골짜기로 합쳐 세차게 쏟아져 내리므로, 만일 큰 홍수를 만나게 되면 미처 제방을 막지 못합니다. 신이 3월부터 입번(入番)한 군사들을 데리고 홍수를 막기 위해, 버드나무를 줄지어 심고 그 밖에다 돌담을 세웠으며, 또한 큰 돌을 끌어다 두텁고 높게 쌓느라 역사가 중난하고 힘이 모자라기 때문에, 때로는 성 안의 주인과 영의 노비도 아울러 공사하도록 했었습니다. 이 달 13일에 억수처럼 퍼붓는 큰 비로 두 골짜기의 물이 엄청나게 불어나 물길을 잃고 마구 흘러내려서 큰 길이 무너지고 민가들이

---

[101] 출처: 조선왕조실록 중종실록 62권, 중종 23년 7월 30일 기해 4번째 기사(국사편찬위원회 한국사데이터베이스 참조).

떠내려가고 파묻혔기에 부득이 부령(富寧) 이남의 각 고을 군사를 징발하여, 기구를 제대로 갖추고 크게 공사를 일으켜 거의 물길을 잡게 되었습니다. 세종대왕 때에 경성의 성이 낮고도 작으며 또한 수해가 있는 것 때문에 대신들이 용성(龍城)으로 옮겨 설치해야 한다고 의논드리면서, 단지 진(鎭)을 옮기는 편리 여부만 의논하고 수해를 방비하는 일은 미처 의논하지 못했었습니다. 이번에 오랑캐를 방비해야 할 사람들로 홍수를 막느라 군사들이 수고롭고 힘이 분산되어 진실로 작은 염려가 아니었으니, 방비하는 계책을 의논하여 시행하게 하시기 바랍니다.102)

함경북도 병사의 보고를 보면, 조선 조정은 부(府)를 경성에서 용성으로 옮기자는 논의를 하고 있었다. 그런데 경성에 관한 설명에서 경성 서쪽 골짜기의 물이 장백산에서 발원한다는 사실을 알 수 있다.

여기서 경성(鏡城)은 오늘날 중국 길림성 연변(延辺) 조선족자치주 안도현(安図県) 경성촌(鏡城村)을 말한다. 이 기록을 통해서도 장백산은 길림시 북쪽 인근에 있다는 사실을 다시 한번 확인할 수 있다.

---

102) 鏡城地勢, 元是低微, 西北兩洞之水, 來注營城, 而西洞之水, 源出長白山, 萬壑爭流, 合爲一洞, 沛然直下. 若遇大水, 則未及隄防. 臣自三月, 率入番之軍, 修築防川, 列植柳木, 外加石築. 又由大石高厚積置, 役重力微, 故時或令城內居民及營奴婢竝役. 今月十三日, 大雨如傾盆, 兩洞水勢大起, 橫奔失道, 衝破大路, 漂沒民家, 不得已徵發富寧以南各邑軍人, 嚴備器械, 大興功役, 庶可壓勝. 世宗大王朝, 以本府城子低小, 又有水災, 大臣獻議, 當移置于龍城云. 但議移鎭便否, 不及水災防備之事. 今以防胡之人, 亦事防川, 軍勞力分, 誠非細慮. 其爲防備之策, 命議施行.

13. 조선방역지도

중종은 박원종 세력에 의해 얼떨결에 왕위에 올랐던 탓에 재위 초반에는 반정공신들에 둘러싸여 숨 한번 크게 내쉬지 못하였다. 심지어 처가가 반정에 소극적이었다는 이유로 왕이 된지 단 7일 만에 아내 신씨가 사가로 쫓겨났을 때에도 중종은 아무런 저항을 하지 못했다. 박원종의 위세가 하늘을 찌를 때, 그는 틈틈이 산에 올라 그녀가 거처하고 있던 사가를 멍하니 바라보아야 했고, 그 사실을 안 신씨의 친정에서 중종이 잘 볼 수 있는 곳에 그녀가 자주 입던 붉은 치마를 펼쳐놓았다.

그 후 중종은 곧바로 계비 윤씨를 맞았는데 그녀는 원자를 낳고는 이내 산후통으로 숨졌다. 얼마 후 중종은 다시 계비를 맞았는데, 그녀가 바로 그 유명한 문정왕후 윤씨이다. 얼마 후 문정왕후 윤씨는 아들을 낳았다. 그녀는 원자인 전 계비 윤씨의 아들을 자신의 아들과 함께 키웠는데, 원자(인종)가 성장하여 왕위에 올랐으나 9개월 만에 죽어버리고, 결국 문정왕후의 아들이 그 뒤를 이으니 그가 바로 명종이다.

명종이 재위하자 그의 외삼촌 윤원형을 중심으로 한 이른바 '소윤' 일파는 문정왕후의 위세를 등에 업고 전 임금인 인종의 외삼촌 윤임을 필두로 한 이른바 '대윤'을 제거하였다. 외척 간 정치적 갈등으로 촉발된 이 사건을 을사사화라고 하거니와 이는 식민사학자들에게는 엄청나게 회자되는 사건이다. 조선은 이런 당파싸움으로 발전도 못하고 반도에서 정체되어 있었다고 주장하고 싶기 때문이다.

필자가 보건대 무오사화니, 갑자사화니, 기묘사화니, 을사사화니 하는 정치적 갈등 내지는 권력투쟁은 어느 국가에서나 정치판이라면 흔히 있는 일이고 별 특별한 것이 없다. 정치가 원래 그런 것 아닌가?

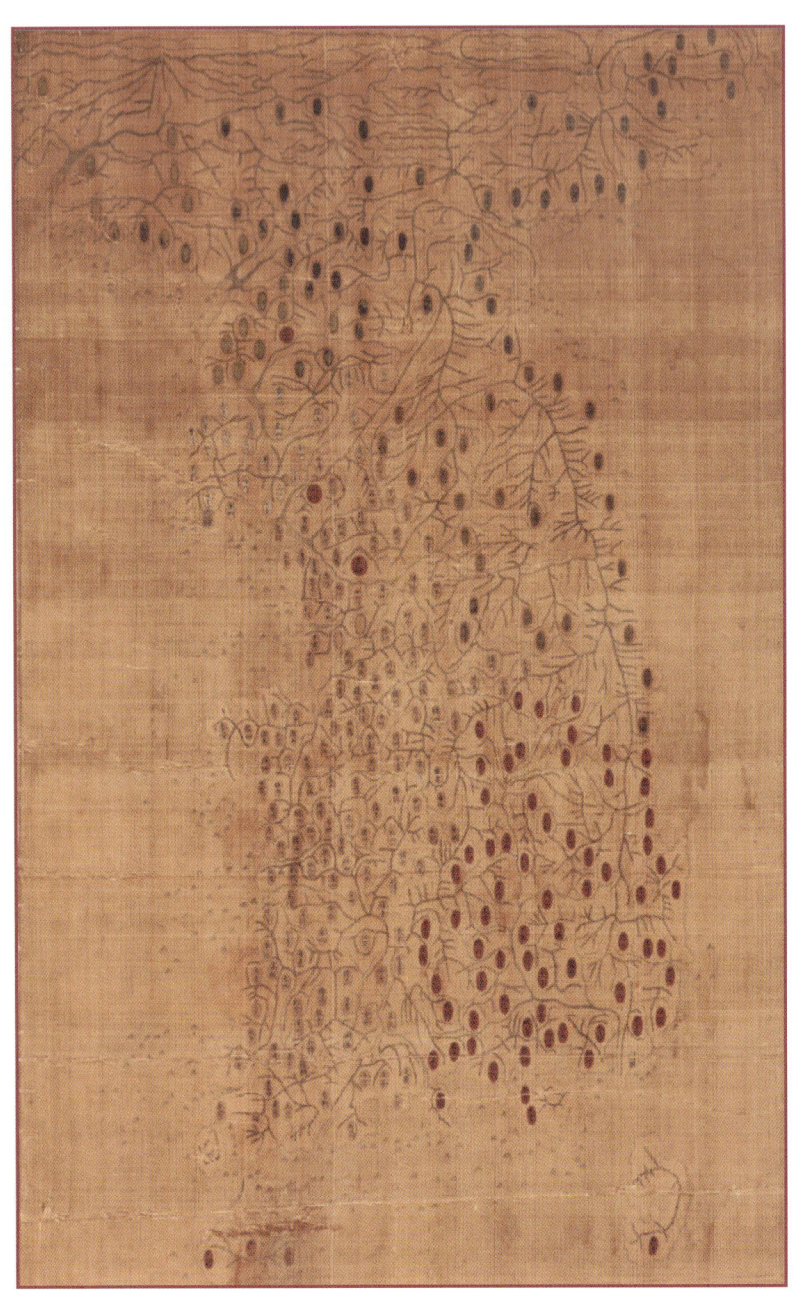

▶ 조선방역지도: 만주와 대마도가 우리의 영토임을 보여준다.

명종 때 사건으로 역사학적 관점에서 의미 있는 것을 들라치면 조선방역지도(朝鮮方域地圖)가 제작되었다는 사실이 단연 으뜸이다. 그깟 지도 한 장이 무슨 역사적 의미를 갖느냐고 말할 수 있겠지만, 역사란 어떤 역사의 주체가 어느 역사적 공간에서 무슨 역사적 활동을 하였고 그것이 오늘날 우리에게 어떤 의미가 있는지를 탐구하는 것이라면, 그러한 역사학의 관점에서 조선방역지도는 실로 중요한 의미를 갖고 있다고 말할 수 있다.

명종 때 조선정부가 제작한 이 지도는 1989년 8월 1일 대한민국 국보 제248호로 당당 지정되었거니와 실제 엄청난 내용을 담고 있다. 조선의 방역 즉, 8도의 주와 현을 표시한 이 지도를 살펴보자.

먼저 오늘날 압록강 위에 커다란 산이 하나 우뚝 솟아있는 것이 보이는데 이것이 추측건대 장백산 내지는 당시의 백두산이었던 것으로 보인다. 그리고 또 놀라운 것은 대마도를 관할하는 조선의 군현이 표시되어 있다는 점이다. 나아가 좌측 상단을 보면 오늘날 만주 일대에 조선의 군현 표시가 보이고 우측 상단을 보면 연해주 일대에 조선 군현 표시가 보인다.

16세기 초 공식적인 우리 영토를 보여주는 지도가 바로 조선방역지도인 것이다.

14. 선조의 만주 경략과 누르하치의 등장

중종은 인종과 명종 외에도 안씨 성을 가진 무수리와의 사이에서 아들을 하나 보았으니, 그가 바로 덕흥군이다. 덕흥군은 외가가 미천

한 탓에 왕실 내에서 아무런 존재감이 없었으며, 일찌감치 궁궐에서 떨려나 오늘날 사직동 근처에서 살았다.

한편, 명종은 소심한 군주였고 말수가 적었지만 배다른 동생 덕흥군에게 만큼은 대하는 태도가 남달랐다. 그는 동생에게 무식하다는 표현을 곧잘 하였는데, 정말 덕흥군이 무식했는지는 정확히 알 수 없다. 다만, 명종은 자신의 아들인 세자가 죽자 덕흥군의 셋째 아들 하성군103)을 콕 찍어 왕위를 물려주었던 것을 보면 명종이 덕흥군을 특별하게 생각한 것은 사실인 것 같다. 한편, 하성군의 지명에 대해 신하들은 외척세력이 미미한 점을 들어 쌍수를 들고 환영했다. 마침내 서기 1567년 하성군이 16세의 나이로 즉위하니 이가 곧 선조이다.

선조는 세력기반이 없었던 탓에 자신의 친할머니를 친할아버지 중종의 빈으로 올리는데 만도 무려 10년의 세월을 소요했다. 그러나 시간이 지나면서 그 주위로 사림세력들이 하나둘 모이기 시작했다. 선조는 제왕 수업을 제대로 받은 적이 없었기에 학식이 낮았으나, 열심히 경연에 임하여 신하 선생님들로부터 사랑을 받기 시작했다. 그는 타고난 영민함으로 30살이 넘어가면서, 조선 역사를 통 털어 가장 우수한 두뇌집단으로 내각을 꾸리고 국정을 이끌어나가기 시작했다.

이 무렵 만주에서는 25세의 누르하치104)가 투런(Turen)을 공격했다 (1583. 5). 부친의 죽음을 사주한 투런의 추장 니칸 와이란을 죽이기 위해서였다. 누르하치가 투런성을 함락하자 그의 이름이 건주일대에 회자되기 시작했다. 당시 32세의 선조는 만주 경략에 힘을 기울이고 있었다. 그러나 상황은 그리 녹녹치 않았다. 그 일면을 조선왕조실록을

---

103) 하성군(선조): 1552년 11월 26일(음력 11월 11일)~1608년 3월 16일(음력 2월 1일).
104) 누르하치: 1559년 2월 21일~1626년 9월 30일.

통해 살펴보자. 다음은 1585년 12월 1일 회령과 풍산 및 장백산에 대한 기사이다.105)

회령(會寧) 보하진(甫下鎭)의 서예원이 80여 명의 기병을 거느리고 강을 건너 적의 근거지를 정탐하려고 오랑캐 땅 깊숙이 들어갔다가 오랑캐에게 패하였는데 서예원이 포위를 뚫고 도망하여 돌아오자 종성에 유배시켰다.

이 해 오랑캐 기병 30여 명이 풍산보(豊山堡) 수호소(守護所)에 갑자기 침입하였는데 수호장 차응호는 말을 버리고 도망가고 만호 김대음 등이 추격하여 노략당한 것을 되찾아왔다. 이에 차응호는 참형에 처하고 김대음은 유배보냈다. 또 오랑캐 기병 10여 명이 회령 경계에 침입하여 말과 소를 약탈하자 부사 이일이 추격하여 곧바로 그 부락을 공격하고 30여 명을 목 베었다.

이때 장백산 밖의 심처호가 틈을 노려 침략하여 인명과 가축에 피해를 끼치곤 하였으나 크게 침범하지는 못했는데, 이는 아군의 군율이 아직도 엄하였기 때문이다.106)

여기서 회령(會寧)은 지금의 하얼빈시 아청구이다. 풍산은 중국 요령성 대련(大連) 장하시(庄河市) 풍산(豊山)을 말한다.

---

105) 출처: 조선왕조실록 선조수정실록 19권, 선조 18년 12월 1일 丁卯 1번째 기사(국사편찬위원회 한국사데이터베이스 참조).
106) 朔丁卯/會寧 甫下鎭 徐禮元, 率兵八十餘騎, 渡江偵賊巢, 深入胡地, 爲胡所敗。禮元潰圍走還, 命竄于鍾城。是年, 胡人三十餘騎, 卒入豐山堡守護所, 守護將車應護, 棄馬而走, 萬戶金大音等, 追擊奪還所鹵掠。命斬應護, 徒配大音。又胡人十餘騎, 入會寧界掠馬牛, 府使李鎰追擊, 直擣其部落, 斬三十級。是時, 長白山外深處胡, 伺隙猝入, 時害人畜, 而不能大肆侵犯, 軍律尙嚴故也。

이 기사를 통하여 장백산이 만주 일대에 위치하고 있음을 다시 한 번 확인할 수 있다.

15. 임진왜란과 가토의 만주침략

선조의 치세가 자리를 잡아갈 무렵 일본에서는 오다 노부나가의 뒤를 이어 그의 가신 토요토미 히데요시[107]가 열도 통일의 과업에 마침표를 찍었다. 그는 대륙진출이라는 헛된 꿈을 꾸고 첩자를 보내 7년간이나 조선의 지형을 정탐한 끝에, 규슈의 북단 나고야(名護屋)에 침략을 위한 전초기지를 구축하였다(1591년).

선조는 일본의 정세가 심상치 않음을 간파하고 만일에 있을지 모를 변란에 대비하도록 하였다. 그는 경상감사에 김수를 임명하고, 경상우병영에 김성일을, 경상좌병영에 이각을 임명하고, 경상좌수영에 박홍을, 경상우수영에 원균을, 전라좌수영에 이순신을 각각 임명했다.

그러나 1592년 4월 13일 부산 앞바다에 수백 척이 넘는 왜선이 등장나자 이를 본 원균과 박홍은 전함을 불태우고 달아났다. 그 바람에 고니시 유키나가(소서행장)가 이끄는 제1군은 아무런 피해도 입지 아니하고 영도에 상륙하였다. 고니시는 부산진성과 동래성을 차례로 함락시킨 다음 양산·청도·대구를 거쳐 문경새재를 향하여 파죽지세로 북상하였고, 곧이어 가토 기요마사(가등청정)의 2군이 상륙하여 언양·경주·영천을 통하여 북진하였다.

---

107) 토요토미 히데요시: 1537년 3월 17일[1]~1598년 9월 18일.

경상감사 김수로부터 왜군의 규모의 실상을 보고받은 선조는 급히 이일을 순변사로 삼아 조령을 봉쇄하도록 하고, 성응길을 경상좌방어사로 삼아 죽령을 지키게 하였으며, 조경을 경상우방어사로 삼아 추풍령을 사수하도록 하였다. 이어 선조는 당대 최고의 명장 신립을 도순변사로 삼아 왜군을 격퇴하도록 하였다.

그러나 상주에 도착한 이일은 일본군의 공격에 전투다운 전투 한번 못해보고 그대로 패주하였다(1592. 4. 24). 한편, 신립은 자신의 8천 기마부대를 비롯하여 긴급 소집된 수만의 병력을 이끌고 충주 방면으로 내려갔다. 그러나 그는 조령의 협곡을 버린 채, 탄금대 평야에 배수진을 치고 1만 2천명의 고니시 유키나가의 부대를 맞았다가, 결국 병사들을 모조리 달천강에 수장시키고 자신의 부장 김여물과 함께 왜군에게 무릎이 꿇린 채 참수되었다(1592. 4. 28).[108]

조선의 정예부대를 물리친 고니시의 1군이 여주를 통과하고 가토의 2군이 용인을 거치는 동안, 탄금대의 비보를 들은 조선의 지휘부는 서둘러 개성을 향하여 피난길에 올랐다(1592. 4. 30).

며칠 후 가토와 고니시가 각각 남대문과 동대문을 통하여 차례로 한양에 입성하였다(1592. 5. 3). 바로 그 날 한양이 적의 수중에 떨어졌다는 급보를 접한 선조는 개성을 버리고 평양으로 향했다(1592. 5. 3).

조선왕이 한양을 버리고 도망간 사실에 충격을 받은 왜군은 한양에서 한동안 머뭇거리다, 다시 추격에 나서 5월 29일 개성을 점령하였

---

108) 출처: 중정일본외사, 선조실록 등에는 신립과 김여물이 남한강에 몸을 던져 자결했다고 기록하고 있으나 일본 측 기록에는 신립을 참수하였다고 기록하고 있다. 이는 당시 군에서의 신립의 위상과 신성군의 장인이라는 신분을 감안하여 죽음을 미화되어 전해지거나 기록된 것으로 보인다. 충주 일대의 민담에도 신립이 목이 잘렸다고 전해진다 (乃蹈嶺至丹月驛。分兵爲二。擊申砬于彈琴臺下。斬之).

다. 그리고, 6월 1일 고니시 유키나가가 이끄는 제1군은 선조를 쫓아 평안도로 나아갔다. 당초 일본이 원하는 것은 '가도입명', 즉 명나라로 가는 길을 원한 것이 아니었던가? 그렇다면 고니시의 행군 방향은 너무도 당연하다. 조선의 지형은 부산으로부터 한양, 평양을 거쳐 의주에 이르게 되면 육로는 단지 요동반도를 지나 산해관에 이르는 한 길이 있을 뿐이기 때문이다.

그런데 이때, 가토 기요마사가 이끄는 제2군이 함경도 방면으로 진격했다. 통상적인 군사 전략의 관점에서라면 조선왕을 추격하여 빨리 전쟁을 끝내고 명나라로 향해야 하는 것임에도 가토 기요마사는 고니시의 1군이 평양을 무너뜨리는 동안, 영흥·북청·단천을 거쳐 마천령산맥을 넘고는, 함경북도 병마절도사 한극함이 이끄는 조선군을 단숨에 제압하였다(해정창109) 전투; 1592. 7. 17). 그 후 가토는 길주·명천을 거쳐 북상하여, 7월 26일에는 회령진을 함락시키고 이곳에 피난 와 있던 임해군과 순화군을 사로잡았다. 1592년 8월에는 가토가 건주에 육박하고 있었다. 조선왕조실록에는 그의 행적이 간단히 나타나 있다.110)

경인이 문서로 가토에게 보고하니, 가토가 회령부에 이르러 성 밖에 진을 치고 홀로 성에 들어와 왕자와 여러 신하들을 본 뒤 경인 등을 책망하기를,

'이 사람들은 바로 너희 국왕의 친자요, 조정의 재신인데 어떻게 이렇게까지 곤욕을 가하는가?'

---

109) 해정창: 현재 김책시.
110) 출처: 조선왕조실록 선조수정실록 26권, 선조 25년 7월 1일 무오 16번째 기사(국사편찬위원회 한국사데이터베이스).

하고는, 결박을 풀게 하고 군중에 두도록 하여 후하게 대접하였다.

그리고는 마침내 군사를 인솔하여 두만강을 건너 깊숙이 노토부락(老土部落)까지 들어가 성을 공격하니 호인(胡人)이 사방에서 일어나 요격하여 사졸들의 사상자가 많았다.

이에 가토는 진로를 바꾸어 종성(鍾城)의 문암(門岩)을 경유하여 강을 건너 온성(穩城)·경원(慶源)·경흥(慶興)에 차례로 들어갔다가 해변의 협로를 따라 경성으로 돌아왔다.111)

만약 조선과 명나라의 경계가 두만강으로 확정되어 있었더라면, 가토가 이토록 가볍게 두만강을 건널 수 있었을까? 만약 그랬다면 일본군이 명나라 영토를 침범한 것이므로 이에 관한 논란이 있어야 한다. 그러나 아무리 찾아보아도 이에 관한 기록은 없다. 어쨌든 1592년 8월 중순 경 가토는 진격을 이어나가고 있었다. 가토군이 건주에 육박하자 여진의 우두머리 누르하치는 기마대를 동원해 일본군을 공격하였다.

여기서 누르하치에게 참패를 당한 가토가 철군하는 경로를 보면, (위 기록에서의 '강'이 두만강이라고 할 때) 종성(鍾城)의 문암(門岩)은 두만강 북쪽에 있음을 알 수 있다.

가토는 간신히 여진족 기마대에의 포위를 뚫고 다시 돌아올 수 있었지만, 이 무렵 한양에서는 명나라의 휴전 제의에 따라 일본군 총사령관 우키타 키데이에가 이를 내부적으로 협의하기 위한 군회의를 개최하고 있었다.

---

111) 景仁以文書馳報于淸正, 淸正至府, 結陣城外, 單輿入城, 見王子, 諸臣, 責景仁等曰: "此乃汝國王之親子及朝廷宰臣, 何困辱至此?" 解縛置軍中, 饋供頗厚. 遂引兵渡豆滿江, 深入老土部落, 攻陷城塢, 胡人四起邀擊, 士卒多死傷. 還由鍾城 門岩渡江, 歷入穩城, 慶源, 慶興, 從海邊峽路, 還入鏡城.

16. 누르하치의 참전제의와 선조의 구원요청

　가토의 왜군을 격퇴한 건주의 누르하치는 여러 경로를 통해 참전 의사를 알려 왔다. 한편 조선정부는 왜적을 상대하기 위해 명나라에 구원을 기대하는 상황에서 뜻밖에 세력이 강성해진 누르하치의 참전 제의에 당황할 수밖에 없었다. 이 무렵 유몽정은 성절사로 명나라에 가서 구원요청을 하고 돌아왔는데, 이때 선조가 편전에 나아가 비변사 당상들과 이 문제를 협의했다.112)

　상이 이르기를,
　"어제 성절사 서장(書狀)의 내용은 어떠하던가?"
　하니, 윤두수가 아뢰기를,
　"잘 주선하였습니다. 또 자문(咨文)을 보았더니 건주위의 누르하치가 와서 구원해 줄 것이란 말이 있었는데, 그 말이 사실이라면 우리나라는 멸망할 것입니다."
　하였다. 상이 이르기를,
　"그렇다면 어떻게 해야겠는가?"
　하니, 두수가 아뢰기를,
　"요즈음 심유경이 하는 일을 보니 화평을 허락하여 적군을 퇴각시키는 것으로 조선을 구하였다는 명성을 사려하고 있습니다. 중원에서도 힘이 약하여 누르하치를 이용해 왜적을 제거하려 하고 있습니다."
　하고, 호조판서 이성중은 아뢰기를,

---

112) 출처: 조선왕조실록 선조실록 30권, 선조 25년 9월 14일 신미 2번째 기사(국사편찬위원회 한국사데이터베이스 참조).

"누르하치가 나오는 일은 불가불 속히 막아야 할 것입니다. 요동에 자문을 보내거나 조관(朝官)을 파견하는 것이 좋겠습니다."

하였다. 상이 이르기를,

"만일 누르하치를 출동시키라는 칙서가 내리게 되면 어떻게 하겠는가? 명군이 한번 꺾이고서 다시 오지 않는다면 사이(四夷)들이 뭐라고 하겠는가?"

하니, 대사헌 이덕형이 아뢰기를,

"누르하치가 얼음이 언 뒤 3만의 군사를 거느리고 강에 이르러 말하길(到江邊曰), '우리는 명나라의 칙서에 따라 왔다.'고 한다면 거절하기가 어려울 것입니다."

하였다. 선조가 이르기를,

"요동에 자문을 보낸다면 발병시키라는 뜻을 언급하지 않을 수 없을 것이다. 비록 강화를 허락한다 하더라도 크게 군사의 위엄을 보여야 할 것이다."

하니, 예조판서 윤근수가 아뢰기를,

"사용재가 '송응창이 1일 출발 보고를 하였으니 곧 산해관을 지날 것이다. 황상께서 반드시 강화를 허락하지 않았을 것이다.'고 하기에 신이 '만일 요동 길로 일본의 조공을 허용하게 되면 비단 우리나라만 해가 되는 것이 아닐 것이다.'고 답하니, 용재가 '남해(南海)로 돌아서 복건(福建)을 통과하게 할 것이다.'고 하였습니다."113)

---

113) 上曰: "昨日【柳夢鼎, 以聖節使回還。】聖節使, 書狀之辭如何?" 尹斗壽曰: "善爲周旋矣。且以咨文見之, 則有建州衛 老乙可赤來救之言。若然則我國滅亡矣。" 上曰: "然則奈何?" 斗壽曰: "近見沈惟敬事, 則欲爲許和退兵, 以賭得救朝鮮之名矣。中原力弱, 亦欲以老乙可赤除倭賊。" 戶曹判書李誠中曰: "老乙可赤出來之事, 不可不速拒。或移咨遼東, 或遣朝官, 可也。" 上曰: "萬一降勅, 則奈何? 天兵一番挫衂, 而不爲更來, 則四夷謂之如何?" 大司憲李德馨曰: "老乙可赤, 氷凍後, 率三萬兵, 到江邊曰, '余遵皇勅而來' 云, 則拒之亦難矣。" 上曰: "移咨

위 기록에 따르면, 성절사 유몽정이 구원을 요청하는 임무를 잘 수행하였지만, 명나라 조정에서 건주위의 누르하치로 하여금 군사를 보내도록 하겠다는 움직임에 대해서 조선 조정이 이를 심각하게 논의하고 있었다.

여기서 윤두수가 '건주위의 누르하치가 와서 구원해 줄 것이란 말이 있는데, 그 말이 사실이라면 우리나라는 멸망할 것입니다.'라고 하였다. 이는 무슨 뜻인가? 생각건대, 누르하치가 부족을 통합하며 세력을 키워가고 있을 무렵 선조 역시 만주 일대를 경략하고 있었으니, 이로 인하여 양측 사이에 군사적 갈등이 발생했다고 볼 수 있다.

한편, "누르하치가 얼음이 언 뒤 3만의 군사를 거느리고 강에 이르러 말하길(到江邊曰), '우리는 명나라의 칙서에 따라 왔다.'고 한다면 거절하기가 어려울 것입니다."라는 대목에서 국사편찬위원회는 '到江邊曰'을 해석하며, 이 강이 오늘날 압록강을 말하는 것으로 단정하고 있는데 이것이 과연 올바른 해석일지는 좀 더 따져 볼 필요가 있을 것 같다.

한편, 선조는 요동 도지휘사사에게 자문을 보내 구원 요청을 하였는데, 다음은 그 대략은 다음과 같다.114)

9월 7일, 경기 관찰사 심대가 보고하기를, '왜적이 중종의 능묘를 파헤쳤고 명종의 능묘의 재사(齋舍)를 불사르고서 묘 아래에 군대를 주둔시켰다.'라고 하였다. 흉악한 무리들이 선왕의 능묘에까지 미쳤으니

遼東, 則發兵之意, 不可不及矣. 雖或許和, 當大示兵威, 可也." 禮曹判書尹根壽曰: "謝用梓言: '宋應昌, 初一日辭朝, 近當過關. 皇上必不許和.' 云矣. 臣答曰: '若許遼路入貢, 則非但我國之害云爾.' 則用梓答曰: '今還退南海, 通于福建矣.

114) 출처: 조선왕조실록 선조실록 30권, 선조 25년 9월 25일 임오 3번째 기사(국사편찬위원회 한국사데이터베이스 참조).

통곡을 억제할 길이 없다.

또 함경도의 주회인(走回人)115) 장복중이 말하길, '저는 병조좌랑 서성을 따라다니며 강원도 지방에서 군사를 모으다가 왜적에게 쫓겨 함경도 함흥부로 들어갔는데, 왜적이 대거 핍박해 왔기 때문에 전 의정부 좌의정 김귀영, 판중추부사 황정욱, 전 승정원 우부승지 황혁, 첨지중추부사 허명 등이 임해군과 순화군을 받들고 북도의 회령진(會寧鎭)으로 피난하여 들어갔습니다. 북도 절도사 한극함과 남도 절도사 이영 등은 만령(蔓嶺) 싸움에서 패하여 종적을 모르게 되었고, 적의 세력이 점점 커져 7월 26일 회령진을 함락시킴에 따라 왕자와 김귀영 등이 한꺼번에 사로잡혔다.'라고 하였다.

과인이 전에 왜적을 피해 서쪽으로 오면서 생각하기에, 함경도는 조상이 터를 잡은 땅이고 또 그 지세가 적을 제압하기에 유리할듯하여 재신(宰臣) 김귀영 등에게 큰아들인 진(珒)과 함께 함흥부로 나아가도록 하였고, 또 황정욱에게는 다섯째 아들인 보(珤)와 함께 강원도 철원부(鐵原府)에 머무르면서 군사를 모집, 왜적을 막아 길을 끊음으로써 전세가 대등하게 되었다. 과인의 처음 생각에는, 오직 두 도(道)를 수습하여 회복하는데 협찬하기를 바랐었는데, 뜻밖에 대군이 몰아쳐 끝내 사로잡히게 되어 골육을 보전하지 못하였으니 더욱 비통하고 분하다. 이들 왜적은 이미 명나라 장수와 조약을 맺고 경계까지 표시하고서도 바로 강동(江東) 지방을 쳐들어 왔다(此賊旣與天將講約標界, 旋卽衝突江東地方).

지금 광해군이 임시로 국사를 처결하며 문무배신(文武陪臣)을 거느리고 본도 성천부(成川府)에 머물면서 의병을 규합하여 적도들을 소탕

---

115) 주회인(走回人): 적의 포로였다가 탈출한 사람.

시킬 방법을 도모하고 있지만, 성천과 강동은 매우 가깝다. 이 적도들이 반드시 이곳의 수비가 단약하다는 것을 알 터이니, 얕은 여울을 건너려고 흉계를 꾸민다면, 명군이 강을 미처 건너기도 전에 본국은 이미 멸망하게 될까 두렵다. 바라건대 속히 전보(轉報)하여 군사를 일으켜 구원하기 바란다.116)

선조는 요동 도지휘사사에게 보낸 자문에서 임해군과 순화군이 함경도로 갔다가 왜군에게 사로잡힌 상황을 설명하면서, '함경도는 조상이 터를 잡은 땅'이라고 하는데, 여기서 함경도가 오늘날 함경도와 같다면, 오해의 소지가 있다.

앞서 설명한 바와 같이 대대로 쌍성의 다루가치였던 이성계 집안이 개경으로 오게 된 것은 이성계 대에 이르러서이고, 조상의 무덤 역시 오랫동안 동안 고향 땅 쌍성에 있다가 그 후 이전되었다. 따라서 위 기록에서 '조상이 터를 잡은 땅'은 쌍성 일대를 가리킨다. 또 위 기록에서는 그곳의 행정구역을 '함경도'라고 표현하고 있는데, 그렇다면, 조선시대 함경도라는 행정구역의 관할은 오늘날 함경도와 사뭇 다를 수 있다. 그렇지 않다면 조선왕조실록의 기록이 오기되었을 가능성을 배

---

116) 九月初七日, 京畿觀察使沈岱馳啓: "賊掘破恭僖王墓, 焚燒恭憲王墓齋舍, 箚陣墓下." 兇醜之禍, 至及先王陵墓, 不勝慟哭. 又有咸鏡道走回人張福重說, 稱: "俺跟兵曹佐郎徐渻, 募兵江原道地方, 被賊追迫, 轉入咸鏡道 咸興府, 賊大擧寇逼, 原任政府左議政金貴榮, 判書中樞府事黃廷彧, 原任承政院右承旨黃赫, 僉知中樞府事許銘等, 奉第一王子第五王子, 避入北道會寧鎭. 北道節度使韓克諴, 南道節度使李瑛等, 戰敗蔓嶺, 不知去處, 賊勢轉熾, 七月二十六日, 進陷本鎭, 王子及金貴榮等, 一時被擄." 云. 當職曾於避賊西行時, 念咸鏡一道, 乃祖先肇基之地, 且有形勢控扼之便, 令宰臣金貴榮等珏, 跟同第一子珒, 前往咸興府, 又令黃廷彧, 跟同第五子珏駐箚江原道 鐵原府, 募兵把截, 共爲掎角. 區區始慮, 唯冀收拾兩道, 協贊恢復, 不期大Ш長驅, 卒見陷擄骨肉不保, 尤切悲憤. 此賊旣與天將講約標界, 旋卽衝突江東地方. 見今第二子【今上御諱】權署國事, 率文武陪臣, 方住本道成川府, 斜合義旅, 圖勦諸賊, 成川距江東密邇. 此賊必知本處守備單弱, 要涉淺灘, 以逞兇計, 誠恐天兵未及渡江, 小邦已底覆亡也. 乞速轉報, 發兵來援.

제할 수 없다.

또 국사편찬위원회는 명군이 강을 미처 건너기도 전에 본국은 이미 멸망하게 될까 두렵다는 대목에서 이 강이 오늘날 압록강을 말하는 것으로 단정하는데, 이 부분 역시 좀 더 깊은 논의가 필요하다. 명군이 건너면 무조건 오늘날 압록강이라고 할 수는 없지 않은가?

17. 명군의 참전과 경략의 현장보고

임진왜란이 발발한지 1개월도 되지 않은 시점에 조선의 반격이 시작되고 있었다. 그 선봉에는 이순신이 있었다. 선조가 평양에 도착하던 날, 전라좌수사 이순신은 여수에서 옥포로 출동하여 적함 26척을 침몰시키고 4048명을 사살하는 등 임진왜란 첫 승전을 기록했다(5. 7: 양력 6. 16). 이순신이 이끄는 조선수군은 이어 사천(5. 29: 양력 7. 8), 당항포(6. 5: 양력 7. 13), 율포(6. 7: 양력 7. 15) 등지에서 연거푸 왜적 섬멸했다.

이어 각지에서 의병이 들불처럼 일어났다. 먼저 의령의 곽재우는 안코쿠지의 제6군이 전주 점령을 위해 남원 방면으로 진격해 내려오자, 길목인 정암진을 차단하고 왜군을 격퇴했다(6. 1: 양력 7. 9). 한편, 고바야카와가 금산성을 함락하고 전주로 진격하자(6. 23), 웅치에서 황진이 안덕원을 막고 왜군을 차단하고(7. 7), 이치에서는 권율이 왜군의 남하를 저지하는데 성공하였다(7. 8). 이어 전라좌수사 이순신은 와키자카의 함대를 견내량[117]으로 유인하여 섬멸하고, 이어 안골포로 이

---

[117] 지금의 거제군 시등면.

동하여 구키와 가토의 함대를 박멸하였다(7. 8: 양력 8. 14). 주력함대가 궤멸되고 정예 수병 1만 명 이상이 몰살당하자, 왜군은 더 이상 적극적인 해상작전을 수행할 수 없게 되었다. 게다가 경상우도에서는 의령의 곽재우, 합천의 김면, 고령의 정인홍이 영산, 창녕, 현풍 일대를 수복하고(1592. 7) 경상좌도에서마저도 권응수가 2천여 명의 군사를 이끌고 영천성 수복하자(7. 27), 왜적은 보급선마저 위태롭게 되었다. 한편, 금산에 있는 제6군 사령부마저도 고경명과 조헌에 의하여 잇달아 공격당하면서 성주로 퇴각하였다(9. 17).

이어 이순신이 이끄는 연합함대는 다대포, 서평도, 절령도, 초량목을 거쳐 부산포를 공격하여 왜선 400여 척을 모조리 격파하여 제해권을 완전 장악하였다(9. 1).

이제 전쟁의 판세가 완전히 뒤집어졌다. 왜군 지휘부는 군량미마저 부족해지자 제6군을 김해에 집결시키고, 전라도를 향해 돌진하게 하였다. 그러나 진주 관민들은 목사 김시민118)을 중심으로 결사항전하고 곽재우가 이끄는 경상도 의병들이 성 밖에서 왜적의 배후를 공격하니, 왜적은 1만여 명이 척살당한 채 패주하였다(10. 10). 함경도에서도 정문부 등이 길주성을 함락하고 가토의 2군을 축출하는데 성공하였다(11. 1).

상황이 이러하자 눈치를 보던 명나라 군대가 전격적으로 국경을 넘어왔다. 사령관 이여송은 감격한 선조로부터 조선군에 대한 작전지휘권을 넘겨받아 곧바로 평양성을 공격하여 함락하였다(1593. 1). 그러나 그는 승리에 도취되어 성급하게 왜군을 뒤쫓다 벽제관119)에서 기습을

---

118) 진주 목사 김시민은 왜군이 쏜 총탄에 맞아 11월 21일(음력 10월 18일) 향년 39세를 일기로 순국하였다.
119) 벽제관: 현재 경기도 고양시.

당하여 죽을 뻔하였다.

    왜군은 벽제관의 승리로 한숨을 돌렸으나 이순신과 곽재우 등에 의하여 보급은 물론 퇴각로마저 차단당하고, 또 행주산성에서마저 권율에게 패배하여(1593. 2) 한양에 주둔하던 본진이 위태로운 상황에 직면하게 되었다. 그러나 다행스럽게도 이 무렵 명나라가 휴전을 제의해 오고 있었다. 왜군은 휴전회담에 적극적으로 나섰다. 명나라 경략부가 추진한 강화회담은 조선은 물론 명나라 조정에까지 비밀로 하면서 진행되었다. 하지만 양측 간 강화협상의 정황을 파악한 조선 정부가 이를 격렬하게 반대하고 나섰으나, 경략 송응창이 사용재 등을 일본군 진영으로 보내 포로가 되었던 왕자들을 무사히 귀환시키면서 선조의 태도가 누그러졌다.

    강화회담을 핑계로 왜군이 스스로 한양에서 물러나자(1593. 4). 당연히 명군의 철병에 관한 논의도 함께 진행되었는데, 이 문제는 경략이 직접 명나라 정부에 보고서를 올렸다.

    경략이 자기 나라 병부를 경유하여 황제에게 보낸 보고서의 내용은 다음과 같다.[120]

이번에 제독 이여송이 올린 게표(揭票)에 의하면 '왜(倭)'가 경성을 버리고 도망해 갔다. 왜는 처음에 16만 병사를 파견하였고 다음에는 20여 만의 병사를 파견했으며 다시 30여 만의 병사를 증파하고 또 다음에는 40여 만의 병사를 증발(增發)하였는데, 지금은 모두 부산 해구에 이르러 전대(前隊)는 바다에 떠 있고, 후대는 험지를 장악하여 조선 강

---

[120] 출처: 조선왕조실록, 선조실록 39권, 선조 26년 6월 29일 壬子 9번째 기사(국사편찬위원회 한국사데이터베이스 참조).

<u>토에 주둔하고 있다</u>. 관병이 한양을 떠나 적을 추격하여 1천여 리를 전진하자 왜적이 소굴로 돌아갔다. 그러나 일부 병사를 계속 주둔시켜 협조하여 조선을 지키고 대병은 철수하여 내지(內地)를 지키어 만전을 도모하기를 청한다.'고 했습니다. 근래의 군병 철수에 대한 논의를 보건대, 대략 이르기를 '왜노의 병마가 많은데 조선은 군량이 부족하고 도로는 멀며 병마는 모두 병이 들었으니, 대병을 모두 철수시켜 각 진영으로 돌아가게 해야 한다.'고 하였는데, 이런 사연이 저에게 도착했습니다.

 제가 세밀히 관찰해 보니, 갑자기 철수할 수 없고 조금 시일을 기다리는 것이 상책일 것 같습니다. 바라건대 우선 왜노가 한양에서 철수한 이유를 말하고, 다음으로 부산에 주둔한 실정을 언급하며, 마지막으로 조선은 중국에 있어 필요한 위치에 있으니 요새지를 지키지 않을 수 없다는 사실을 진술하겠습니다. 왜적이 평양과 개성에서 패전한 이후로 모두 왕성 안에 집결하여 성을 수축하였는데, 채(寨) 안에 또 채를 설치하고 책(柵) 안에 책을 설치하여, 그 방어하는 범주가 너무도 주밀하여 평양에 비할 바가 아니었습니다.

 저는 매번 이여송 및 유황상 등과 공방술을 논의하였는데 중과부적은 물론이고 우리는 피로한데 왜노는 안정되었으며, 천시와 지리 또한 우리에게 불리하였습니다. 그러므로 잠시 대병을 휴식시켰다가 다시 군의 위세를 널리 선포하고 마초와 군량을 운반하여 오래 주둔할 뜻을 보여주었으며, 반드시 왜노를 공격할 것이라는 뜻을 보여주었더니, 한양에서 도피해 나오는 조선의 남녀가 날마다 천여 명에 이르렀고, 왜노도 두려워하여 한양에서 도망할 뜻이 있다고 하였습니다. 그러나 우리 군사가 뒤에 있는 것이 염려되고 또 토요토미에게 보고할 말이 없으므로 마침내는 공물과 봉작의 명목을 내세우고 애걸하여 떠났습니다. 제가 이런 기회를 이용한 것은 사실 한양을 힘으로 공격할 수가 없기에 지혜로써 수복한 것으로, 한양을 수복하고 나니 한강 이남의 천여 리에 이르는 조선의 고토가 삽시간에 회복되었습니다. 생각건대, 이 왜노는 4월 19일부터 도망하여 동쪽으로 도망가되 곳곳마다 진영을 설치하고, 험지를 만들며 번을 나누어 교대하여 휴식하는 방법을 쓰면서 물러갔을 것입니다.

　이때 제가 격서를 보내 대병으로 하여금 뒤쫓아 진격하게 한 것은 우선 그들이 번복하여 다시 올 것을 저지하는 한편, 일시적으로 그들이 사방에서 살인과 약탈하는 것을 방지하기 위해서였습니다. 그러므로 왜노가 행군하면 우리도 행군하고, 왜노가 정지하면 우리도 정지하였습니다. 왜노는 아군이 방비가 되어 있는 줄로 알기 때문에 도중에 소란을 피우지 못하고 곧바로 해상으로 물러갔으며, 무기를 버리고 투항하는 자가 모두 90여 명이었습니다. 제가 또 조선 국왕에게 고하여 속히 전라도 등의 수병과 거북선을 조발하여 바다를 포위하게 하니, 왜노는 쥐 죽은 듯이 지키기만 하고 감히 움직이지 못하였습니다. 제가 그들에게 빠져 나갈 길을 열어 주게 한 것은, 대체로 우리가 은혜를 베푼다는 뜻에서 깊숙이 추격하지 않고 대의를 온전히 하려는 것입니다. 만일 그렇지 않았다면 조선 수병으로 하여금 앞길을 끊게 하고 우리는 대병을 거느리고 뒤쫓아 진군하다가, 그들이 극도로 피곤할 때를 기다려 적절한 기회에 앞뒤에서 협격하여 일대 주살을 감행하였을 것입니다. 대체로 저쪽에서 싸움을 일으켰으니 우리도 또한 작은 약속에 구애되어 기회를 놓치지 않았을 것입니다. 그런데도 이와 같이 한 것은 모두 제가 왜노로 하여금 조선은 중국에 의지하고 있고, 또 중국을 침범하면 반드시 주살 당한다는 점을 알게 하여 후일에 외람되이 엿보려는 생각을 예방하면서 국가를 위한 장구지책을 꾀하려 한 것입니다. 지금 왜노는 전행 부대는 비록 물러갔다고 하나 후행 부대는 집결해 있으며, 또 들으니, 그들은 토요토미의 소식을 기다리고 있다고 합니다.

대체로 부산은 비록 남해변의 경계에 위치하고 있으나 여전히 조선의 강역입니다. 지금 왜적을 초토하지 않는 것은 비유하자면 종기를 째서 고름을 뽑았으나 남은 독기는 여전하고, 또한 풀을 베어 제거하였으나 싹은 아직 남아 있는 것과 같습니다. 하물며 적의 사절이 했다고 하는 말을 항복한 왜인을 통하여 살펴보니, 토요토미는 실로 조선에 도읍을 정하고 내지를 엿볼 수 있는 기반을 구축하려 했다 하며, 만일 조선을 얻으면 통공(通貢)하는 것보다 낫다고 하면서 우키타와 고니시 등이 마음대로 한양을 떠난 죄를 크게 꾸짖었다고 합니다. 이로써 토요토미의 야심은 뚜렷이 밝혀졌는데, 어찌하여 신중히 생각하지도 않고 갑자기 철병을 논의할 수 있겠습니까? 만일 왜인이 군사를 늦추는 계책으로 우리를 꾀고 바쁘게 명을 따르는 계책으로 우리를 피곤하게 하며, 겸손한 말로 약속을 청하는 계책으로 우리를 어리석게 해 놓고 우리 군사가 철수하여 내지로 깊숙이 들어가기를 기다렸다가 돌연히 다시 침범한다면 조선은 지탱하기 어려울 것이요, 우리 병졸도 다시 돌이키기 힘들 것입니다. 그렇게 되면 왕경·개성·평양·함경·황해 등 여러 곳은 왜적이 수고로이 힘을 쓰지 않아도 모두 그들의 소유가 되어, 조선을 다시 잃게 되고, 전공은 모두 헛고생이 될 것이니, 우리들은 장차 무슨 말을 하겠습니까.

금년 봄에 한양에서 이여송이 양원 등과 함께 전황을 상세히 제게 보고하였는데, 모두가 일컫기를, 왜노는 수가 많고 아병은 쇠약하니,

군사를 철수하여 귀국하고자 한다는 것이었습니다. 오늘날 소청하는 것은 저만 홀로 불가하다고 하여 강력히 제지하고 있는 셈입니다. 군량이 결핍됐다는 말도 있으나, 병사를 나누어 식량이 있는 곳으로 나아가 먹게 하면 식량은 자족할 수 있을 것이요, 또 병사들이 질병에 고생하고 있다고 하나 의원과 약품을 지급하면 질병은 자연히 사라질 것이며, 만일 음식을 두루 지급하지 못한다고 한다면 소와 술로써 호군하되 시판(市販)을 이용하면 용도가 넉넉할 것이니, 진실로 저의 계책에 따르면 군졸의 마음도 안정될 것입니다. 지금의 부산은 전일의 한양과 같은 입장입니다. 왜노가 한양에 웅거했을 때엔 오랜 세월을 두고 곤궁을 참으면서 그들을 물러가게 했는데, 지금 부산에 있는 왜적은 다소 오랜 시일을 끌더라도 끈기 있게 지켜 그들이 물러갈 것을 기다리지 못하겠습니까?

조선은 국토의 넓이가 동서로 2천리이고 남북으로 4천리입니다. 대체로 정북쪽의 장백산(長白山)에서 산맥이 일어나서 남쪽으로 전라도 경계에 이르러 서남쪽을 향하여 멈춰 있습니다. 대마도 등 여러 섬들은 조선의 동남쪽 모퉁이에 편재(偏在)되어 부산진과 마주하고 있어서, 왜선은 다만 부산진에만 올 수 있고 전라도를 지나 서해에 이르지는 못합니다. 이는 대개 전라도의 지형이 북쪽에서 남쪽을 향하다가 서쪽을 둘러 중국의 상진(常鎭)과 더불어 동서로 대치하기 때문인데, 동(東)·보(保)·계(薊)·요(遼)가 일본과 더불어 격절되어 바닷길을 통하지 못하는 것은 실로 이 조선국이 있기 때문입니다. 그러므로 일본이 동·보·계·요를 침범하려면 반드시 전라도 지방의 바닷길을 돌아야만 천진(天津)에 도달할 수 있습니다. 그러나 서북쪽의 해면은 해양이 넓고 파도가 거세니 어찌 모두 그들의 뜻과 같이 되겠습니까. 그러므로 일본은 조선을 경유하지 않으면 동·보·계·요 지방을 쉽사리 침범하지 못하는 것입니다. 간간이 한두 도적떼가 몰래 나타나는 것은 곧 왜선이 절(浙)·직(直)과 민(閩)·광(廣) 지방으로 떠났다가 동남풍에 의하여 표류된 것이니, 항상 있는 왜선이라 할 수는 없습니다. 이는 하늘이 북경을 호위하기 위하여 이 조선국을 동남에서 서북 사이로 뻗게 하여 한 흉악한 일본 오랑캐로 하여금 연(燕)·계(薊) 제로(諸路)에 뜻을 펴지 못하게 한 것으로, 실로 천험(天險)으로써 한계를 삼은 것인데, 토요토미는 교활해서 이런 연유를 익히 알고 있습니다.

조선은 계·보·산동 등과 더불어 서남방으로 다만 바다를 격해 있을 뿐인데 조선의 지형은 부산으로부터 의주에 이르게 되면 육로는 단지 요좌(遼左) 한 길이 있어 산해관에 이르고 수로는 천진이나 산동 등에 도달할 수 있는 길이 일곱 갈래가 있으니, 만일 순풍만 만난다면 가까운 곳은 하루나 이틀, 먼 곳은 사흘에서 닷새면 도달할 수 있고 그다지 어려운 곳은 없습니다. 그러므로 왜노가 한번 조선을 차지하여 급히 소굴을 만들고 군사를 나누어 중국을 침범하기는 참으로 용이한 일입니다. 우리가 육로에서 방어하면 수로를 지탱하기 어렵고, 수로에서 방어하면 육로를 지키기 어려워 국경 세 곳이 동요되면 북경이 흔들릴 것이니, 그 환난은 이루 다 말할 수 없을 것입니다. 토요토미가 조선 침략을 도모하려 하는 것은 사실 중국 침략을 도모하려는 것이고, 우리 군사가 조선을 구제하는 것도 실은 중국을 보호하려는 것으로, 다른 이웃의 싸움을 구제하는 것에 비할 바가 아닙니다. 이로써 조선은 왜노에게 있어서는 반드시 뺏어야 할 땅이고 중국에 있어서는 결코 버리지 못할 이웃임을 알 수 있습니다. 제가 또 염려하는 것은 여러 장수들이 나의 마음을 알지 못하고, 나의 뜻을 본받지 못하여 어지러이 군사를 조달하느라 동서로 분주하여 안정되지 않는 것이니, 다시 패문(牌文)을 발송하여 장관을 효유하여 단지 유정·오유충·낙상지 등만 각기 통솔하고 있는 병마를 거느리고 상주·조령 등 각 요해지에 주둔하게 하고 나머지 대병은 제독을 따라 철수하여 나누어 주둔하며 휴식하면서 방어하다가, 부산에 있는 왜노가 바다를 건너 귀국하면 그 때 요청을 받아 철군하게 하소서.

제가 또 헤아려 보건대, 부산의 많은 왜노가 만일 다른 뜻이 없다면, 한 달 안에 정녕 바다를 건너 돌아갈 것입니다. 왜노가 우리를 보는 것이 우리가 왜노를 보는 것과 같습니다. 저들은 전라·경상 간을 삼킬 마음을 두었다가 욕심을 펴지 못하였고, 앉아서 우리 군사가 돌아가기를 기다렸으나 뜻과 같이 되지 않아 간교한 술책을 부리기 어려우니, 돌아가지 않고 무엇을 기다리겠습니까. 그들이 돌아가기를 기다려 대병은 내지로 철수시키고 한 부대를 주둔시켜 조선을 방어하는 것이 상책이 될 것 같습니다. 혹자는 '왜노가 거짓으로 가는 체하였다가 다시 돌아오면 어찌하나?' 하는 이도 있는데, 제가 헤아려 보니, 부산항은 왜노와 접촉한 지 여러 해가 되어 조선인과 더불어 서로 통상하며 오가는 길을 익숙히 알아, 지난해에는 조선의 방비가 없음을 틈타서 급속히 침탈을 감행할 수 있었던 것입니다. 그러니 왜노가 돌아간 뒤에 즉시 이곳에다 본국의 수륙 군병을 배치하고, 군위와 무기를 증설하며 험지를 장악하여 나라를 굳게 지키게 하고, 우리 군병 또한 주둔시켜 적절히 대응하여야 합니다. 조선이 이미 견고해지면 동·보·계·요는 다시 염려하지 않아도 될 것이고, 따라서 북경은 화산(華山)과 같이 안정될 것입니다. 오늘날 필요한 급선무는, 단지 군사를 징발시켜 조선을 지키는 데 협조하는 것이 제일 상책입니다. 만일 의논만 분분하다가 군사를 사진(四鎭)의 해구(海口)와 여순(旅順)의 여러 섬에 나누어 배치한다면, 지방은 멀고 발해는 아득히 넓어서 비록 수십만의 군사라도 부족할까 염려됩니다. 만일 조선이 우리나라의 요새지가 됨을 고려하여 군사를 징발하여서 함께 지키면 만 명만으로도 충분할 것이니, 군사는 우리가 내고 식량은 조선에서 충당하면 번잡하지 아니하고 편리하여 일은 옛날 사람의 반이지만 효과는 배나 될 것이니 이보다 더 좋은 계책이 없습니다.

제가 또 생각해 보니, (군사들을) 멀리서 징발하여 타국에 오래 머물게 하니, 추위와 더위를 겪으며 갖은 고초를 겪고 있습니다. 근래에는 다시 떠도는 말에 병사들이 사기가 저하되었으니, 저도 또한 조속히 철병하여 병사들을 위로해야 한다고 생각합니다. 다만 사안이 너무 중대하여 실로 마음대로 할 수 없어 이제 죽음을 무릅쓰고 청하니, 병부에 명하여 제가 말한 바를 다시 상의하게 하소서. 오늘날의 일은 철병하느냐 마느냐 이지만, 만약 지금 병사들이 오래도록 머무르기가 어려울진대 급히 진인(陳璘)과 심무(沈茂)의 관병이라도 재촉하여 빨리 와서 협조하게 하소서."121)

---

121) 經略接伴使尹根壽馳啓曰: "本月二十六日, 經略坐堂謂臣等曰: '鳥嶺三處設關可守, 則我當留吳惟忠, 駱尙志, 沈茂之兵. 我之初意, 本不如此, 事不如意' 云云. 蓋謂初意, 則在於進取, 緣朝廷有撤兵之意, 不得主張云. 有許宏綱者, 上本請撤兵, 聖旨已準云. 經略因此送揭帖于兵部, 使之轉奏, 故其揭帖謄書上送。" 有曰: 節該, (節)[卽] 據提督李如松呈稱揭票, '倭棄京逃去. 倭奴初起十六萬, 次起二十餘萬, 再起三十餘萬, 又次起四十餘萬, 今俱至釜山海口, 前隊浮海, 後隊扼險, 屯住朝鮮(彊)[疆] 土. 官兵離王京, 追進千有餘里, 賊已歸巢. 應請留兵協助, 防守朝鮮, 將大兵撤回, 防守內地, 以保萬全' 云. 近據議撤軍兵, 大約謂倭奴兵馬數多, 朝鮮糧餉不繼, 道路遠阻, 土馬疾病, 大兵盡撤, 還歸各鎭緣由到職. 該職細加詳察, 有不能以遽撤, 而少需時日, 似爲得策. 請先言倭奴遁離王京之由, 次及釜山屯住之實, 終陳朝鮮係中國喫緊, 險隘不可不防守之故. 方倭自平壤, 開城敗衂, 倂集王城中築城, 寨中置寨, 柵中立柵, 其防範周密, 更非平壤比. 卑職每與如松及劉黃裳等, 議攻守之術, 而以衆寡懸絕, 勞逸頓殊, 天時地利, 又不在我, 故暫令大兵少息, 乃廣布軍器, 飛運芻糧, 以示久駐, 以示必攻, 而朝鮮男婦自王京逃出者, 日以千計, 倭實悚懼, 意欲遁歸, 而又慮我兵在後,

且無辭以復關白, 竟假貢乞哀以去。職卽將機就計以聽之者, 實以 王京不可力攻, 止可智取。取王京, 而漢江以南千有餘里朝鮮故土, 兗然恢復矣。惟是倭奴, 自四月十九日, 宵遁而東, 步步爲營, 程程設險, 用分番迭休法以退。職於彼時, 檄令大兵尾進者, 一以沮其蘇然復來, 一時防其四外搶殺。倭behaviorally我兵亦行, 倭止我兵亦止。倭知有備, 沿途寂然, 直奔海上。且有投戈來降者, 共得九十餘兵。又移文國王, 令其速調全羅等道水兵龜船, 遠出海面。倭如帖然守法, 不敢生事。職卽聽其颺去, 蓋恩自我始, 不至深追, 而全大義。否則令朝鮮水兵, 邀截於前, 我率大兵, 尾進于後, 待其困極, 機有所乘, 背腹夾擊, 一大創之。蓋釁自彼作, 我亦不當徒泥小信, 以悞事機。若此者, 皆職欲使倭奴, 明知朝鮮有中國可賴, 中國侵犯必誅, 以圖後日覬覦之念, 而爲國家長久之計耳。今倭前行者雖去, 而後隊結聚釜山, 且聞其欲待關白消息。夫釜山, 雖界於南海之濱, 猶朝鮮疆域也。譬之治癰決矢, 而餘毒尙在, 譬之去草艾矣, 而萌蘖猶存。矧賊飾, 審辭倭供稱, 關白實欲建都朝鮮, 有窺犯內地根本。得朝鮮, 勝如通貢, 深責平秀嘉, 平行長等擅離王京之罪。夫關白雄心, 較然昭著, 何得不爲深思, 而遽然議撤乎? 有如倭以緩兵之計(誘)〔誘〕我, 以奔命之計疲我, 以卑辭請約之計愚我, 瞰我罷兵, 深入內地, 突然再犯, 朝鮮不能支撑, 我兵卒難再返, 則王京, 開城, 平壤, 咸鏡, 黃海諸路, 倭必不勞餘力, 盡爲彼有。朝鮮復失, 前功盡棄。職等, 將何說之辭! 卽今春王京, 如松同一協將領楊元等, 各具詳揭報職, 咸稱倭奴衆多, 我兵疲弱, 亦欲撤兵歸國。如今日所請, 職獨不可力之。謂兵乏糧餉, 分兵就食, 則食自足; 兵苦疾病, 給與醫藥, 則疾自除。飮食不周, 犒以牛酒, 招引市販, 則用自(靜)〔裕〕, 果如職計, 軍心帖服。今之釜山猶昔之王京也。倭據王京, 以歲時計, 用困守而使之去。今逋釜山, 以月日計, 獨不可耐心居守, 以待其歸乎? 朝鮮幅圓, 東西二千里, 南北四千里。蓋從正北長白山發脈, 南至全羅道地界, 向西南而止。若日本 對馬諸島, 偏在朝鮮東南隅, 與釜山鎭正對, 倭船止可抵釜山鎭, 而不能越全羅以至西海。蓋全羅地界, 直北正南迤西, 與中國常鎭【卽南直隷 常州 (鎭西府)〔鎭江府〕也】, 東西對照, 而東保【恐是山東 保定也】, 薊·遼, 與日本隔絶, 不通海路者, 實賴此朝鮮一國也。故日本欲犯東保, 薊·遼, 必須彎轉全羅地嵩, 方能達天津。西北海面, 海洋空闊, 安能一一如意? 故日本不由朝鮮, 則東保, 薊·遼實未易犯。間有一二竊發者, 乃由倭船去于浙·直【指浙江及南直隷地方也】, 閩·廣地方, 俱東南風飄泊使然, 非所以論倭之常也。(放)〔故〕天護衛神京, 亘此一國於東南, 西北之間, 使日本兇夷, 不得逞志燕, 薊諸路者, 實天險以限之也。關白雄奸, 熟察此故。蓋朝鮮與薊, 保, 山東相距, 止是西南一海, 若朝鮮自釜山以至義州, 陸行止有遼左一路, 以抵山海, 而水行有七路, 可達天津, 山東等處。若得順風, 近者一二日, 遠者三五日卽達, 無甚難者。故此奴一得朝鮮, 遽爲巢穴, 分投入犯, 特易易耳。吾禦於陸, 而水路難支; 吾禦於水, 而陸路不免。三境動搖, 京輔震(攝)〔懾〕, 其患有不可勝言者。關白之圖朝鮮, 實所以圖中國, 而我兵之救朝鮮, 實所以保中國, 非吝救鄉隣鬪者比也。以是, 知朝鮮爲倭奴必爭之土也, 爲中國必不可棄之外藩。職又慮諸將不察职心, 不體職意, 亂將軍土徵調, 奔走東西, 迄無定所。復發一牌, 曉諭將官, 今止留劉綎, 吳惟忠, 駱尙志, 各帶所統兵馬于尙州, 鳥嶺, 各要害處屯駐, 其餘大兵, 聽提督徹回分布, 休息防守, 俱候釜山 倭奴下海歸國, 題請撤放。職又計之, 釜山衆倭, 設無他意, 則匝月之間, 定當浮海還去。蓋倭之視我, 猶我之視彼, 彼欲甘心于羅, 慶之間, 而不得逞欲, 坐候我兵之歸, 而不可得。奸狡難施, 不歸奚待? 竢其歸後, 而大兵撤回, 內地留扎, 防守朝鮮, 似爲得策。或者謂: "倭佯去, 而再來奈何?" 職亦計之, 釜山海口, 係倭累年, 與朝鮮人通販交易, 往來熟路, 去歲因朝鮮無備, 遽爾侵奪。儻倭歸後, 卽于此地, 增設本國水陸軍兵, 廣布軍威器械, 抱險固邦, 而留守之兵, 亦能接應。朝鮮旣固, 則(東輔)〔東保〕, 薊遼, 不復深慮, 而京輔安如泰山矣。今日喫緊機宜, 惟是撥兵協守朝鮮, 爲第一上策。若紛紛藉藉, 徒于四鎭之海口, 旅順之諸島, 分列布置, 職恐地方遼遠, 渤海

경략 송응창이 명나라 병부에 보낸 보고서의 내용 중에는 매우 흥미로운 대목이 있다.

먼저, '조선은 국토의 넓이가 동서로 2천리이고 남북으로 4천리입니다.'라는 부분이다. 이는 만주가 조선의 땅임을 명나라 관리가 인정한 것이다.

다음으로 '조선의 지형은 부산으로부터 의주에 이르게 되면 육로는 단지 요좌(遼左) 한 길이 있어…'라는 대목이다. 실제 명나라는 청나라와는 달리 북만주 일대를 두고서는 조선과의 사이에 아무런 다툼도 벌이지 않았다.

한편, 송응창이 '제가 또 조선 국왕에게 고하여 속히 전라도 등의 수병과 거북선을 조발하여 바다를 포위하게 하니, 왜노는 쥐 죽은 듯이 지키기만 하고 감히 움직이지 못하였습니다. 제가 그들에게 빠져 나갈 길을 열어 주게 한 것은, 대체로 우리가 은혜를 베푼다는 뜻에서 깊숙이 추격하지 않고 대의를 온전히 하려는 것입니다. 만일 그렇지 않았다면 조선 수병으로 하여금 앞길을 끊게 하고 우리는 대병을 거느리고 뒤쫓아 진군하다가, 그들이 극도로 피곤할 때를 기다려 적절한 기회에 앞뒤에서 협격하여 일대 주살을 감행하였을 것입니다.' 라고 말한 대목도 시사하는 바가 매우 크다.

杳冥, 雖數十萬而不足。如視朝鮮, 爲我國扼塞, 撥兵同守, 可用萬數而有餘。借兵資糧, 禦繁執簡, 事半古之人, 而功必倍之, 計無出于此矣。職又念, 徵調客兵, 久戍外國, 歷寒及暑, 備極艱辛。近復將士恐懼流言, 志驟氣沮。職亦亟欲撤放, 以慰群情, 但關係重大, 職實未敢擅便, 故取冒昧上請, 伏乞勅下兵部, 將職所言, 再加詳議。今日事體, 應留應撤, 儻以舊兵, 日久難留, 亟催陳璘、沈茂官兵, 前來接濟云云。

즉, 송응창에 따르면, 이순신이 제해권을 장악하게 된 것도 자신의 전략의 일환이며, 그 이상 왜군을 공격하지 못하게 한 것도 은혜를 베풀어 왜군이 빠져 나갈 길을 열어 주게 하기 위함이라는 것이다. 다시 말하면, 작전지휘권을 가지고 있는 명나라에서 이순신이 적극적으로 왜군을 토벌하려는 것을 막았다는 것이니, 참으로 어이없는 일이다. 이것이 전시작전권을 다른 나라에게 빼앗긴 참혹한 결과인 것이다.

제7부
철령위 사건과 명과의 관계

철령은 오늘날 중국 요령성의 지급시로 심양(瀋陽[沈阳])의 동북쪽 약 70㎞에 위치한다. 철령위 사건 당시 고려의 왕경은 철령으로부터 300리에 있었다.

철령위 사건과 명과의 관계

1. 쌍성총관부와 동북면

서기 1270년, 고려와 몽고 두 열강의 기나긴 싸움이 마침내 끝을 맺었다. 이를 두고 많은 사람들은 고려가 몽고에 굴복했다고 믿고 있다. 그러나 이는 사실과 다르다. 주은래 역시 '원나라도 역시 당신들을 침략했지만 결국 실패했다.'라고 1963년 6월 28일 말하지 않았던가? 사실 몽고는 공주를 갖다 바치며 고려에 강화를 요청했던 것이다.

고려가 몽고의 요청을 수락하자 고려의 황태자는 몽고 칸의 가족 자격으로 '쿠릴타이'에 참가하여 세계제국의 차기 권력을 선출하는데 직·간접으로 관여하며 세계제국의 정계에서 엄청난 파워를 행사하게 되었다.

서하가 몽고에 의해 점령된 이후 대대적인 인종청소를 당하여 멸족되었고, 호라즘 제국이 무너지자 오트라르 성의 성주가 눈과 귀에 끓는 은물을 뒤집어쓰고 처형당하는 등 유라시아 거의 대부분 지역이 정복자의 무자비한 만행에 희생된 것과 비교하면, 몽고가 고려에 대해 보여준 성의는 상상을 초월한 것이었다. 더구나 고려는 싸우다 말고 휴전을 제의했다가 이를 뒤집어 다시 공격하고, 또 휴전의사를 전달했다가도 다시 번복하여 싸우기를 수도 없이 거듭하여, 칸 일족의 분노가 하늘을 찌르지 않았던가?

한국사 교과서에서 설명이랍시고 한다는 것이 대개는 고려가 항복함으로써 공녀, 해동청과 같은 인적·물적 자원을 수탈당했다고 한다. 그러나 그것은 양국 간 인적·물적 교류의 일본식 표현이다. 고작 그 정도를 얻는 대가로, 몽고가 그토록 파격적으로 고려를 대우한 것은 선뜻 이해가 가지 않는다. 아무리 찾아보아도 고려가 몽고에 굴복한 것이 아니라 고려와 몽고가 대등하게 종전협정을 체결한 것으로 볼 수밖에 없다. 몽고는 최강 고려 황실과 사돈관계를 맺는다는 감격으로, 그들로부터 당한 수많은 모욕과 배신에 대한 아픈 기억을 모두 털어버렸던 것이다.

그렇게 양국의 혈맹체제가 두 세대 남짓 지속되는 동안 양국의 평화협정에 따른 인적·물적 교류는 세계제국의 번영을 이룬 토대가 되었다. 그러나 아무리 아름다운 꽃이라도 10일이 못 돼 시들기 마련이고, 무소불위의 권력이라도 10년을 넘기기 어려운 법이다. 비록 몽고가 (고려를 제외하고) 세계를 제패하였다 하나 어찌 그 위세가 100년을 가겠는가?

바야흐로 14세기에 접어들면서 몽고 황실 내부에서 쿠데타가 속출하는 가운데, 기상이변이 빈번하게 발생하고 전염병이 내륙을 휩쓰는 일이 잦아졌다. 그 사이 민심이 동요하고, 각지에서 반란이 일어나는 등 어느새 대제국의 위세는 눈에 띄게 약화되고 있었다.

바로 이 시기에, 살구꽃 같은 얼굴에 두 뺨은 복숭아꽃 같고, 버들가지처럼 날씬한 허리를 가진 한 여인이 몽고 황실에 홀연히 등장했다. 기씨 성을 가진 이 여인은 연천에서 공녀로 차출되어 왔다는데, 천신만고 끝에 서기 1338년 1월 23일 원나라 제11대 칸인 혜종의 아들을 낳았다. 이 여인은 얼마 후 몽고 황실의 황후로 등극했다. 몽고의 현재와 미래 권력을 모두 움켜쥔 기황후는 원나라 황실을 넘어 전 세계에 큰 영향력을 행사하기 시작했다.

한편, 당시 고려는 충목왕이 8세에 즉위하여 4년 만에 병을 얻어 세상을 떠나고, 충혜왕의 서자였던 충정왕이 12세의 나이로 왕위를 이어받고 있었으니, 외척들이 이권을 잡고 국정을 농단하는 가운데, 왜구들의 침략이 시작되고 있었다.

기황후는 모국의 혼란을 그냥 두고 볼 수 없었다. 때마침 그녀의 옆에는 노국공주가 있었다. 노국공주는 징기스칸의 7대손으로 왕실의 순혈 적통이다. 그녀의 도움이 없었더라면 기황후가 그 막강한 자리에 오르지 못했으리라.

마침내 어린 충정왕 대신 노국공주의 남편인 강릉대군이 개경으로 갔다(1351년). 그가 바로 당대 최고의 영웅 공민왕이다. 이 당시만 해도 기황후로서는 올케 남편쯤으로만 생각한 그 순둥이가 몽고 황실의 마지막 사위가 될 것을 꿈엔들 몰랐을 것이다.

노국공주 부부가 개경에 도착했을 때, 기황후의 오빠인 기철이 그들을 맞았다. 기철은 야심만만한 인물이었다. 그는 무인집안에서 태어나 일찍부터 무예를 익힌 탓에 칼 쓰는 자들을 제법 거느리며 쌍성 일대에서 힘깨나 쓰고 있었다. 그런데 최근 뜻하지 않게 자신의 여동생이 몽고의 차기 황제 '아유르시리다르'를 출산하면서 황후가 되자, 고려에서 조정에서 그의 눈치를 보기 시작했다.

이제 그의 여동생이 고려왕까지 갈아치웠다는 것이 아닌가? 기철을 따르는 무리들이 점점 더 늘어났다. 노국공주를 제외하고는 그가 두려워 할 자 누가 있겠는가? 그는 공민왕을 상대로도 신하로 칭하지 아니하였으며 함께 말을 탈 때면 말머리를 나란히 하였다.

그러나 한 하늘에 어찌 두 개의 태양이 떠 있으랴? 세계 대제국 황실의 사위와 황태자의 외삼촌 간 권력 암투는 고려의 운명을 결정짓는 한판 승부를 예고하고 있었다.

기철은 쌍성의 병권을 사실상 틀어쥐고 있어 북만주의 실질적인 지배자라고 해도 과언이 아니었다. 쌍성은 총관부가 설치된 이후 지난 99년간 조씨들이 총관, 즉 다루가치로 있었는데, 그 당시 쌍성총관 조소생은 조휘의 증손이다. 조소생은 기철에게 절대 충성을 맹약한 터였다. 그들에게 세계제국을 건설한 몽고의 위세는 영원할 것 같아 보였다.

그러나 이때 정세의 흐름을 예의 주시하고 있던 자가 있었으니, 바로 쌍성총관부의 천호 중의 하나인 이자춘이라는 자였다. 그는 조소생과 사이가 틀어지면서, 고려 황실로 통하는 줄을 대려고 필사의 노력을 하였다. 황실 내부에서도 그를 주목하기 시작했다. 마침내 이자춘은 쌍성(雙城) 일대의 천호(千戶)들을 결집하여 은밀히 고려 조정에 들어 공민왕과 독대를 할 수 있었다.

"그래, 어리석은 백성들을 다스리느라 얼마나 노고가 많았는가?"

공민왕이 친히 쌍성의 촌놈들을 어루만졌다.

"황은이 망극하옵니다."

"그래 긴히 할 말이 있다고?"

"기철이 쌍성 다루가치 조소생과 내통하고 있습니다."

"……."

공민왕은 아무 말 없이 그의 눈을 빤히 응시하였다.

"부(府)의 군사를 동원하여 폐하를 시해하려는 한다는 첩보가 있사옵니다."

"음…"

그새 눈을 지그시 감은 공민왕의 검지 손가락이 바쁘게 움직이기 시작했다.

"경은 마땅히 돌아가서 우리 백성들을 진정시키고, 만일 변란이 일어나면 마땅히 내 명령대로 하라."

한참 뒤 공민왕이 눈을 뜨며 말했다.

"성은이 망극하옵니다. 폐하."

그리고 얼마 후인 1356년 5월 18일, 공민왕은 궁궐에서 연회를 핑계로 기철 일당을 불러들였다. 평소와 다름없이 제집처럼 궁을 들어서는 기철을 향해 느닷없이 철퇴가 날아들었다. 비명 한번 못 지르고 황태자 외삼촌의 머리가 박살이 났다.

그리고 바로 그날 밤 쌍성의 천호 이자춘은 쌍성의 빗장을 풀고 성문을 열었다. 이미 철령을 넘어와 일찌감치 대기하고 있던 고려의 군사들은 쌍성을 손쉽게 접수할 수 있었다. 조소생은 처자를 버리고 이판령(伊板嶺) 북쪽 입석(立石) 땅으로 도망쳐 들어갔다.

이로써 고려는 화주(和州)·등주(登州)·정주(定州)·장주(長州)·예주(預州)·고주(高州)·문주(文州)·의주(宜州) 및 선덕진(宣德鎭)·원흥진(元興鎭)·영인진(寧仁鎭)·요덕진(耀德鎭)·정변진(靜邊鎭) 등을 수복하였다.

대개 함주(咸州) 이북의 합란(哈蘭)·홍헌(洪獻)·삼철(三撒) 지역은 본래 고려의 강토였는데, 조휘 등이 반역하여 몽고에 빼앗긴 지 무릇 99년 만에 이제 모두 수복한 것이다.

공민왕은 수복한 화주 이북의 여러 지역을 '동북면(東北面)'이라 칭하고, 이자춘의 공을 논하여 동북면 상만호(上萬戶)로 임명했다. 고작 천호에 불과했던 이자춘이 만호의 자리에 오르게 된 것이다.

그런데 주목해야 할 것이 있다. 유인우가 군사를 거느리고 철령을 지나 등주(登州)에 이르렀는데, 등주로부터 쌍성과의 거리가 200여 리였다는 것이다.[122]

쌍성총관부가 오늘날 흑룡강성 하얼빈시 쌍성구 일대이니, 그렇다면 여기서 등주는 오늘날 장춘시 일대를 말한다. 이 일대가 바로 '동북면'인 것이다.

2. 고려 장수 이성계의 동녕부 정벌

이자춘이 공민왕 쪽에 줄을 서는 당시로서는 위험천만한 도박을 하고 있었을 때, 그에게는 둘째 부인 최씨와의 사이에 스무살이 갓 넘은 아들이 하나 있었다. 그가 바로 이성계이다. 그는 당시 한씨와 결혼하여 세 살 난 아들 방우를 두고 있었다.

공민왕에게 귀부한 지 몇 년이 지나 아버지 이자춘이 죽자, 이제 세 아들의 아빠가 된 이성계는 동북면 상만호(上萬戶)의 자리를 물려받았다. 그는 화주 일대를 탈환하려는 몽고의 침략을 물리쳐 공민왕의 신

---

[122] 출처: 고려사 卷一百十一 列傳 卷第二十四 諸臣 조돈 편(仁雨率兵, 過鐵嶺, 次登州, 去雙城二百餘里).

임을 얻었고, 이를 바탕으로 군부에서 제법 세력을 쌓아가고 있었다.

서기 1370년 1월 4일 저녁 개경 서북방 쪽에 자줏빛 기운이 하늘에 가득 찼는데, 그 빛이 모두 남쪽으로 향하였다.

공민왕이 서둘러 일관을 불렀다.

"맹장(猛將)의 기운입니다."

일관이 아뢰자 공민왕이 기뻐하며 말했다.

"내가 이성계를 보냈으니, 필시 거기에 대한 반응일 것이다."

그 시각 이성계는 기병 5,000명과 보병 10,000명을 거느리고 동북면으로부터 황초령(黃草嶺)을 넘어 600여 리를 행군하여 설한령(雪寒嶺)을 지나서 다시 700여 리를 행군하여 압록강(鴨綠江)을 건너고 있었다.

1370년 1월 당시 동녕부의 천호 이오로테무르는 이성계가 온다는 말을 듣고 우라산성(亏羅山城)으로 이동해 병사들을 주둔시켰다. 험한 지형에 의지해서 항거하려는 것이었다.

이성계가 야둔촌(也頓村)에 이르자 이오로첩목아가 와서 도전하였다. 그러나 그는 이성계의 맞상대가 되지 못하였다. 그는 얼마 버티지 못하고 무기를 버리고 두 번 절하며 항복했다.

"저의 선조는 본래 고려 사람이니, 고려의 신하가 되기를 원합니다."

그는 300여 호를 거느리고 귀부를 하였다. 그 후 공민왕은 그에게 이원경(李原景)이라는 이름을 하사했다.

마침내 세계 최강 고려군은 동녕부를 에워쌌다. 성 안에서는 다루가치 고안위(高安慰)가 휘하의 군대를 거느리고 농성하며 항거하였다.

이때, 이성계가 부관의 활을 달라하여 편전(片箭)을 사용하여 쏘았다. 무려 70여 발이 모두 적들의 얼굴에 명중하였다. 성안의 기세가 꺾이자 고안위가 처자식을 버리고 밤에 밧줄을 타고 성을 내려가 도망갔다.

다음날 두목 20여 명이 무리를 이끌고 나와서 투항하니, 여러 성들이 소문을 듣고 모두 항복하였다. 이리하여 고려는 모두 10,000여 호를 얻게 되었다.

이성계가 노획한 소 2,000여 마리와 말 수백 필을 모두 본래 주인에게 돌려주자, 북방 사람들이 크게 기뻐하였고, 이로 인하여 귀순하는 자들로 인산인해를 이루었다.

그리하여 동쪽으로는 황성(皇城)에 이르고, 북쪽으로는 동녕부에 이르며, 서쪽으로는 바다에 이르고, 남쪽으로는 압록강(鴨綠江)에 이르는 지역이 모두 평정되었다.

여기서 이성계가 몽고로부터 탈환한 동녕부는 어디인가?

구글지도에서 동녕(東寧)을 검색하면, 요령성 심양시에서 동녕 거리가 포착된다. 그렇다면 이곳이 공민왕이 수복한 동녕부일까?

이번에는 기록을 살펴보자. 중국의 25사 중의 하나인 원사(元史)를 보면, 동녕로는 본래 고구려의 평양성으로 장안성이라고도 부른다고 한다(東寧路 本高句麗平壤城, 亦曰長安城). 또 동녕은 고구려 장수왕 거련[123])이 처음으로 기거를 하였던 곳이라고 한다(其王高璉始居平壤城). 그리고 왕건이 평양을 서경으로 하였다고 한다(至王建, 平壤爲西京).

그런데 장안성은 장수왕 이후 평원왕 때 이주한 고구려 마지막 도읍이다. 수양제나 당태종이 요동성을 돌파하거나 또는 우회하여 옥저도나 부여도를 통하여 북방으로 진격한 기록을 검토할 때, 고구려의 마지막 도읍지 장안성은 오늘날 중국 북경시 연경구(延慶區)일 가능성이 높다.

---

123) 거련(巨璉): 장수왕의 이름이다.

대청광여도를 보면 장안성이 있었던 장안봉의 위치를 확인할 수 있다. 위성지도를 통해 이곳을 추적해 보면, 이곳은 오늘날 북경시 북쪽 연경구로 확인된다. 동녕부는 오늘날 북경시 연경구를 중심으로 그 일대를 관할하던 행정구역이었던 것이다. 그리고 바로 여기에 고려의 서경, 즉 평양이 있었던 것으로 보인다.

일반적으로는 명나라가 원나라를 쫓아냈다고 널리 알고 있는데, 여기에는 의문이 있다. 그것은 원·명 교체기에 양국의 운명을 결정짓는 전투의 기록이 보이지 않는다는 점이다.

실제 원나라가 시린궈러 맹으로 달아난 해는 서기 1368년이다. 그런데 바로 그 해 주원장은 겨우 남경에서 명나라를 세운 정도였다. 당시 주원장의 세력이라고 해보아야 남경 일대를 겨우 장악하고 있는 정도에 불과했던 것이다.

결국 몽고를 시린궈러 맹으로 쫓아낸 것은 명나라 주원장이 아니라 고려의 공민왕이다. 쌍성총관부와 동녕부에서 벌어진 고려와 몽고의 전투는 역사의 물줄기를 바꾸어 놓기에 충분했다. 그러나 고려가 원나라를 쫓아낸 것은 역설적이게도 남경에 있던 주원장의 세력이 북상하는 것을 돕는 결과가 되었으니, 이제 거대한 역사의 회오리가 고려를 향하기 다가오고 있었다.

3. 노숙자 주원장과 철령

불세출의 영웅 공민왕이 태어나기 얼마 전인 1328년 10월, 양쯔강 바로 아래 남경(南京) 인근 한 소작농의 집에서 장차 대륙의 역사를 뒤

흔들 또 한명의 영웅이 태어났으니 그가 바로 주원장이다. 하늘은 세상에 주원장을 먼저 보냈는데, 우리 민족을 걱정해서인지 1년 6개월 쯤 후에 다시 공민왕을 내려 보냈던 것이다.

주원장의 집안은 대대로 찢어지게 가난하여, 원장의 어린 형제들은 빌어먹었는데, 결국은 자라면서 뿔뿔이 흩어지고, 주원장 자신은 열일곱 살 되는 해부터 배고픔을 해결하기 위해 스스로 머리를 깎고 탁발승을 자처하며 여기저기 떠돌아다니기 시작했다.

고려에서 공민왕이 즉위할 무렵, 강남에서는 '한산동'이라는 자가 미륵을 자처하며 소위 '홍건적의 난'을 일으키고 있었다. 이 당시까지만 해도 주원장의 노숙생활은 좀처럼 벗어날 수 없는 운명적인 굴레처럼 보였다.

그 후 몽고가 토벌군을 보내 반란을 진압하고 '한산동'을 붙잡아 죽이자, 그의 부하 중 하나인 '유복통'이라는 자가 무리를 이끌고 안휘성 보주로 달아났다. 그런데 몽고의 위세는 날로 약화되어 지방에서 통제력을 상실해 갔다. 이 틈을 타 '유복통'은 그는 안휘성 일대에서 세력을 키워나갔다. 마침내 유복통은 한산동의 아들 '한림아'를 옹립하고 송나라를 세웠다.

그런데 이때, 유복통의 부하 중에 '곽자흥'이라는 자가 있었는데, 혼란 중에 그의 딸이 어느 떠돌이와 정분을 맺고 있다는 사실을 알았다. 딸의 배가 불러오자 그는 서둘러 그 떠돌이를 불러 사위로 삼았다. 그로부터 몇 년 후 곽자흥이 죽자 주원장은 사위의 자격으로 그의 지위를 물려받게 되었다.

주원장은 '유복통'의 심복으로 성장해 나갔고, 공민왕이 쌍성총관부를 공격하던 바로 그해에는 남경을 함락시키는 공을 세웠다. 이를 계기로 주원장의 이름 석자는 강남 일대에서 서서히 알려지기 시작했다.

송나라의 위세가 커지자 유복통은 하남성 일대를 공격하기 시작했다. 그러나 원나라가 토벌군을 보내자 유복통은 다시 남쪽 강소성 일대로 쫓겨 내려갔다. 이때, 나하추라는 자가 이끄는 일부 병력은 동쪽으로 달아나다가 동북면 만호 이성계에게 저지당하기도 했다.

몽고는 유복통이 이끄는 반란군을 심각하게 생각하고 군대를 긁어모아 강소성을 공격해 왔다. 유복통이 결사 항전했지만 몽고군의 상대는 되지 못하였다. 결국 유복통은 사살되고 송나라는 패하고 말았다. 이때, 주원장은 한림아를 데리고 강서성으로 도망을 했다. 덕택에 주원장은 그 위세가 높아져 결국 송나라를 장악하게 되었다.

한편, 황하 이북에서는 공민왕이 몽고를 지속적으로 압박해 나갔다. 결국 원나라는 '시린궈러 맹'으로 도읍을 옮겼다(1368년). 이때 강남에서는 호시탐탐 야심을 키우던 주원장이 결국 한림아를 죽이더니, 겨우 명맥을 유지하던 송나라를 멸하고 남경에서 명나라를 세웠다.

그 무렵 황하 이북에서는 고려가 몽고에 대해 최후의 일격을 날리고 있었다. 서기 1370년 고려는 몽고의 다루가치 출신의 이성계를 앞세워 동녕부를 공격했던 것이다. 마침내 고려는 몽고의 침략으로 빼앗겼던 고토를 수복했다.

이 당시까지만 해도 주원장은 양쯔강 언저리를 벗어나지 못하고 있었다. 강남 일대에서는 원나라 왕실을 따르는 세력이 여전히 건재했기 때문이다. 그 후 주원장은 황하를 건너려고 하였으나, 이 역시 코케 테무르의 반격을 받아 크게 패하였다(1372년).

그리고 그로부터 10년의 세월이 지났다. 그 사이 원나라에 충성을 바치는 지방 세력은 점점 약해져 갔다. 마침내 서기 1386년 주원장이 풍승을 보내 황하를 넘어 요주를 공격하고, 그 이듬해에는 산서성 북쪽에 까지 진출하였다.

주원장은 황하를 넘어서면서 고려에 도발을 하기 시작했다. 서기 1388년 2월, 주원장은 고려의 철령에 관청을 설치하겠다고 고려에 통보했다. 일종의 선전포고가 아닌가? 이것이 소위 철령위 사건이다. 철령위를 설치하겠다는 것은 몽고로부터 빼앗은 동녕부의 이동과 쌍성 이남의 땅을 내어 달라는 것이다.

과연 명나라가 관청을 설치하려고 했던 철령은 어디에 있었을까? 이 물음에 대하여 철령이 강원도 고산군과 회양군 경계에 있는 고개라고 답하는 자들이 있다. 그러나 오늘날 남경에 도읍을 두고 북경을 향하여 잘해야 황하를 겨우 건너고 있었을 주원장이 뜬금없이 관청을 설치할 욕심으로 강원도 고산군과 회양군 이북의 땅을 내놓으라고 억지를 부렸다는 것이 도대체 말이 되는가?

▶ 철령위: 요령성 철령시

정말이지 철령은 어디에 있을까? 대청광여도가 또 정답을 말한다.

대청광여도를 살펴보면, 개원과 심양 사이에 분명 철령(鐵嶺; 鉄嶺; Tieling)을 확인할 수 있다. 즉, 철령은 오늘날 중국 요령성의 지급시로 심양(瀋陽 [沈阳])의 동북쪽 약 70km에 위치한다.

철령위 사건을 통해 우리는 최소한 오늘날 랴오허강[124] 일대가 당시 고려의 영토였다는 사실을 알 수 있다.

4. 고려의 왕경은 철령으로부터 300리에 있었다

서기 1388년 2월 야심한 밤 개경, 구중심처에서 우왕이 다과상을 사이에 두고 최영과 머리를 맞대고 있었다. 영비는 우왕의 빈잔을 채우며 근심어린 얼굴로 연신 아버지와 남편의 안색을 번갈아 살피고 있었다.

주원장이 철령위(鐵嶺衛)를 세우겠다고 도발을 해온 탓이다. 옛날 몽고와 40년 전쟁을 경험한 고려로서는 욱일승천의 기세로 황하를 넘어오는 명나라와의 일전이 피할 수 없는 운명이라는 것을 잘 알고 있었다. 그날 밤 두 사람은 은밀히 요(遼) 일대를 정벌하기로 의견을 모았다(禑與崔瑩, 密議攻遼).[125] 요(遼) 일대는 주원장이 황하를 건너 북상하는 길목에 있는 요충지였다.

다음날 날이 밝자마자 우왕은 서둘러 어전회의를 소집하였다. 곧이어 박의중은 우왕의 친서를 받들고 황하로 향했다. 박의중의 품속에 있던 친서의 내용은 다음과 같았다.

… (중략) …조종으로부터 전해 내려온 데에 구역이 정해져 있으니,

---

124) 랴오허강: 한자로는 遼河라고 하여야 하나, 원래 요하遼河는 중국과 해동의 경계인 황하를 가리키던 말이었으므로 여기서는 랴오허강이라고 표기하기로 한다.
125) 출처: 고려사 卷一百三十七 列傳 卷第五十 禑王 14年 2月.

철령(鐵嶺) 이북을 살펴보면, 역대로 문주(文州)·고주(高州)·화주(和州)·정주(定州)·함주(咸州) 등 여러 주를 거쳐 공험진(公嶮鎭)에 이르니, 원래부터 본국의 땅이었다.

　서기 1107년에 동여진이 난을 일으켜서 함주(咸州) 이북의 땅을 빼앗아 점거하니, 예종 황제께서 병사를 보내 쳐서 회복하고 함주에서 공험진 등까지 성을 쌓았다.

　서기 1258년 몽고가 여진을 정복하던 때에, 본국의 정주(定州) 출신 반란민인 탁청(卓靑), 용진현(龍津縣) 출신 조휘(趙暉)가 화주(和州) 이북 지방을 가지고 나아가 항복하였다.

　금나라의 요동(遼東) 함주로(咸州路) 부근의 심주(瀋州)에 쌍성현(雙城縣)이 있다는 것을 알고서, 본국의 함주 근처 화주의 옛날에 쌓은 작은 성 2개를 모호하게 주청하여 마침내 화주를 가지고 쌍성이라고 모칭하고, 조휘를 쌍성총관(雙城摠管)으로, 탁청을 천호(千戶)로 삼아 인민을 관할하게 하였다.

　그 후 우리나라는 1356년 경 원나라의 총관과 천호 등의 직을 혁파하고, 화주 이북을 다시 본국에 속하게 한 이후 지금에 이르기까지 주현의 관원을 임명하여 인민을 관할하게 하였다. 이는 반적으로 인하여 침탈당했다가 이를 복귀시킨 것이다.

　그런데 지금 귀국은 '철령의 이북·이동·이서는 원나라의 개원(開元)에 속하였으니, 관할하는 군민들도 요동에 속하게 하라.'라고 한다.

　그러나 철령의 산은 우리나라 왕경으로부터 불과 300리 거리에 있으며, 공험진을 변방의 경계로 삼은 것은 1, 2년이 아니다.

　… (중략) …

　항상 만수무강을 축원하노라.

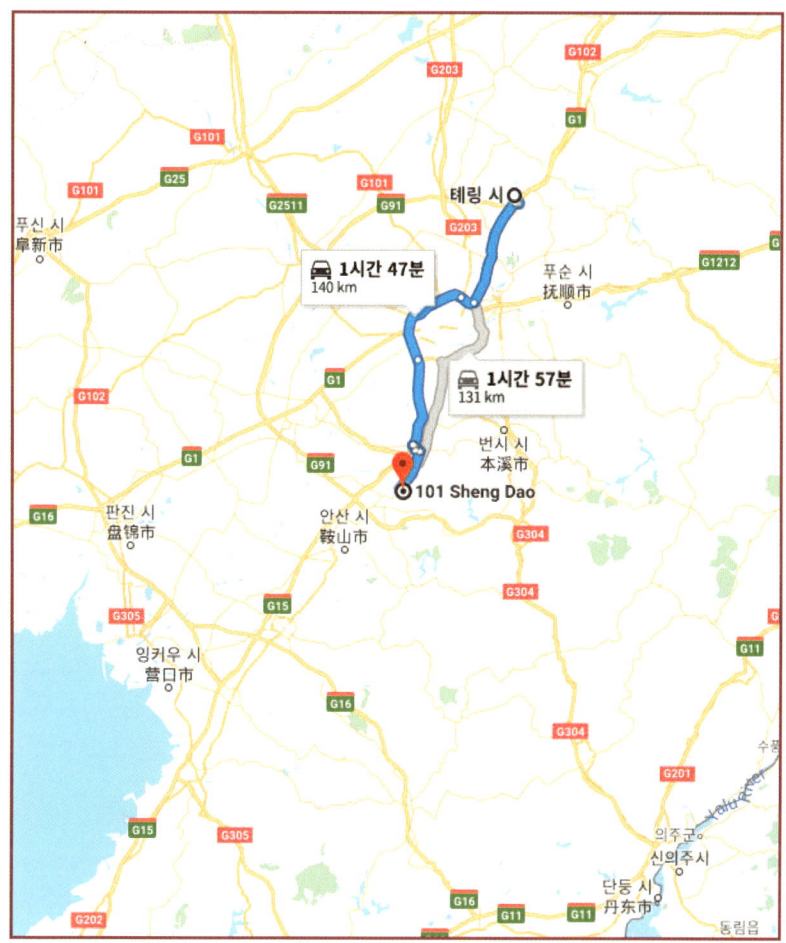

▶ 고려의 왕경: 철령으로부터 300리 이남

　우왕 국서의 내용을 통해 우리는 다음과 같은 사실을 확인할 수 있다.
　첫째 철령 이북으로부터 공험진에 이르기까지 원래 고려의 영토였다는 점, 둘째 고려 영토에 쌍성이라는 지명이 있어 원나라에서 그 이름을 따 쌍성총관부를 설치한 것이라는 점, 셋째 고려의 왕경이 철령으로부터 300리 이남에 있다라는 점 등이다.

5. 우왕의 요(遼) 정벌과 이성계의 쿠데타

우왕의 경고에도 불구하고 주원장은 왕득명을 보내 다시 시비를 걸어 왔다. 그러나 우왕은 왕득명을 만나주지 않았다.126) 왕득명이 헛되이 돌아간 뒤, 우왕은 경내 죄수들을 사면을 한 후 우현보에게 명하여 경성을 수비하도록 하고 자신은 서해도로 향했다. 영비와 최영이 그를 따랐고, 세자와 왕비들은 한양산성으로 옮겼다.127)

그리고, 우왕은 5부의 정부를 징발하여 병력을 편성하였다. 우왕과 최영은 명나라가 감히 철령위 운운하는 것을 중대한 주권침해로 간주하고, 전략적 요충지인 '요(遼)'에 대한 정벌을 전격 단행했다.

우왕은 최영을 8도도통사로 삼고 조민수와 이성계를 각각 좌군도통사와 우군도통사로 삼아 5만여 명의 정벌군을 출정시키고, 자신이 직접 평양까지 나가 출정을 독려했다(1388. 4).

여기서 고려의 공격 목표가 된 요동은 대청광여도의 붉은 원에 표시되어 있는 요주(遼州)를 말한다. 이곳은 강남에서 황하를 넘어 산서성과 하북성으로 올라오는 요충지에 있다.

서기 645년 5월 당태종이 요동성을 함락하고 요주라고 이름을 붙였는데 원래는 고구려가 건국된 졸본을 말하는 것이다(요동성, 요주 내지는 졸본에 대하여는 후술하기로 한다).

1388년 5월 마침내 좌우군이 압록강을 건너 위화도에 주둔하였다 (庚辰 左右軍渡鴨綠江, 屯威化島).128)

---

126) 출처: 고려사 卷一百三十七 列傳 卷第五十 禑王 14年 2月.
127) 출처: 고려사 卷一百三十七 列傳 卷第五十 禑王 14年 2月.
128) 출처: 고려사 卷一百三十七 列傳 卷第五十 禑王 14年 5月. 그런데 고려사는 우왕이 명하길 현지에서 참하라고 하였음에도 그치질 않았다는 사족을 붙이고 있으나(亡卒絡繹於

▶ 요동(요주)

그러나 이성계는 군사반란을 계획하고 조민수를 끌어들였다. 요주의 공격을 명받은 군인들이 위화도에서 말머리를 돌려 개경을 향하여 진격하기 시작하였다.

道, 禍令所在斬之, 不能止) 이는 고려사가 조선시대 편찬되었다는 것을 감안하면 조선 건국의 정당성을 확보하기 위한 일종의 춘추필법으로 보아야 한다.

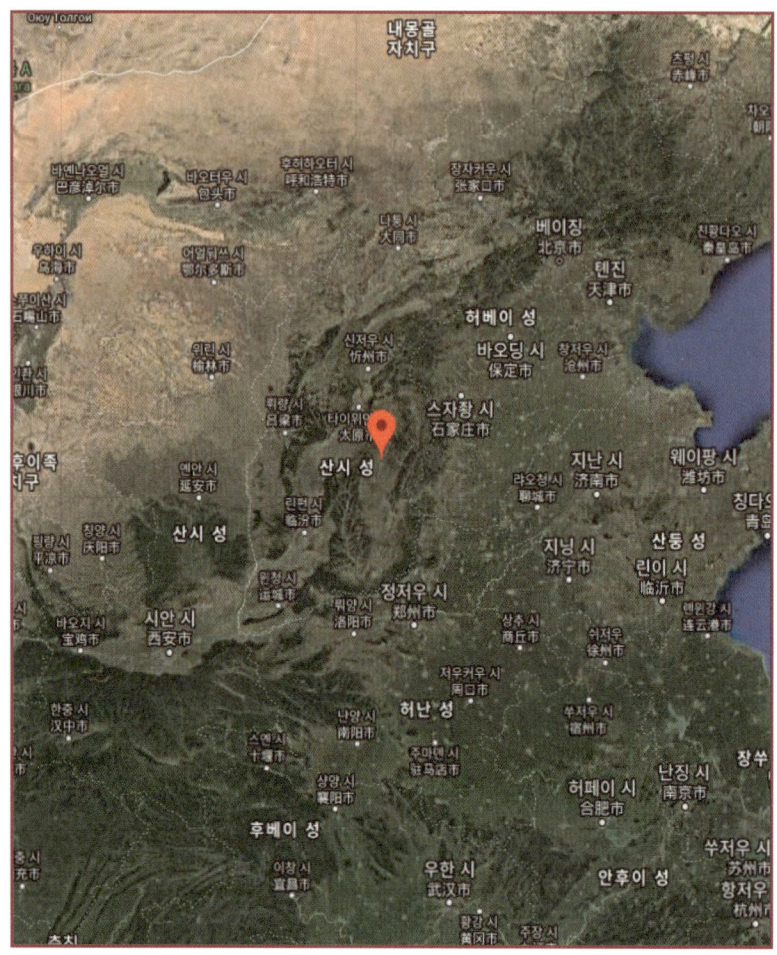

▶ 요동(산서성 진중시 유사현)

여기서 압록강 또는 위화도는 어디인가?

대부분 사람들은 압록강이 현재 북한과 중국의 국경선을 말하고, 위화도는 현재 평안북도 의주군 위화면이 위치한 하중도인 위화도로 알고 있다.

그러나 당시 요동정벌군의 공격목표가 산서성 진중시 유사현 일대인 이상 그 압록강이 오늘날과 같을 리 없다. 당시 고려 왕성의 위치가 요령성 철령시로부터 300리 이남에 있지 않았던가? 앞서 고려시대 압록강은 오늘날 북경 앞을 흐르는 영정하로 추정된다는 사실은 이미 확인한 바 있다.

어쨌든 위화도에서 회군한 반군은 밤낮으로 말을 달려 9일 만에 개경으로 들이닥쳤다. 반란군은 최영을 숙청하고 우왕을 폐위하였다. 정권을 잡은 이성계 등 군부세력들이 정도전[129] 등 신진사대부 등과 손을 잡고 왕씨들을 제거하기 시작하자, 왕건의 후예들은 필사적으로 개경을 탈출하기 시작했다.

6. 명나라 정벌의 좌절과 철령위 분쟁의 종결

서기 1367년 음력 5월 16일, 하얼빈시 쌍성구, 이성계의 다섯째 아들이 태어났다. 그가 막 태어났을 때 총관부의 성문을 열어젖힌 할아버지 이자춘은 이미 몇 해 전 죽고 없었다.

방원이 옹알이를 시작할 무렵, 늠름한 고려장수가 된 아버지 이성계의 활약은 누부셨다. 그는 동녕부를 경략하였고 그 후에는 나하추의 침입을 물리쳤다. 또 원나라의 파상공세를 모두 막았다. 왜구가 약탈을 시작하자 고려 조정에서는 이성계를 개경으로 불러 들였다. 이때 여러 형제가 있었지만 이때 겨우 열 살이 될까 말까한 방원은 주저 없이 아버지를 따라 나섰다. 개경을 향한 설레임에 들떠, 눈물로 배웅하

---

[129] 정도전(鄭道傳): 1342년~1398년 10월 6일(음력 8월 26일).

는 어머니 한씨를 돌아볼 겨를이 없었다.

촌놈 부자에게 개경은 정말이지 어리둥절할 정도로 휘황찬란한 곳이었다. 장수로서 그의 명성은 개경 바닥에 이미 자자했건만, 촌티나는 말투와 투박한 옷차림의 이성계에게 고상한 개경의 귀족들은 결코 곁을 내어주지 않았다.

그러나 당시 개경에서는 과거에 급제한 첫째 아들 방우가 이미 관직생활을 하며 자리를 잡아 가고 있었고, 정몽주, 정도전, 이색, 우현보, 권근, 성석린, 설장수, 이숭인 등 새로운 인맥들이 속속 등장하기 시작했다. 어린 방원은 편지 심부름을 하며, 당대 최고의 석학들을 접할 기회를 가지게 되었다.

그러던 어느 날 이성계는 강씨 집안의 여인을 소개받았다. 이 당시 그녀는 겨우 스물을 넘긴 나이로 둘째 아들 방과와 동갑이었지만, 성정이 당차고 두뇌가 비상했다. 이성계는 그녀와 새로운 가정을 이루었다. 귀족 강씨의 빵빵한 집안은 동북방의 촌놈 이성계의 든든한 울타리가 되어 주기에 충분했다. 한편, 어린 방원의 입장으로서는 고향에서 소식을 듣고 눈물을 흘리고 있을 어머니를 생각한다면 반발심이 들 법도 하건만, 산도적 같은 삼촌 퉁지란이나 꼬장꼬장한 스승 정도전으로부터 엄한 훈육을 받고 있던 그에게 개경 출신 강씨의 우아하고 세련된 자태는 바라보는 것만으로도 위안이 되었다.

어느덧 문무를 겸비한 유능한 청년 장수로 자라난 방원은 전쟁터에도 곧잘 아버지를 따라나섰다. 그러나 감수성이 예민한 청년 방원의 머릿속은, 아버지 이성계도 스승 정도전이 아닌 매혹적인 강씨가 자리하고 있었다. 이 무렵 쌍성에 있는 어머니 한씨의 부음이 왔다. 방원은 장례를 치르자마자 다시 개경으로 돌아왔다.

그런데 그 이듬해 요동정벌을 나섰던 아버지가 위화도에서 말머리를 돌려 개경을 들이쳤다. 고려의 신하였던 첫째 아들 방우는 아버지의 반역에 염증을 느끼고 자기 가족들을 데리고 쌍성으로 돌아가 버렸지만, 야심으로 똘똘 뭉친 방원에게 위화도 회군은 정말이지 심장이 쿵쿵 소리가 나도록 흥분되는 일이었다. 그 도도했던 개경의 귀족 자제들이 예전과는 달리 자신을 깍듯하게 대하는 새로운 일상 속에서 이 야심찬 젊은이는 바뀐 세상이 얼마나 매력적인지를 실감했다. 미래의 권력이 그의 앞으로 성큼 다가왔던 것이다.

   서기 1392년 방원은 선죽교에서 창업의 마지막 걸림돌 정몽주를 살해했다. 강씨가 결사적으로 말리지 않았더라면 방원은 그때 이미 아버지에게 맞아 죽었을는지 모른다. 사실 정적 정몽주의 제거는 두 젊은 남녀가 머리를 맞대고 기획한 합작품이었을지도 모른다.

   그해 이성계가 조선을 창업하자, 강씨는 권력의 중심으로 급부상했다. 그녀가 정비가 되었고, 1년 전 죽은 한씨는 새 왕조에서 낄 자리가 없었다. 방원의 처지 역시 생모 한씨와 다를 바 없었다. 강씨는 남편 이성계의 절대적 신임을 받고 있는 새 시대의 설계자 정도전과 손을 잡았다. 두 아이의 엄마인 강씨로서는 자신의 열 살 박이들의 장래가 더없이 중요했다. 강씨에게 방원은 그냥 자신을 믿고 따르는 수많은 가신들 중 하나에 불과했다. 한편, '입헌군주제'를 꿈꾸는 정도전으로서도 우아한 개경 출신 왕비를 쏙 빼 닮은 귀여운 어린 왕자들 중 하나를 손수 골라 자신의 손으로 '제왕학'을 교습하는 일에 매료되었다. 이미 머리가 굵은 북만주 출신의 무식한 촌뜨기를 가르치는 일에 흥미를 잃은 지 오래였다.

   그런데 서기 1396년 강씨가 겨우 마흔을 갓 넘긴 아까운 나이로 세상을 떠나면서 황실 내 권력구조에 큰 구멍이 생기게 되었다. 오랫동안 그녀의 마력에 눌려 숨죽이고 있었던 방원의 야심이 바야흐로 기지개를 켜기 시작했다.

정도전에게 일 하나가 추가되었다. 안 그래도 그는 안으로는 양인을 근간으로 하는 백성의 나라를 설계하랴 여념이 없었고, 밖으로는 '요 정벌'을 다시 추진하느라 눈코 뜰 새가 없었는데, 방원의 야심을 제어해야할 업무가 하나 더 추가되었던 것이다.

정도전은 요동정벌을 명분삼아 사병혁파를 추진했다. 방원 등 황실 곁가지들이 보유하고 있는 위험한 사병 집단은 국가안보에 위협으로 인식되어 가고 있었다. 그러나 방원 역시 더 이상 물러설 곳이 없었다. 바야흐로 왕실을 비롯한 권력 내부의 알력이 비등점을 향하여 끓어오르기 시작했다. 방원은 이제 살기 위해서라면 악마와도 서슴없이 손을 잡아야 했다. 결국 그는 사신으로 가는 하륜 등을 통해 '요정벌'을 명나라에 밀고하면서, 주원장과 내통했다.

방원의 밀고를 전해 받은 주원장은 정도전을 가리켜 '조선의 화'라고 지적하며, 그의 신병을 넘길 것을 외교경로를 통해 정식으로 요구해 왔다(1397년). 주원장의 억지는 이상하리만큼 잘 먹히고 있었다. 주원장의 모종의 지시가 방원에게 하달되었다. 개경에 어두운 기운이 감돌기 시작했다.

1398년 음력 8월 26일 밤, 정도전은 남은의 사저에서 남은, 심효생, 이직 등과 함께 희미한 등불 아래 머리를 맞대고 출정의 준비를 점검하고 있었다. 바로 그 때, 방원의 사병들이 들이닥쳤다. 방원은 정도전을 살해한 후 궁궐로 쳐들어가 어린 세자 방석을 죽이고 수많은 사람들을 도륙하였다. 그는 아버지마저 강제로 권좌에서 끌어내렸다. 이제 조선에서 그의 앞길을 막을 자는 아무도 없었다. '요정벌'은 이렇게 좌절되었다.

그런데 정도전이 죽던 바로 그 해에 방원의 정치적 후원자 주원장이 죽었다(1398년). 장손의 자격으로 주원장의 뒤를 이은 주윤문130)에게 어린 동생을 죽이고 아버지를 밀어낸 방원은 그저 패륜아에 불과했다.

방원은 할 수 없이 둘째 형을 왕위에 올리니 그가 바로 정종131)이다. 방원은 자신은 세제가 되어 다시 명나라의 눈치를 보았다. 개경의 분위기가 다시 묘하게 흘러갔다. 여기저기 눈치를 보던 넷째 형 방간이 이때구나 싶어 군사를 일으켰다. 그러나 그의 정변은 방원에게 새로운 명분을 제공했다. 방원은 반란을 간단히 진압하여 방간을 유배보내고, 내친 김에 형을 끌어내리고 서둘러 즉위하였다(1400년).

그런데 바로 이때 공교롭게도 각 지방을 영지로 받아 세력을 구축한 주원장의 아들들이 각지에서 반란을 일으켰다. 황하 이남이 내전으로 일대의 혼란에 빠졌다. 이때를 틈타 주원장의 4남 주체(朱棣)132) 역시 쿠데타를 일으켰다(1399년). 그는 마침내 남경을 점령하여 조카를 죽이고 스스로 권좌에 앉았다(1402년).

정말 천운이 아닌가? 동생을 죽이고 아비를 밀어낸 방원은 조카를 죽이고 왕위를 찬탈한 주체와 어렵지 않게 책봉을 주고받을 수 있게 되었다(1403년). 그리고 방원은 영락제 주체에게 동녕부를 내어주고 1405년 10월 한양으로 천도했다. 주체는 조선이 스스로 물러나면서 내어준 그 자리에 자금성을 짓기 시작하였다. 십 수 년이 흘러 자금성

---

130) 주윤문朱允炆: 명明 제2대 혜종惠宗 건문제建文帝이다.
131) 정종(定宗): 재위 1398년~1400년.
132) 주체朱棣: 명明 제3대 성조成祖 영락제永樂帝이다. 재위 1402년~1424년.

이 완공되자, 주체는 마침내 북경으로 도읍을 옮겼다. 이때가 서기 1421년이다. 한족이 황하를 넘어 북경까지 올라온 것은 유사 이래 이때가 처음이다.

결국 철령위로부터 촉발된 여말선초 대립과 긴장은 북경천도로 해소되었다. 이로써 새로운 국제질서에 입각한 평화체제가 향후 200년간 동북아를 지배하게 되었다.

제8부
고려의 영토 이야기

포석정은 어떻게 사적 제1호가 되었을까?
그리고 과연 강동6주와 동북9성은
어디에 있었을까?

고려의 영토 이야기

1. 삭주, 왕건과 견훤의 격전지

이번에는 10세기경으로 거슬러 올라가 보자. 10세기에 접어들면서 우리 역사는 새로운 시대를 맞게 되었으니, 사가들은 이 시대를 '후삼국시대'라고 부른다. 광활한 영토를 차지했던 신라의 세력이 약화되면서 서쪽에서는 견훤이 후백제를 세우고, 북쪽에서는 궁예가 후고구려를 세웠다.

그런데 서기 918년 6월, 후고구려 내부에서 정변이 일어났다. 궁예의 수하였던 왕건이라는 인물이 쿠데타를 일으켜 궁예를 몰아내고 황제 자리에 올랐던 것이다. 왕건은 새 나라 이름을 고려라고 하더니, 이듬해에는 도읍을 송악으로 옮기고 이 사실을 신라에 알렸다. 사태의 추이를 지켜보던 경명왕은 서기 920년 1월, 고려 태조 왕건에게 사신을 보내 수교를 요청했다.

이듬해인 서기 921년 2월, 말갈의 일파인 달고의 무리가 쳐들어 와 신라의 북쪽 변경을 약탈하였다. 신라가 구원을 요청하자, 왕건은 견권을 파견하였다. 견권은 삭주(朔州)에 주둔하고 있다가, 기병을 인솔하여 공격하여 말갈의 군대를 대파하였다. 기록에 따르면 말갈은 한 필의 말도 돌아가지 못하였다고 한다. 경명왕이 기뻐하며 사신을 파견하여 태조에게 사례하였다.

　　여기서 잠깐 생각해 볼 것이 있다. 우리가 아는 바와 같이 경상도에 신라가, 전라도에 후백제가, 경기도·강원도·평안도 일대에 고려가 있었다면, 어떻게 말갈이 신라를 쳐들어 올 수가 있었겠는가?

▶ 삭주

　　이러한 의문을 풀기 위해 먼저 신라 북쪽에 위치했던 삭주에 대해 알아보자. 삭주는 한무제가 흉노의 선우를 기습한 곳으로 널리 알려져 있다. 후술하겠지만, 사비를 함락시킨 소정방이 곧바로 달려가 공격한 고구려의 마읍이 바로 삭주이며, 나당전쟁의 격전지 중 하나이기도 하다.

　　대청광여도를 보면 '삭(朔)'이라는 지방이 마읍에 바로 인접하여 있음을 알 수 있다. 삭주는 오늘날 산서성 삭주시 삭성구 마읍촌 일대이다. 삭주시 연감을 보면 그 시의 옛 명칭이 마읍군이었다.

　　도대체 후삼국시대에서 고려시대로 이어지는 격동의 시기에 우리 민족의 영토판도는 과연 어떠했던 것인가?

2. 사적 제1호 포석정의 비밀

삭주에서 고려와 말갈이 치열하게 싸우고 있을 무렵, 신라에서는 경명왕이 죽고 그의 아우인 경애왕이 왕위에 올랐다. 당시 신라는 후백제로부터 군사적 위협에 시달리고 있었다. 경애왕은 즉위 초 곧바로 고려에 사신을 파견하여 왕건을 예방하였다.

그러나 이 당시 고려 역시 후백제에 밀리고 있었다. 후백제가 신라를 침입하였으나 고려 왕건은 즉각 구원군을 보내지 못하고 있었다. 마침내, 서기 927년 음력 11월, 신라의 왕경이 견훤의 기습을 받았다.

이때 경애왕은 왕비 및 후궁과 친척들을 데리고 포석정에서 연회를 베풀며 놀고 있어 적병이 오는 것을 모르고 있었다고 한다.

삼국사기 기록을 좀 더 살펴보자.

왕은 견훤의 기습사실을 알고 어찌할 줄을 몰랐다. 그는 왕비와 함께 후궁으로 뛰어 들어가고, 친척과 공경대부 및 사녀들은 사방으로 흩어져 달아나 숨었다. 적에게 붙잡힌 자들은 귀천을 가릴 것 없이 모두 놀라고 진땀을 흘리며 땅에 엎드려 노복이 되겠다고 빌었으나 화를 면하지 못했다.

견훤은 병사들을 풀어 공·사의 재물을 거의 모두 빼앗아 버리고 궁궐에 올랐다. 견훤은 좌우에 명을 내려 왕을 찾게 하였다.

왕은 왕비와 첩 몇을 데리고 후궁에 있다가 군영으로 잡혀갔다.

견훤은 왕을 핍박하여 자살하게 하고, 왕비를 강간하고, 그의 부하들에게는 비첩들을 강간하게 하였다.

그리고 왕의 먼 친척 동생을 세워 임시로 국사를 맡기니 이 사람이 경순왕이다.

고려의 문하시중 김부식은 왕건을 높이기 위해서라도 견훤을 뭉개야 했다. 기록에 따르면 견훤은 그야말로 악당 중의 악당이다. 기록을 액면 그대로 믿어야 할 것인지 논란을 벌인다면 시간 낭비일 뿐이다. 정작 놓치지 말아야 할 것이 따로 있다.

바로 '경애왕이 음력 11월 포석정에서 연회를 베풀었다'는 사실이다. 음력 11월이면 양력으로 12월 말 경으로 크리스마스 이브쯤 되는 때이다. 그렇다면 경애왕이 경북 경주에서 그 엄동설한에 무슨 야외 파티라도 했다는 것이 아닌가?

임진왜란 당시 가토가 입성한 문이라 하여 숭례문은 조선총독부령으로 보물 1호로 지정되었다가 보물이 국보로 이름을 바꾸면서 국보 1호가 되었고, 동대문은 고니시가 이를 통하여 입성했다하여 보물 1호가 되었는데, 포석정은 1934년 일제에 의해 사적 1호로 지정된 이래 현재에 이르고 있다. 이는 무슨 연유인가? 신라를 경주에 못 박아 두자는 뜻이 아닌가?

그러나 신라의 왕경은 적어도 크리스마스 이브파티가 야외에서 가능한 곳에 있어야 하지 않을까?

3. 신라의 영토가 고려로 이어지다

경애왕을 죽인 견훤은 경순왕을 왕위에 올리고 충성을 다짐받은 후 완산주로 돌아갔다.

견훤은 신라를 접수했지만, 왕건을 꺾어야 진정한 삼한의 주인이 될 수 있었다. 견훤은 월등한 군사력으로 왕건을 몰아붙였다. 그러나 왕건이 병산(瓶山) 아래에서 견훤과 싸워 큰 승리를 거두면서, 영안·하곡·직명·송생 등 30여 군현이 잇달아 고려에 투항하였다.

왕건이 사신을 보내 병산대첩을 알려왔을 때, 경순왕의 마음은 이미 고려로 기울고 있었다. 경순왕은 답례로 사신을 보내면서, 태조 왕건에게 신라 방문을 요청하였다.

이에 태조 왕건이 기병 50여 명을 인솔하고 신라에 들어왔다. 경순왕은 백관들과 함께 교외까지 나와 왕건을 영접하고, 함께 입궁하였다.

경순왕은 마음과 예를 다하여 임해전에서 연회를 베풀었다. 고려 태조와 신라 경순왕은 서로 마주하며 술잔을 주고받았다.

술자리가 무르익자 경순왕이 말했다.

"내가 하늘의 도움을 얻지 못하니, 점차 환란을 불러들여 견훤이 방자하게도 불의를 행하고 나의 나라를 망치고 있도. 어떠한 아픔이 이와 같을 것인가?"

경순왕은 이에 눈물을 흘리고 흐느끼기 시작했다. 좌우에서 목이 메어 울지 않는 자가 없었다. 왕건은 눈물을 흘리면서 경순왕을 위로하였다.

그리고 왕건은 신라의 왕성에서 수십 일이나 체류하였는데, 이 시기 신라 백성들의 마음 역시 왕건에게 넘어갔다.

기록에 따르면, 태조 군사들의 기강이 엄정하여, 군율을 위반하는 일이 추호도 없었으니, 경도(京都)에 사는 남녀가 서로 기뻐하며 말하였다고 한다.

"옛날 견훤이 왔을 때는 마치 승냥이나 호랑이를 만난 것 같았는데, 이제 왕공이 도착하니, 마치 부모를 만난 것 같다."

왕건이 돌아가려 하자 경순왕은 혈성까지 나가서 송별하고, 종제 유렴을 볼모로 삼아 태조를 따라 개경으로 가게 하였다.

이 시기 신라는 이미 사방의 국토가 상당 부분 고려에 넘어갔고, 그 세력이 약화되어 외교적으로도 고립되었으므로, 스스로 안정될 수 없는 지경이었다. 경순왕은 여러 신하들과 함께 태조에게 영토를 바쳐 투항할 것을 논의한 끝에, 시랑 김봉휴로 하여금 편지를 보내 태조에게 귀부를 청하였다.

마침내 경순왕이 백관을 인솔하고 왕도를 출발하여 태조에게 가는데, 향나무 수레와 구슬로 장식한 말이 30여리에 이어지며 도로를 꽉 채우고 구경꾼은 울타리를 두른 것 같았다. 태조가 교외까지 나와서 경순왕을 영접하며 위로하였다.

태조 왕건은 경순왕에게 왕궁 동쪽 가장 좋은 구역을 주며, 맏딸 낙랑 공주를 아내로 삼게 하였다. 또한 왕건은 신라의 영토를 경주라 하고, 경순왕을 정승공으로 삼아 태자보다 높은 지위에 두었으며, 녹봉으로 1천 석을 주었다.

한편, 경순왕은 사촌 여동생을 왕건에게 바쳤는데, 그 사이에서 태어난 이가 바로 현종의 아버지 안종이다. 고려 현종은 신라의 외손으로서 보위에 오르게 되었고, 이후 승계자들이 모두 그의 자손이니, 신라는 곧 고려의 외가가 된다.

신라의 법통은 그대로 고려로 흡수되어 승계되었으니, 고려는 고구려와 신라를 모두 계승한 나라가 되었다.

이는 다른 의미로는 고려가 신라의 영토를 대부분 흡수하였음을 의미한다. 그렇다면 신라의 영토는 과연 어떠했을까?

4. 황산의 승리와 고려의 영토

서기 935년 3월, 후백제에서 쿠데타가 일어났다. 견훤이 연로하여 군무와 국정에 혼미하다는 핑계로 맏아들 신검이 아비를 내쫓고 왕위를 찬탈했다. 견훤은 금산사에 유폐되어 파달 등 장사 30명의 감시를 받게 되었다.

그러나 다음 달 견훤은 금산사를 탈출했다. 자식에 의해 유폐되었던 아비는 결국 적국인 고려 행을 선택했다.

서기 935년 6월, 견훤이 송악에 도착하자 왕건은 자신보다 10살이 더 많다하여 견훤을 상부(尙父)로 부르고 별궁인 남궁을 주었으며 '정승'으로 봉해 직위를 백관들은 물론 심지어 태자인 왕무보다 위에 두었고 양주를 식읍으로 주었다.

마침내, 서기 936년 가을, 왕건은 견훤을 앞세우고 후백제 정벌에 나섰다.

삼군이 북을 울리며 앞으로 나아가자 갑자기 흰 구름이 생겼는데, 그 모양이 창검 형상으로 고려 진영 상공에서 일어나 적진을 향하여 날아갔다. 후백제 좌장군 등이 고려군 기세가 크게 성한 것을 보자, 갑옷을 벗고 창을 던져 견훤이 탄 말 앞으로 와서 항복하였다.

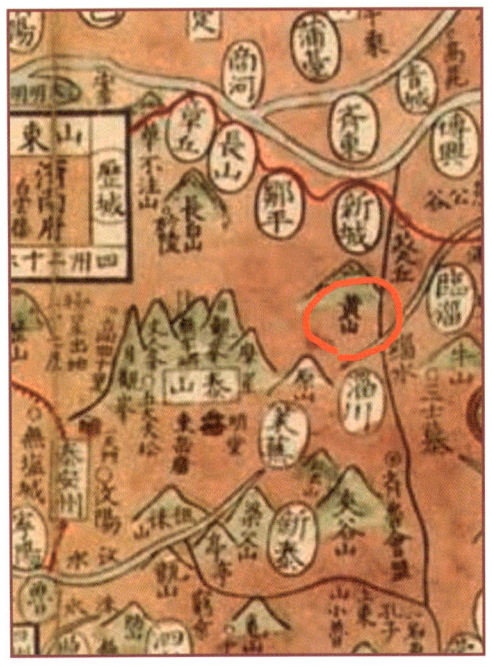
▶ 황산

이에 후백제군의 사기가 떨어졌다. 이 틈을 놓치지 않고 왕건이 대장군 공훤에게 명하여 곧바로 진격하게 하였다. 삼군이 나란히 나아가 맹렬하게 공격하자, 후백제군의 대형이 크게 무너지면서 혼란에 빠졌다.

후백제군은 황산(黃山)까지 후퇴하였다가 견디지 못하고 마침내 항복하였다.

왕건은 크게 기뻐하며 이들을 힘써 위로하고, 해당 부서에 명하여 사로잡은 후백제의 병사 3,200명을 고향으로 돌려보냈다. 또한 왕건은 신검이 참람하게도 왕위에 오른 것은 다른 사람들이 협박한 것으로, 죄가 두 아우보다 가볍고 또한 귀부하였기 때문에 특별히 죽음을 면하고 관직을 내려주었다.

이에 견훤은 근심과 번민으로 등창이 나서 며칠 후 황산(黃山)의 절에서 죽었다.

또다시 우리 역사에 황산이 등장하는 순간이다.

후술하거니와 당시 황산은 오늘날 산동성 빈주시 추평현 일대에 있었다. 276년 전 신라 김유신이 계백이 이끄는 결사대를 격파한 그곳에서, 왕건이 후백제군의 항복을 받았다니, 역사의 반복이 참으로 놀랍다.

결국, 고려는 황산 일대를 포함하여 후백제의 영토를 고스란히 집어삼키고 삼한통일의 위업을 달성했다.

5. 거란(契丹)과 요(遼)

고려는 옛 고구려 땅에서 일어난 나라이다. 고려는 신라를 흡수함으로써 '마읍'이나 '호로하' 등지에서 당나라를 물리치고 확보한 통일신라의 영토를 고스란히 차지하게 된다. 물론 옛 고구려의 영토의 상당 부분을 발해가 차지하고 있었지만, 발해가 망하자 왕건은 그 영토 상당 부분 흡수하는데 성공하게 된다.

그런데 곧바로 거란이 성장하여 고려의 라이벌로 등장했다. 왕건이 후백제를 정벌하고 삼한을 재통일한 후 얼마 지나지 않은 서기 942년 겨울 10월, 거란은 사신을 파견하여 낙타 50필을 보내왔다.

거란은 원래 선비족의 일파로 황하의 북쪽 내몽고 일대에 흩어져 살았다. 그들은 소수림왕 때 고구려 북쪽 변경을 침범하여 8개 부락을 함락시키기도 하였으나, 광개토대왕에 의하여 복속된 이래로 줄곧 고구려 백성으로 살았다. 그러나 고구려가 망하고 이후 발해가 건국되면서(698년), 거란은 따로 떨어져 나가 부침을 겪었다. 그런데 10세기에 이르자 야율아보기가 등장하여 이들을 규합하였다. 마침내 그들은 '거란'이라는 독립국가를 세웠다(916년).

거란은 건국 초에도 고려에 낙타와 말, 모직물을 보내왔으나, 왕건의 환대를 받지 못하였다(922년). 거란은 발해와도 통교를 지속하였으나 양국은 실은 대대로 원수 사이였다. 마침내 거란의 왕은 군사를 크게 일으켜 발해의 도읍 홀한성(忽汗城)을 공격하고, 발해의 마지막 황제 대인선(大諲譔)으로부터 결국 항복을 받아 냈다(926년).

왕건은 거란이 일찍이 발해와 지속적으로 화목하다가 갑자기 의심을 일으켜 맹약을 어기고 멸망시켰으니, 이는 매우 무도한 일이라며,

친선관계를 맺을 이웃으로 삼을 수는 없다고 하였다. 그는 거란의 사신 30명을 섬으로 유배 보내고, 낙타는 만부교 아래에 매어두게 하여 모두 굶겨 죽게 하였다.

그러나 왕건이 거란을 싫어한 이유는 따로 있었다. 왕건이 후백제를 정벌하는 사이 거란이 감히 연운16주를 차지한 것이 왕건의 노여움을 샀던 것이다.

연운16주를 차지한 거란은 국호를 요(遼)로 고쳤다. 거란의 국호는 요(遼)라는 지명을 딴 것이다. 한나라, 당나라, 송나라 등 많은 국가들이 지명을 따서 나라 이름을 지었다. 거란은 '요(遼)'라고 불리는 지역에 도읍이 있었던 것이니, 발해의 홀한성이 있던 곳이다. 거란과 국경을 맞대고 있었던 고려의 위치 역시 이를 통하여 짐작할 수 있다.

역사를 조금만 거슬러 올라가 보자.

서기 645년 5월 당태종은 요택을 지나 요수를 건너더니 다리를 철거하고, 마수산에 진을 치고 요동성을 공격하였다. 당태종이 요동성을 함락하고 보니, 요동성에는 주몽의 사당이 있었고, 이 사당에는 쇄갑[133]과 섬모[134]가 있었다고 한다. 그렇다면, 요동성은 고구려의 첫 번째 도읍인 졸본일 가능성이 크다. 고구려가 도읍을 옮긴 후에도 신대왕, 고국천왕, 동천왕, 중천왕 등이 졸본에 가서 제사를 지냈다는 기록이 있기 때문이다.

그런데 많은 사람들이 랴오허강 동쪽에 요동성이 있다고 알고 있다. 그러나 이는 중국이 역사를 왜곡하기 위하여 오랫동안 지명 변경을 해온 결과이지만 우리의 잘못된 영토 인식이 빚은 참극이기도 하

---

133) 쇄갑鎖甲: 쇠사슬로 장식된 갑옷.
134) 섬모銛矛: 끝이 작살 모양을 한 예리한 창.

다. 오늘날 랴오허강이 요하로 둔갑한 것은 기나긴 동북아의 역사에서 비교적 최근의 일이다.

그렇다면 요동성은 과연 어디에 있었을까?

다시 기록으로 돌아가 보자. 삼국사기에 중요한 단서가 있다. 당태종이 요동성을 요주로 개칭하였다는 것이다. 거란이 세운 요나라는 바로 이곳에 있었던 것이다.

대청광여도를 살펴보자. 산서성 남부에서 그 지역을 한눈에 찾아볼 수 있다. 바로 산서성 진중시(晋中市) 유사현(楡社县) 일대이다. 내친 김에 발해의 도읍 홀한(忽汗)의 위치도 크로스 체크해 보자. 홀한이 진중시 부근에 있었던 것으로 나오면 참 좋은 일이다. 삼국사기의 기록에 결정적인 단서가 있었다.

홀한은 음차로 졸본(卒本)을 말하는데, 고기(古記)에 따르면, 홀승골성(紇升骨城)과 졸본은 동일한 곳이다.[135] 이곳은 원래 현도군의 경내였는데, 요나라 동경의 서쪽에 위치한다(則紇升骨城卒本似一處也 玄菟郡之界 大遼國東京之西).[136]

결국 오늘날 중국 산서성 진중시 유사현 일대에 발해가 있었고, 그 후 거란이 발해의 홀한성을 함락하고, 그 자리를 차지하여, '요(遼)'라는 지명을 따 이를 국호로 사용하게 된 것이다.

마치 이교도가 차지한 팔레스타인 지방의 수복을 위해 교황의 제창 아래 기독교 국가들이 십자군 원정을 일으킨 것이나 유대인들이 수천

---

135) 출처: 삼국사기 지리편.
136) 출처: 삼국사기 지리편.

년을 떠돌다 마침내 예루살렘을 회복한 것을 감안하면, 고려에 있어 '요(遼)'는 언젠가는 다시 찾아야 할 우리 민족의 성지였던 셈이다.

6. 강동 6주와 압록강의 위치

사실 거란은 고구려의 후예임을 자부하며 고려에 우호적인 감정을 가지고 있었다. 그러나 왕건은 서기 943년 죽으면서 '거란은 금수의 나라'라는 말을 남겼다. 왕건의 유언은 이후 국가정책의 방향을 결정지었다.

당시 형세를 보자면 거란은 팽창 일로에 있었다. 거란은 산서성 일대를 중심으로 세력을 확장하여 황하를 넘어 송나라를 양쯔강 하류로 밀어붙이고 있었는데, 송나라의 선택은 뻔했다. 송나라는 중국에 우호적인 고려에 필사적으로 매달려야 했다.

거란으로서는 고려와 송나라가 군사적으로 연결되는 것을 막아야 했다. 거란은 고려에 성의를 다했으나, 결국 만부교에서 낙타가 굶어 죽으면서 그들의 외교적 옵션은 동이 났다. 서기 993년 거란의 동경유수(東京留守) 소손녕이 80만의 군사를 이끌고 쳐들어오게 된 것은 필연적인 선택이었는지도 모른다.

고려 성종은 서희를 중군사로 임명하여 그들을 막게 하고, 자신도 친히 서경으로 행차하여 안북부(安北府)까지 가서 머물렀다.

먼저 소손녕이 기세를 올리며 봉산군(蓬山郡)을 격파하였다. 서희가 군사를 이끌고 곧장 그곳으로 달려갔다. 서희를 보자 소손녕이 멀리서 소리쳤다.

"우리 요나라가 이미 고구려의 옛 땅을 모두 차지하였는데, 이제 너희나라가 국경지대를 침탈했으므로 내가 와서 토벌하는 것이다."

그리고 또 편지를 보내왔다.

"우리 요나라가 천하를 통일하였는데 귀부하지 아니한다면 기어이 소탕할 것이다. 속히 이르러 항복하고 지체하지 말라."

서희는 글을 보고 돌아가 성종에게 강화할 수 있는 여지가 있다고 아뢰었다. 성종은 이몽전을 거란 진영으로 보냈다. 소손녕은 이몽전을 향해 강화를 하려거든 빨리 와서 항복해야 할 것이라고 소리쳤다. 이몽전이 돌아오자, 성종을 중심으로 여러 신하들이 모여 회의를 열었다.

이때, 서희가 아뢰었다.

"거란의 동경으로부터 우리 안북부까지 수백 리 땅은 모두 생여진(生女眞)이 살던 곳인데, 광종 황제께서 그것을 빼앗아 가주(嘉州)·송성(松城) 등의 성을 쌓았습니다. 지금 거란이 왔으니, 그 뜻은 이 두 성을 차지하려는 것에 불과한데, 그들이 고구려의 옛 땅을 차지하겠다고 떠벌리는 것은 실제로 우리를 두려워하는 것입니다. 지금 그들의 군세가 강성한 것만을 보고 급히 서경 이북 땅을 떼어 그들에게 주는 것은 나쁜 계책입니다. 게다가 삼각산 이북도 고구려의 옛 땅인데, 저들이 한없는 욕심을 부려 요구하는 것이 끝이 없다면 우리 국토를 다 줄 수 있겠습니까? 하물며 땅을 떼어 적에게 주는 것은 만세의 치욕이오니, 원하옵건대 주상께서는 도성으로 돌아가시고, 신들에게 한 번 그들과 싸워보게 한 뒤에 다시 의논하는 것도 늦지 않습니다."

성종은 여러 신하들에게 물었다.

"누가 능히 거란의 진영으로 가서 말로써 군사를 물리쳐서 만세에 공을 남기겠는가?"

그러자 서희가 다시 나섰다.

"신이 비록 영민하지는 않지만, 어찌 감히 분부를 따르지 않을 수 있겠습니까?"

결국 서희가 성종의 친서를 받들고 소손녕의 군영으로 가게 되었다. 성종은 강어귀까지 나와서 손을 잡고 그를 배웅하였다. 적의 군영에 당도한 서희는 먼저 통역자로 하여금 상견례의 절차를 묻게 하였다. 소손녕이 말했다.

"내가 큰 조정의 귀인(貴人)이니, 마땅히 그대가 뜰에서 절해야 한다."

이런 무례가 어디에 있단 말인가? 순간 서희의 얼굴이 굳어졌다.

"신하가 군주에게 아래에서 절을 올리는 것은 예의지만, 두 나라의 대신이 서로 만나는데 어찌 이와 같이 할 수 있겠소?"

서희는 돌아와 관사에 드러누운 채 일어나지 않았다. 소손녕은 마음속으로 그를 기이하게 여기고 한발 물러섰다. 마침내 서희가 다시 군영으로 돌아와 소손녕과 뜰에서 서로 절하고 마루로 올라가 예법에 맞게 행하고 동서로 마주 앉았다.

소손녕이 말했다.

"그대 나라는 신라 땅에서 일어났고, 고구려 땅은 우리 소유인데, 그대 나라가 침범해 왔소. 그리고 우리와 국경을 접하고 있는데도 바다를 넘어 송나라와 통교하기 때문에, 오늘의 출병이 있게 된 것이오. 만약 땅을 분할해 바치고 조빙(朝聘)에 힘쓴다면, 무사할 수 있을 것이오."

이에 서희가 말했다.

"그렇지 않소. 우리나라는 바로 고구려의 옛 땅이기 때문에, 국호를 고려라 하고 서경이 도읍이 된 것이오. 만일 국경 문제를 논한다면, 요나라의 동경(東京)도 모조리 우리 땅에 있는데, 어찌 우리가 침범해 왔

다고 말하는 것이오? 게다가 압록강 안팎 또한 우리 땅인데, 지금 여진이 그 땅을 훔쳐 살면서 완악하고 교활하게 거짓말을 하면서 길을 막고 있으니, 요나라로 가는 것은 바다를 건너는 것보다 더 어렵소. 조빙이 통하지 않는 것은 여진 때문이니, 만약 여진을 쫓아내고 우리의 옛 영토를 돌려주어 성과 보루를 쌓고 도로를 통하게 해준다면, 어찌 교류를 잘 하지 않겠소? 장군께서 나의 말을 귀국의 국왕에게 전달해 준다면, 정말 감사하겠소이다."

서희의 반박은 이는 거란이 연운 16주를 탈취한 것을 두고 이른 것이니, 여기서 압록강은 오늘날 압록강이 아님은 자명하다. 사실 압록강의 위치는 역사적으로 변천해왔다. 최근에는 사학계에서도 이러한 사실을 인식하고 고려시대 압록강이 요령성 일대에 있었던 강으로 오늘날 요하라고 주장하는 견해가 유력하게 떠오르고 있다.[137] 그러나 여러 기록을 검토해보면, 이 시기 압록강은 오늘날 북경 앞을 흐르는 영정하이였을 것으로 추정된다.

소손녕은 서희의 제안을 거란 조정에 보고하였다. 그러자 거란의 왕이 이를 받아들이고 군사 행동을 중지할 것을 명했다. 이에 소손녕이 잔치를 베풀고 서희를 위로하고자 하니, 서희가 거란 진영에 7일이나 머물고 돌아왔다. 소손녕은 서희에게 낙타 10마리, 말 100필, 양 1,000마리, 비단 500필을 선물로 주었다.

성종이 크게 기뻐하며 강가에 나가 맞이하고, 즉시 박양유를 거란에 보내려 하였다. 이때, 서희가 아뢰었다.

"제가 소손녕과 약속하기를 여진을 깨끗이 평정하고 옛 땅을 수복

---

[137] 이인철, 강동6주에 대한 재고찰.

▶ 압록강: 영정하

한 뒤에야 사절을 보낼 것이라고 하였는데 이제 겨우 강 안쪽을 수복하였으니, 요청하건대 강 밖의 영토까지 획득하고 나서 보내더라도 늦지 않을 것입니다."

이듬해인 서기 994년, 서희는 여진을 쫓아냈고 장흥진(長興鎭)·귀화진(歸化鎭)과 곽주(郭州)·귀주(龜州)에 성을 쌓았다. 그리고 이듬해 다시 군사를 거느리고 안의진(安義鎭)·흥화진(興化鎭)에 성을 쌓았고, 또 그 이듬해 선주(宣州)·맹주(孟州)에 성을 쌓았다.

여기서 꼭 확인할 것이 있다. 서희는 '제가 소손녕과 약속하기를 여진을 깨끗이 평정하고 옛 땅을 수복한 뒤에야 사절을 보낼 것이라고 하였는데 이제 겨우 강 안쪽을 수복하였으니, 요청하건대 강 밖의 영토까지 획득하고 나서 보내더라도 늦지 않을 것입니다.'라고 말하고는 이듬해 강 밖의 영토까지 획득하고 나서 강동6주에 성을 쌓았다. 따라서 설령 이 강을 오늘날 압록강이라고 해석하더라도, 장흥진, 귀화진, 곽주, 귀주 안의진, 흥화진, 선주, 맹주 등은 모두 만주 일대에 있었음이 분명하다.

그런데 일제시대 조선사편수회가 조선사 37권을 편한 것을 기점으로 강동6주는 평안북도 서북 해안지대로 옮겨갔다. 청천강·영흥만 프레임 아래서 이번에는 강동6주를 때려잡은 것이다. 그럼에도 불구하고 오늘날 많은 사람들이 이를 굳게 믿고 있으니 참으로 슬픈 일이 아닐 수 없다.

7. 신라의 후예, 여진의 발흥지

거란과 고려가 서로 싸우는 사이, 건주(建州), 즉 북만주 일대를 중심으로 내몽고 일대에 웅거하던 신라인 김함보의 후손들이 세력을 확장하기 시작했다.

이들은 '여진(女眞)'이라고 불렸는데 여기서 '여진'이란 단어는 '조선

(주선)'의 북방식 발음을 음차한 것이다. 여진인들은 스스로를 김함보의 후손이라 칭하며 그들의 국가를 조선이라고 불렀다. 그들의 '조선'은 김함보의 적손 우야수가 등장하면서, 하얼빈 동남쪽 완옌부 일대에서 서서히 일어나고 있었다.

후일 이들의 후손들은 청나라를 세우고 자기들 조상에 대하여 국가적 차원에서 제법 깊은 연구를 하였는데, 그 결과가 도처에 남아있다. 그 중 하나가 청나라 왕실이 제작한 대청광여도이다. 이 지도는 당시 여진이 어디에 있었는지를 명확하게 보여준다.

다음 지도는 대청광여도의 중심을 기준으로 1/4분면의 모서리에 해당하는 동북면이다. 이를 통하여 이곳이 청나라의 영토가 아니라는 사실을 알 수 있거니와, 그래서 그런지 몰라도 이 지도의 동북면 끄트머리는 원근법이 적용된 듯 축척이 정밀하지 못하고 지명에 관한 오류도 다소 있다.

어쨌든 이를 감안하여 청나라 동북면 경계 너머를 살펴보자.

지도에서는 북산에서 발원하여 동남으로 흐르는 흑룡강이 보이고, 요령성 쪽에서 발

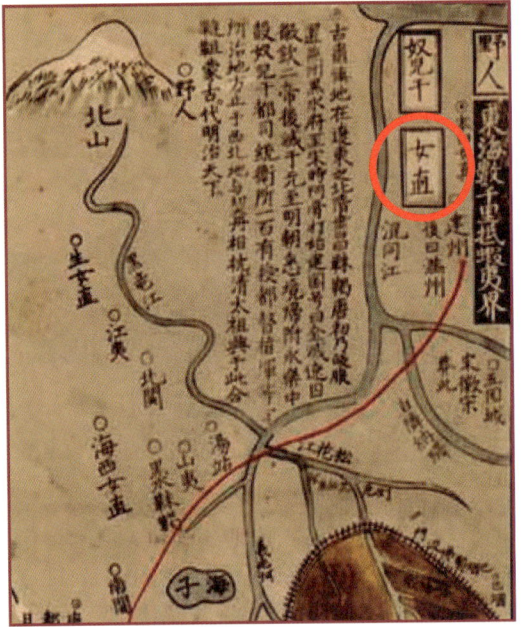
▶ 여진

원하여 동에서 서로 흐르는 송화강이 보인다. 두 강은 요령성 남쪽에서 발원하여 북쪽으로 흘러가는 혼동강에 합수되어 북쪽 바다로 빠져

▶ 여진: 중국 흑룡강성 흑하시(黑河市) 눈강현(嫩江县)

나가는 것으로 되어 있다.

그런데 오늘날 지도에 따르자면, 대청광여도에 표시된 흑룡강은 오늘날 눈하(嫩河)로 보이고, 혼돈강은 흑룡강(黑龍江; Amur)으로 보인다.

눈하(嫩河)를 품은 송화강은 동쪽으로 계속 흘러 흑룡강으로 흘러들고, 이후 오츠크해로 빠져 나감을 알 수 있다.

그러나 어쨌든 이 세 강이 바다를 향하여 달리고 만나며 하다 만들어내는 이 유역 일대가 바로 건주 즉 북만주 일대라는 사실은 분명하다.

이곳은 원래 옛 고구려의 영토로 편입되었다가 신라의 삼국통일 이후에는 신라 김씨 김함보가 일가를 이끌고 흘러들어와 살기 시작하였는데, 그로부터 수백 년이 지나 그의 후손 아골타가 이곳에서 금나라를 세워 대륙을 호령하였고, 그로부터 다시 수백 년이 지나 누르하치가 이곳에서 후금을 세워 종국에는 중국 본토를 모두 점령하여 최근 등장한 중화인민공화국의 모태가 되었던 것이다.

신라김씨들이 대대로 살았던 지역이라고 표시된 곳을 구글지도를 통해 찾아보자. 대청광여도에서 여진이라고 표시한 곳은 오늘날 중국 흑룡강성 흑하시(黑河市) 눈강현(嫩江縣)이다. 눈강현은 지금은 쇠락한 곳이지만 17세기 때에는 흑룡강성의 성도였을 정도로 번성하였었다.

8. 동북 9성과 공험진

서기 1107년, 여진의 동태가 심상하지 않다는 보고가 건주 인근 변방으로부터 고려 조정에 올라왔다.

고려는 이미 별무반이라는 특수군대를 편성하여 사태를 대비하고 있었다. 예종 황제는 그해 12월 별무반 17만 명을 중·좌·우의 3군으로 편성하고, 윤관으로 하여금 거느리게 하여 건주로 보냈다. 기록에 따르면 이때 윤관은 수군까지 동원하였다. 수군이 필요한 이유는 이 지역이 눈하(嫩河)를 비롯 송화강과 흑룡강이 만났다 헤어지기를 반복하는 곳이기 때문이었다.

얼마 후 고려 조정에는 윤관이 이끄는 별무반이 여진촌락 129개를 쳐서 4,940명을 죽이고 1,030명을 사로잡았다는 보고가 올라왔다. 이에 고려 조정에서는 여러 장수를 보내 경계를 정하고, 특히 공험진(公嶮鎭)에는 비석을 세워 고려의 경계로 삼았다. 여기서 잠깐 고려사 58권의 지리지 12권을 살펴보자. 다음은 지리편 3, 동계 중 함주에 대한 기록이다.

(고려의 경계는) 동쪽으로 화곶령(火串嶺)에 이르고, 북쪽으로 궁한령(弓漢嶺)에 이르고, 서쪽으로 몽라골령(蒙羅骨嶺)에 이르게 되었다. 윤관은 몽라골령 아래에 성곽 990칸을 쌓아 영주(英州)라 불렀고, 화곶산(火串山) 아래에 992칸을 쌓아 웅주(雄州)라 불렀고, 오림금촌(吳林金村)에 774칸을 쌓아 복주(福州)라 불렀고, 궁한촌(弓漢村)에 670칸을 쌓아 길주(吉州)라 불렀다.

이듬해인 1108년 2월에는 함주(咸州) 및 공험진(公嶮鎭)에 성을 쌓았고, 3월에 의주(宜州)·통태(通泰)·평융(平戎)의 세 성을 쌓았다.

요컨대, 영주, 웅주, 복주, 길주, 함주, 공험진, 의주, 동태, 평융 등이 바로 그 '동북 9성'이다.

그런데 학계에서는 동북 9성의 위치를 대체로 영흥만 부근으로 한정하면서, 우야수가 애걸하자 9성을 돌려주었다고 강조하니, 이는 결국 조선총독부가 설정한 청천강 영흥만 라인이라는 영토프레임이 작용한 결과이다.

과연 그럴까? 다시 고려사를 살펴보자. 고려사 열전 제9권 윤관 편에 따르면, 윤관은 영주·복주·웅주·길주·함주 및 공험진에 성을 쌓고, 드디어 공험진에 비(碑)를 세워 경계로 삼았다. 고려 영토의 북쪽 경계점을 다시 한번 확인하는 결정적인 기록이다. 여기서 공험진이 과연 어디에 있었는지는 조선왕조실록이 답을 제시한다. 세종실록 155권 지리지 경원 편의 기록을 살펴보자.

(경원에서) 큰 강은 두만강(豆滿江)과 수빈강(愁濱江)이다. 수빈강은 두만강 북쪽에 있다. 그 근원은 백두산 아래에서 나오는데, 북쪽으로 흘러서 소하강(蘇下江)이 되어 공험진·선춘령(先春嶺)을 지나 거양성(巨陽城)에 이르고, 동쪽으로 1백 20리를 흘러서 수빈강이 되어 아민(阿敏)에 이르러 바다로 들어간다.

기록을 검토하면 백두산 아래에서 나와 북쪽으로 흐르면 이는 곧 토문강을 말한다. 그렇다면 소하강은 송하강을 가리키는 것이 틀림이 없다. 송하강이 동쪽으로 흘러서 수빈강이 되어 바다로 들어가니, 수빈강은 흑룡강이다.
과연 그렇다면 여기서 공험진은 토문강이 흘러 송화강과 합류하여 동쪽으로 흐르는 지점 부근에 있으니 바로 공험진은 곧 하얼빈이 아닌가?
세종실록 155권 지리지 경원 편은 다음과 같이 이어진다.

(경원의) 사방 경계는 동쪽으로 바다에 이르기 20리, 서쪽으로 경성(鏡城) 두롱이현(豆籠耳峴)에 이르기 40리, 남쪽으로 연해(連海) 굴포(堀浦)에 이르기 12리, 북쪽으로 공험진에 이르기 7백 리, 동북쪽으로 선춘

▶ 회령(會寧): 하얼빈시 아청구(阿城区)

현(先春峴)에 이르기 7백여 리, 서북쪽으로 오음회(吾音會)의 석성기(石城基)에 이르기 1백 50리이다.

　이를 근거로 항간에는 공험진이 두만강으로부터 700여 리에 있다는 말이 회자되어 있으나 이는 오류이다. 기록을 면밀히 검토해보면, 두만강으로부터 북쪽으로 700여 리 거리에 있는 것은 경원이고, 공험진은 경원으로부터 다시 북쪽으로 올라가 700여 리 거리에 있다는 사실을 알 수 있다.

서기 1113년, 우야수가 죽자 공험진 북쪽 여진족의 부락에서 여진 부족의 대표들이 모였다. 이 작지만 역사적인 회의가 열린 곳이 바로 오늘날 중국 흑룡강성 흑하시(黑河市) 눈강현(嫩江县)임은 의심할 여지가 없다.

여기서 우야수의 아우 아골타가 추장으로 선출되었다. 추장이 된 그는 기다렸다는 듯이 부족들을 규합하고 생여진 등을 복속하여 북만주 일대를 통합하였다. 서기 1115년, 아골타는 여진족을 이끌고 회령부를 차지하여 나라를 세우고 국호를 김씨의 나라라는 의미에서 "金"이라 하였다.

앞서 설명한 바와 같이 여기서 회령(會寧)은 지금의 하얼빈시 아청구(阿城区)이다. 공험진이 바로 오늘날 하얼빈이라는 추정은 금나라의 건국기록과 맥을 같이한다.

어쨌든, 아골타가 이끄는 여진족들은 하북 일대로 쏟아져 내려왔다. 그들은 요나라를 밀어붙인 끝에 마침내 요주(遼州)를 함락하였다. 그리고 그가 죽고 이어 왕위에 오른 그의 동생 태종 김안성은 서기 1125년 마침내 요나라를 멸망시키고 중원의 패권을 차지하였다.

9. 몽고와 쌍성총관부

13세기에 접어들면, 당시 중원을 차지한 금나라와 그 동쪽의 고려가 패권을 양분한 가운데, 대륙은 비교적 평화로운 시기를 보내고 있었다. 이 시기 양쯔강 하류 끄트머리에는 송나라가 숨죽이고 있었으며 금나라의 북쪽 산서성, 감숙성 북부에는 이씨 왕조인 서하가 살며시 자리하고 있었다.

그러던 어느 날 몽고 오난강 상류에서 조그만 부족장 모임이 열렸다. 보르지긴족 출신 테무진(鐵木眞)이 초원의 여러 부족들을 공격하여 차례로 복속하고 있었기 때문이었다. '쿠릴타이'라 불리는 이 모임에서 몽고의 각 부족들은 태무진을 징기스칸(成吉思汗)으로 추대하였다(1206년).

테무진은 칸으로 추대되자마자 순식간에 몽고고원을 평정하였다. 그는 군대를 정비하고, 고원 밖으로 뻗어 나가기 시작했다. 지정학적으로 길목에 위치하는 서하가 제일 먼저 제물이 되었다. 서하의 항복을 받아낸 징기스칸은 그들을 앞장 세우고, 대동시를 거쳐 금나라를 공격하기 시작했다(1211년). 징기스칸은 태원시를 점령하더니, 마침내 금나라의 도읍인 중경(中京)을 함락하여 중원을 차지하였다(1214년).

곧이어 징기스칸은 황하를 건너 섬서성과 감숙성을 거쳐 중앙아시아 방면으로 진격하기 시작했다. 그는 카스피해 유역까지 뻗어나가 호라즘 제국을 정벌하고(1219년), 파죽지세로 더 나아가 페르시아만까지 진출하였다(1223년). 그런데 이때 서하가 배신을 했다. 분노한 징기스칸은 그들을 징벌하러 직접 나섰다가 전장에서 병사하고 말았다.

징기스칸이 죽자 그의 셋째 아들 오고타이가 칸의 지위에 올랐다.

취임하자마자 서하를 무참하게 짓밟은 오고타이는 러시아와 유럽으로 진격했다. 그의 군사들은 러시아 중부와 북부를 함락시키고, 발트해 연안까지 진격하는 한편 폴란드와 헝가리를 점령하여 지배체제를 구축했다. 그리고 마침내 오고타이는 동북아의 최강자 고려에 도전장을 냈다.

1231년 8월 29일 몽고 원수 살리타가 고려를 향하여 출격했다. 그는 함신진(咸新鎭)을 포위하고 철주(鐵州)를 도륙하였다.

급보가 속속 개경으로 올라오고 있을 무렵, 당시 실권자인 최우는 9월 2일 재상들을 자신의 집으로 소집하여 삼군을 출동시켜 몽고군을 방어할 방안을 의논하였다. 이 자리에서 고려의 지휘부는 대장군 채송년을 북계병마사로 삼고 각 지방에서 군사를 징발하여 결사 항전의 결의를 다졌다.

그 후 10월 20일에는 살리타가 이끄는 몽고군이 귀주성을 공격해 왔다. 몽고군은 성곽 200여 칸을 파괴하였으나 고려 군사들은 끝내 성을 지켜냈다.

여기서, 잠깐 확인할 것이 있다. 살리타가 포위한 함신진은 함주에 있는 진이며, 철주는 철령이 있는 지방이라는 것이다. 이는 한자만 보아도 알 수 있다. 그리고 귀주는 서희가 경략한 강동 6주의 하나라는 것이다. 이에 대하여는 이미 살펴본 바와 같다.

어쨌든 이를 시작으로 고려는 이후 세계를 제패한 몽고를 상대로 장장 40년간 치열한 전쟁을 벌였다. 특히 서기 1257년에는 몽고가 만주를 향해 쳐들어왔다.

몽고의 군사들이 용진(龍津)을 침범하자, 용진 출신 조휘라는 자와 정주 출신 탁청이라는 자가 반역을 일으켜 화주(和州) 이북 땅을 가지

▶ 쌍성총관부(화주): 하얼빈시 쌍성구

고 몽고에 귀부하였다.

　그러자 몽고는 화주에 쌍성총관부(雙城摠管府)를 설치하고, 조휘와 탁청을 소위 '다루가치'로 삼았다. 고려의 영토였던 화주 쌍성이 몽고에 속하게 된 것은 이때부터였다.

그리고 앞서 이미 설명한 바와 같이, 1270년 양국 사이에 화친이 성립한 이후 80년 만에 공민왕이 등장하여 원래 고려에 속하던 지역을 모두 수복하게 된다. 그 첫 번째 격전지가 앞서 설명한 바와 같이 쌍성총관부였던 것이다.

과연 쌍성총관부 구글지도를 통해 찾을 수 있을까? '쌍성'을 키워드로 검색해 보았더니 오늘날 흑룡강성 하얼빈시에서 쌍성구를 찾을 수 있었다. 그렇다면, 쌍성총관부는 오늘날 흑룡강성 하얼빈시 쌍성구에 있었던 것이다. 쌍성은 오늘날에도 길림성과 흑룡강성의 경계에 위치한 교통의 요지이다.

제9부
고대의 우리 영토

우리 민족이 만주와 한반도에
본격적으로 진출한 것은 언제부터일까?
그리고 그 이전 우리 민족의 영토는 어떠했을까?

고대의 우리 영토

1. 우리 고대의 영토를 찾아서

공민왕이 몽고와의 전쟁을 통해서 이전의 고려 영토를 찾아 가는 과정에서 오늘날 만주 일대를 모두 수복하였음은 이미 살펴본 바와 같다. 그런데 공민왕이 갑작스런 죽음을 맞게 된 이후, 주원장의 세력이 북상하기 시작하면서 소위 철령위 사건이 발생했다.

그리고 철령위 사건을 시작으로 역사는 위화도 회군을 거쳐 조선의 건국, 이방원(태종)의 쿠데타, 주체(영락제)의 쿠데타, 태종의 즉위, 조선의 한양 천도, 명나라의 북경 천도 등등으로 숨 가쁘게 이어졌다.

여기서 공민왕이 수복하려던 고토는 삼한을 통일한 신라가 당나라 세력을 축출한 우리의 강토였으며, 그것은 삼국시대 신라 고유의 영토에 백제의 영토를 포함한 면적에 고구려의 고토가 일부 포함된 영역이었음이 분명하다. 다만, 고구려의 옛 영토 중 일부는 또 발해가 차지하였고 그 후 거란이 세운 요나라가 일어나 발해를 멸망시키고 차지하였다. 그 후 그곳은 만주에서 일어난 여진의 금나라가 거란을 밀어내고 쟁취하였던 것이다.

한양천도 이후 우리 민족은 '만주'에 대한 향수에 젖어 통일신라의 고토에 대한 기억을 상실해갔다. 마치 만주에서 심양을 거쳐 북경으로 이주한 만주족이 강희제 때 이르러, 심양 이전의 성지 만주를 까맣게 잊어 갔던 것처럼….

주은래에 따르면 우리 민족은 한반도와 동북 대륙에 진출한 이후 오랫동안 거기서 살아왔다고 한다. 그렇다면 우리 민족이 만주와 한반도에 본격적으로 진출한 것은 언제부터일까? 그리고 그 이전 우리 민족의 영토는 어떠했을까?

초기의 고구려, 백제, 신라의 영토 그리고 이 이전 고조선의 영토 및 심지어 그 이전의 우리 신시에서 시작된 배달의 영토 등을 규명하기 위해서는 역사적 고증과 함께 인류학적 연구가 추가적으로 필요하며 이는 지난하게 어려운 작업이 될 것이다.

물론 적지 않은 분들이 각 분야에서 이러한 작업을 꾸준히 해왔고 더러 상당한 성과를 이루기도 했으나, 이에 대한 언급은 다음 기회에 미루기로 한다.

본서에서는 삼국통일의 과정을 분석하여 만주와 한반도에 본격적으로 진출하기 전 우리 민족의 영토를 추적해보기로 한다. 이는 삼국사기를 통하여 어렵지 않게 규명할 수 있으며, 그것이 바로 본서의 기획의도이기도 하다. 물론 삼국사기 초기기록을 제외하더라도 말이다.

2. 소정방과 사비성 함락

소정방, 사비성을 함락시킨 당나라 장수…. 많은 사람들이 그를 그렇게 기억하고 있다. 그런데 소정방이 사비성을 향하여 진격하는 과정은 의문투성이이다. 먼저 이에 대한 기록을 삼국사기를 중심으로 검토해보자.

서기 660년 3월, 당나라 고종은 칙명을 내려 소정방을 신구(神丘) 도행군대총관으로 삼고, 무열왕을 우이(嵎夷) 도행군총관으로 삼았다. 소정방은 그해 6월 18일, 내주(萊州)를 출발하여 곧이어 덕물도(德物島)에 도착했다. 그러자 무열왕은 태자 법민을 보내 덕물도에서 소정방을 영접하게 하였는데, 태자가 덕물도에 갔다가 돌아온 날이 6월 21일이다.

이에 무열왕은 대장군 김유신에게 정병 5만을 거느리고 가서 응원하게 하였으니, 우리가 잘 아는 황산벌 전투가 이렇게 벌어지게 되는 것이다.

그런데 여기서 일본인들은 소정방이 산동반도에서 출발하여 황해를 건넜다고 주장했고, 그들의 억지는 한국뿐만 아니라 중국에도 먹혀 들었다. 특히 그들로부터 교육받은 이들이 해방공간에서 강단권력을 움켜쥐고 아이들을 가르치면서, 결국 소정방은 사람들의 머릿속에서 '황하'가 아닌 '황해'를 건너게 되었다.

참으로 영토 프레임이 만들어낸 촌극이 아닐 수 없다. 이에 따라 내주는 산동반도에 위치해야 했고, 덕물도는 덕적도가 되어야 했다.

그런데 조금만 자세히 살펴보면, 소정방이 수십만 대군을 이끌고 황해를 건너는데 불과 3일도 걸리지 않았다는 사실을 어렵지 않게 발견할 수 있다.

서기 7세기는 모든 선박이 풍력 또는 인력 등 자연력에만 의지하던 시절이었다. 그러다 보니 당시 항해는 해류의 절대적인 영향을 받아야 했다. 항로는 극히 제한되어 있었고, 항속이라고 해봐야 채 몇 노트도 되지 않았다.

다음 그림은 동중국해의 해류지도138)이다. 여기서 보듯이 동중국해는 쿠로시오해류(Kuroshio Current)와 대마난류(Tsushima Warm Current, TWC), 대만난류(Taiwan Warm Current, TWWC)가 존재하며, 중국 연안을 따라 남하하는 중국연안류가 대만해협의 서쪽 연안을 따라 존재한다.139)

소정방이 황해를 건넜다는 시기는 여름철이다. 아래 그림 (b)는 당시 해류를 잘 보여준다. 소정방이 산동반도에서 배를 타고 한반도 서해안으로 오려면, 대만난류(Taiwan Warm Current, TWWC)를 따라 남하하다가 절강성 주산군도 부근에서 대만난류(Taiwan Warm Current, TWWC)를 만나 이를 타고 다시 한반도 서남단에서 서해안을 따라 북상하는 항로를 따라와야 한다.

당시로서는 수십만 톤 규모의 대규모 선단이 이처럼 무리한 운행을 하는 것은 가능하지도 않을뿐더러, 설령 가능하다하더라도 상당한 시일이 소요되었을 것이다.

그렇다면, 소정방이 바다를 건넜다는 주장은 도대체 어떻게 나온 것인가?

---

138) 출처: An Analysis of Oceanic Current Maps of the Yellow Sea and the East China Sea in Secondary School Science Textbooks, p. 441.
139) 출처: An Analysis of Oceanic Current Maps of the Yellow Sea and the East China Sea in Secondary School Science Textbooks.

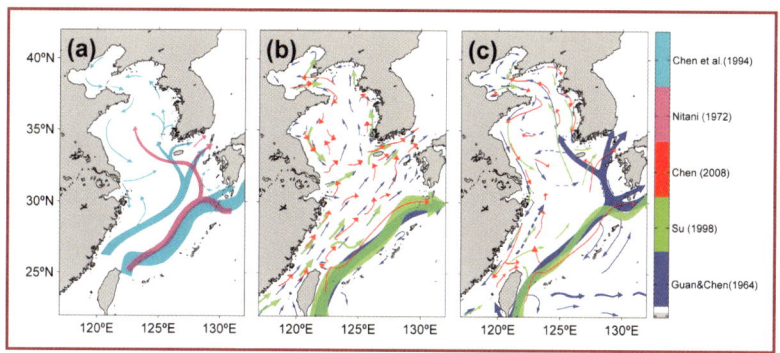

Oceanic current maps of the Yellow/East China Sea showing (a) mean currents, (b) currents in summer, and (c) currents in winter in the scientific papers (Guan and Chen, 1964: Nitani, 1972: Chen et al., 1994: Su, 1998: Chen, 2008).

삼국사기는 "소정방은 내주에서 출발하여, 물길을 따라 동쪽으로 내려오고 있었다."고 기록하고 있다.

이 기록을 두고 일본인들이 악의적으로 황해를 건넜다고 해석한 것이다. 소정방이 바다를 건넜다는 말이 어디 있는가? 과연 '이구이(一鬼)'가 아닌가?

어쨌든 그해 7월 18일, 소정방은 태자와 웅진의 방령군 등을 데리고 웅진성에서 나온 의자왕으로부터 항복을 받아 낼 수 있었다.

그리고 얼마 후인 8월 2일, 백제의 황성에서는 무열왕이 소정방과 당나라 군사들을 위해 축하연을 열었다. 소정방은 무열왕과 함께 나란하게 당상(堂上)에 자리를 잡았다. 그들은 의자와 그 아들 융을 당하(堂下)에 앉히고 술을 따르게 하였다.

그리고 9월 3일, 소정방은 백제왕과 왕족 및 신하 93명과 백성 1만 2천 명을 사비(泗沘)에서 배에 태워 당나라로 돌아갔다.

그렇다면 수십만에 달하는 소정방 일행이 다시 황해를 건너갔단 말인가?

3. 소정방과 삭주 이야기

사람들은 소정방이 사비성을 함락시키고 당나라로 돌아간 이후 무엇을 했는지 잘 알지 못한다. 그러나 삼국사기에는 소정방이 사비성을 함락시킨 이후의 행적이 제법 소상히 기록되어 있다. 물론 사람들은 여기에 관심이 없을 수도 있겠다. 그러나 사비성을 함락시킨 이후의 소정방의 행적이 우리 고대 영토의 비밀을 풀어줄 스모킹건(Smoking Gun)이라면, 귀가 번쩍 뜨이지 않을까?

사실 당나라는 고구려를 무너뜨리기 위해 장기적인 국지전을 준비했었다. 일거에 전면전을 벌여서는 결코 고구려를 이길 수 없었기 때문이었다. 당고종은 수양제나 당태종의 쓰라린 경험을 잘 알고 있었다. 당나라가 평소 사이가 좋았던 백제를 안면몰수하고 먼저 기습한 것도 사실 고구려를 고립시키려는 전략의 일환이었다.

그런데 정작 백제를 멸망시키자, 당고종은 크게 고무되어 있었다. 그는 마침내 당태종의 유언을 깜빡 잊고 또 한 번 무리수를 감행했다.

그 해 11월, 당고종은 설필하력을 패강도행군대총관으로, 소정방을 요동도행군대총관으로, 유백영을 평양도행군대총관으로, 정명진을 누방도총관으로 삼아 전격적으로 고구려를 침공했다.

소정방 부대는 패강(浿江)에서 고구려군을 격파하고, 진격을 이어갔다. 그는 마읍(馬邑)을 탈취한 끝에 마침내 평양성을 포위하였다.

여기서, 소정방이 평양성으로 나아가기 전에 함락하였다는 마읍(馬邑)은 어디 있었던 것일까?

국사편찬위원회는 소정방이 탈취하였다는 마읍이 대동강 하류 지역으로 추정한다.140) 그러나 이 역시 영토프레임이 만들어낸 코미디이다. 황해를 건너온 당나라 군대가 평양을 향해 올라왔으니 아마도 대동강 하류 지역쯤이 아닐까 하여 때려잡은 것에 지나지 않는다.

고구려 평양성이 북한의 수도 평양이라는 북한의 주장에 동조라도 하자는 것인가? 사실 북한 당국도 어이없기는 마찬가지이다. 하기야 일본인들이 만든 악랄한 영토프레임의 위력이 어찌 북한 지역이라고 비껴가겠는가? 북한은 평소 정치, 경제, 사회 등 대부분의 분야에서 친일을 청산했다고 주장한다. 그러나 주체사상이라는 이데올로기는 친일의 혐의를 씌워 사람을 죽이는 데는 효과적일 수 있으나, 그따위 정치이념으로 어찌 역사에 남겨진 36년의 얼룩을 지울 수 있겠는가? 김일성이 진시황이 될 수는 없는 일이 아닌가? 역사에 적용되는 주체사상은 무식할뿐더러 간교하다. 그들은 한 술 더 떠 자기네 평양이 고조선의 아사달이라는 일제의 주장을 답습하면서 평양 인근 강동군에 가짜 단군릉을 만들어 두고 있지 않은가?

다시 본론으로 돌아가 소정방이 평양성으로 가기 위해 빼앗아야 했던 마읍의 위치를 찾아보자. 과연 평양으로 가는 관문 마읍은 어디에 있었을까?

뜻밖에도 청나라 정부가 제작한 대청광여도에는 그 위치가 분명하게 표시되어 있다.

소정방이 평양성을 앞두고 탈취한 마을은 대동강 하류 지역이 아니라 오늘날 산서성 삭주시 삭성구 마읍촌 일대이다. 이미 살펴본 바와 같이 삭주시 연감에 따르면 삭주시의 옛 명칭이 마읍군이었다.

---

140) 출처: 이병도, 《국역 삼국사기》 6판, 을유문화사, 1986, 119쪽.

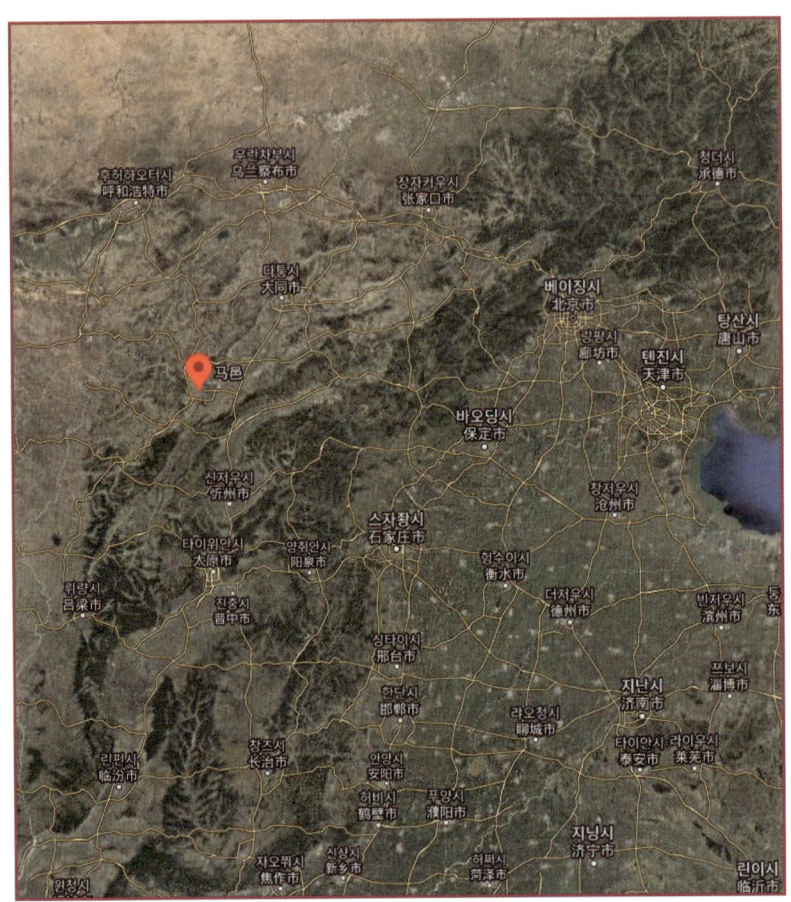

▶ 마읍-산서성 삭주시 삭성구

 한편, 마읍을 탈취한 소정방 부대가 평양성을 포위한 이후 아무도 예상하지 못한 일이 벌어졌다. 후방 사수 유역에 있던 옥저도행군의 진영에 어디에서 왔는지 돌연 연개소문이 이끄는 고구려군이 들이닥친 것이다. 사수 언덕은 순식간에 공포에 휩싸였다. 곧이어 사수언덕을 지키던 옥저도행군의 진영에 불화살이 날아들었다. 진중은 삽시에 아비규환으로 변했다. 결국 옥저도행군은 전멸하고, 총관 방효태는 그의 아들 13명과 함께 무자비하게 참살되었다.

급보를 받은 소정방은 더럭 겁이 났다. 성을 에워싸고 있다가 언제 후방으로부터 공격을 받을지 모를 일이다. 소정방은 스스로 포위를 풀고 급히 달아났다.

천신만고 끝에 황하를 다시 넘어 고향으로 돌아온 소정방은 내내 트라우마에 시달리다 불과 몇 년 후 숨을 거두었다.

4. 황산벌의 비밀

황산은 우리 역사의 비밀을 간직한 곳이다. 앞서 설명한 바와 같이 황산은 왕건이 견훤을 앞세우고 신검을 상대로 최종 승리를 거둔 곳이다. 그런데 그보다 앞선 삼국시대에도 역사의 주요한 전환점 마다 황산이 자리하고 있었다.

서기 660년 가을 7월 9일, 김유신은 5만의 군사를 이끌고 황산의 평원으로 진격하였다. 그곳에는 백제 장군 계백이 병사를 끌어 모아 험한 지형을 먼저 차지하고, 세 곳에 병영을 설치한 채 기다리고 있었다.

김유신은 군사를 등분하여 3도로 편제하고 공격을 개시하였다. 계백은 신라군을 연거푸 네 번씩이나 막아냈다. 이에 신라의 군사들은 점점 지쳐가고 있었다.

이때, 장군 흠순이 그의 아들 반굴에게 말하였다.

"신하는 충이 제일이요, 자식은 효가 제일이다. 나라가 위태로울 때 제 몸을 나라에 바치는 것이 충과 효를 모두 다하는 것이다."

그러자 반굴이 말하였다.

"삼가 명을 알아들었습니다."

그리고는 곧장 적진으로 달려들어 진력을 다하고 전사하였다.

이를 본 좌장군 품일이 여러 장수들을 가리키며 말했다.

"내 아들이 나이 겨우 열여섯이지만 기백이 제법 용감하다."

그리고 아들 관창을 불러 말 앞에 세웠다.

"네가 오늘 전투에서 삼군의 모범이 될 수 있겠는가?"

"예."

관창이 굵고 짧은 답을 마치자마자, 갑마를 타고 창 한 자루를 든 채 적진으로 돌격했다. 그러나 얼마못가 관창은 적군에게 생포되어 산 채로 계백 앞에 서게 되었다. 계백이 투구를 벗기게 하여 보니 아직 젖비린내가 나는 아이이다.

계백은 차마 죽이지 못하고 탄식하면서 말했다.

"신라와는 대적할 수 없구나. 어린아이도 오히려 이와 같으니, 하물며 장정들이야 어떻겠는가!"

계백은 그를 죽이지 않고 돌려보냈다.

관창이 돌아와 아버지에게 고하여 말했다.

"제가 적진에 들어가서 적장의 목을 베고 깃발을 뽑아 오지 못한 것은 죽음을 겁내서가 아닙니다."

관창은 말을 마치자 손으로 우물물을 한 움큼 떠서 마시고, 다시 적진으로 나아가 끝까지 싸웠다. 계백은 그를 붙잡아 머리를 베어 말안장에 매어 보냈다.

품일이 아들의 머리를 집어 들자 피가 흘러 소매를 적셨다. 품일이 말했다.

"내 아이의 얼굴이 살아있는 것 같구나. 나라를 위하여 죽을 수 있었으니 다행이로구나!"

　삼군의 군사들이 이를 보고 비분강개하여 죽음을 각오하고, 북을 치고 함성을 지르며 진격하였다. 이 뜨거운 기세에 백제군의 대오가 허물어지기 시작했다. 마침내 백제가 대패하고, 계백도 전사하였다. 김유신은 백제좌평 충상, 상영 등 20여 명을 사로잡았다.

　그런데 여기서 의문이 생긴다. 도대체 계백장군과 5천 결사대가 뼈를 묻은 황산의 벌판은 어디일까?

　국사편찬위원회는 용감하게도 충남 논산군 연산면 천호산의 개태사 주변의 들판이라는 입장이다. 그러나 이 역시 잘못 설정된 영토프레임에서 비롯된 억지이다.

　우선 황산에 대한 기록을 조금만 더 살펴보자.

　황산은 탈해왕 때, 아찬 길문이 가야 병력과 전투를 벌였던 곳이고, 지마왕이 친히 가야를 정벌하려고 지난 곳이며 그 후 미추왕이 행차한 곳이기도 하다. 신라 후기에는 김헌창의 난 때에는 헌덕왕이 진압군을 보냈는데, 명기라는 장수가 황산으로 달려가 반란군의 진로를 차단했다. 그리고 서기 837년에는 권력싸움에서 패한 김우징이 화가 미칠 것을 두려워하여, 청해진 대사 장보고에게 도망갔는데, 그가 처자와 함께 급히 배를 탄 곳이 바로 황산의 나루였다.

　미루어 짐작컨대, 황산은 신라에서 가야나 백제로 가는 길목에 있으며, 그 아래에는 황산하가 흐르고 있었을 것이다.

　그런데, 국사편찬위원회는 이번에는 뜬금없이 황산 나루가 양산·김해 사이의 낙동강에 있었을 것이라고 주장한다. 일관성이 없다.

　과연 황산은 어디에 있었을까?

　이 물음에 놀랍게도 17세기 청나라 정부에서 제작한 대청광여도가

▶ 빈주시 추평현

바로 대답한다. 이 지도를 살펴보면, 산동성 태산 인근 북동쪽에서 누구나 쉽게 황산을 찾을 수 있다.

대청광여도에 표시된 황산을 구글지도로 찾아보면, 이곳은 오늘날 중국 산동성 빈주시 추평현 학반산으로 비정된다.

서기 7세기 학반산 아래에는 치박시 림치구 서쪽 및 치천구 북서쪽으로 소청하(Xiǎoqīng Hé)가 흐르고 있었다. 계백장군의 유해를 찾고 싶으면 학반산을 찾아가야 한다.

5. 김유신과 호로하

소정방의 라이벌 김유신의 이야기를 좀 더 이어가 보자. 김유신이야말로 우리 영토의 비밀을 풀어줄 키맨이다.

그는 서기 595년에 태어났다. 소정방이 서기 592년생이니, 유신은 정방보다 3살 아래이다. 김유신은 젊은 시절 내내 변방을 누비다가, 60대 노인이 되어서야 백제정벌군의 최고사령관의 자격으로 당나라 군대의 최고사령관 소정방을 만나게 된다.

당나라의 백제정벌군 사령관 소정방은 서기 660년, 7월 9일 부총관 김인문 등과 함께 기벌포를 기습하고, 백제 수군을 단숨에 돌파하였는데 반하여, 김유신은 '황산'에서 계백의 항전을 겨우 돌파한 탓에 기일보다 며칠 늦게 당나라 병영에 도착하였다. 소정방은 신라군이 기일을 맞추지 못했다는 트집을 잡아 신라 독군 김문영을 군문에서 참하려고 하였다.

그러자 김유신이 발끈했다.

"대장군은 황산 전투를 보지도 않고, 늦게 온 것만 죄를 물으려 하는구려. 나는 죄 없이 치욕을 당할 수는 없으니, 필히 먼저 당나라와 결전을 하고 난 연후에 백제를 격파하겠소."

그는 곧 군문에서 도끼를 집어 들었다. 노기 서린 머리털이 나무처럼 곧추서고, 허리 사이의 보검이 칼집에서 저절로 튀어나올 것 같았다. 기세에 눌린 소정방은 신라 군사들의 마음이 장차 변할 수 있다 염려하여 김문영을 풀어주고 사과하였다. 소정방으로서는 첫 만남부터 기선을 제압해 보려고 하다가, 오히려 망신만 당하고 단단히 혼이 났다.

며칠 후인 7월 12일, 당나라와 신라의 군사들이 백제의 도성을 포위하기 위하여 소부리 평원으로 진격하였는데, 속 좁은 소정방은 기분이 나빠 진격하지 않았다. 김유신이 그를 달래고서야, 마침내 양군은 합세하여 네 방향에서 일제히 백제군을 몰아쳤다.

김유신의 대인적 풍모를 엿볼 수 있는 대목이다.

사실 김유신은 오늘날 신라의 천년 사직을 통틀어 가장 위대한 인물 중의 하나로 대접을 받는데 이는 당대에도 마찬가지였다. 김유신은 살아서 '태대각간'이라는 지위에 올랐고 죽어서, '흥무대왕'으로 추존되기까지 하였다.

그런데 일각에서는 고구려가 아닌 신라가 삼국을 통일한 것이 아쉽다느니 당나라까지 끌어들여 고구려를 멸망시킨 것은 우리 역사의 비극이라느니 하는 무지몽매한 주장이 있다. 실로 '대동강 원산만 프레임'이 만들어낸 또 한편의 코미디라 아니할 수 없다.

소정방과 함께 백제를 멸망시킨 이후 김유신의 행적을 살펴보면, '대동강 원산만 프레임'이 얼마나 허구인지 더 잘 알 수 있다.

백제를 멸망시키고 의자왕을 포로로 잡아 당나라로 돌아간 소정방은 그해 11월 요동도행군대총관을 맡아 고구려 정벌에 나섰음은 이미 설명한 바 있다. 그런데 이때 신라 김유신은 요동도행군의 식량지원을 떠맡아야 했다.

서기 662년 음력 2월, 김유신은 군량을 싣고 하얗게 센 수염을 휘날리며 호로하를 건너고 있었다. 그런데 행렬이 '장새'란 곳에 이르렀을 때, 날씨가 얼마나 추웠던지, 김유신 군대의 군인과 말이 다수 얼어 죽었다.

여기서 호로하는 어디일까?

용감한 국사편찬위원회는 호로하가 임진강이라고 주장한다. '대동강 원산만 라인'을 고수하려는 노력이 참으로 눈물겹다. 그러나 꽃샘추위가 아무리 심하다 한들 임진강 주변에서 군인과 말이 다수 얼어 죽었다는 것이 말이나 되는가?

임진강이 아니라면, 과연 호로하는 어디에 있었을까?

청나라에서 제작한 대청광여도가 다시 한번 큰일을 해냈다. 이 지도를 가만히 보면 오늘날 대동시 동남쪽 인근에서 호로하를 찾을 수 있다.

구글지도에 대입하여 이 강을 찾아보면, 오늘날 중국 하북성 장가구시 위현 일대를 동북으로 흐르는 '호류하'를 찾을 수 있었다. '호로'라는 단어는 어자피 음차한 고유명사로 발음에 따라 '호노', '호류' 등으로 표기되는 것은 어쩌면 당연한 일이다.

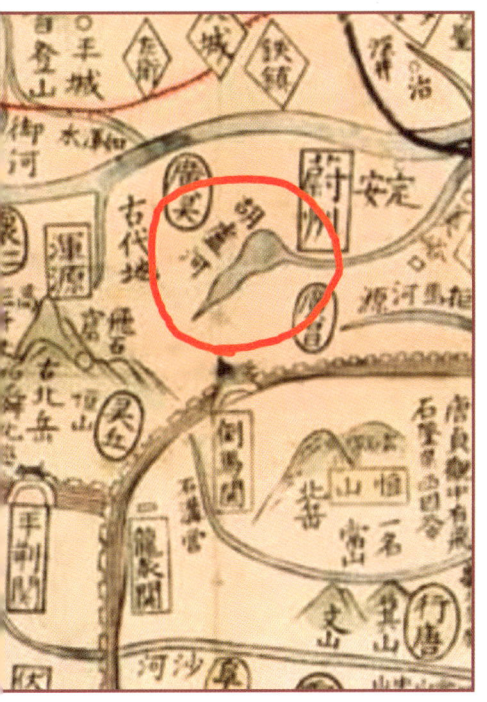
▶ 호로하: 하북성 장가구시 위현

서기 662년 2월 임진강 주변에 봄꽃이 만연하고 있을 때, 김유신의 지원부대는 식량을 말에다 옮겨 싣고 하북성 장가구시 일대를 지나고 있었던 것이다.

그리고 2월 6일, 양오에 도착한 유신은 아찬 양도와 대감 인선 등을 보내 군량을 전달하였다. 그리고, 소정방에게는 따로 은 5천 7백 푼, 가는 베 30필, 머리털 30량, 우황 19량을 선물하였다. 그러나 소정방은 이미 겁에 질려 전의를 상실하고 있었다. 결국 소정방은 군량을 얻고는 서둘러 달아나 황하를 도로 건너갔다.

한편, 김유신은 돌아오는 길에 다시 호로하를 건너다가 고구려의 공격을 받았다. 김유신은 천신만고 끝에 겨우 신라로 돌아올 수 있었다.

그렇다면 신라는 어디에 있었단 말인가? 도대체 신라의 왕경이 어디 위치하고 있었길래, 당시 신라장군 김유신이 하북성 장가구시 위현 일대를 지나갔던 것일까?

6. 문무왕과 대왕암의 진실

문무왕은 이름이 법민으로 무열왕과 김씨 문명왕후 사이의 장남이다. 어머니 문명왕후는 김서현의 막내딸로 김유신의 여동생이니, 김유신이 문무왕의 외삼촌이 된다.

삼국사기에 기록된 그의 출생은 흥미롭다.

김유신에게는 여동생이 둘 있었는데, 첫째가 보희요, 둘째가 문희였다. 어느 날 보희가 꿈에 서형산 꼭대기에 올라가 앉아서 오줌을 누었는데, 오줌이 온 나라 안에 흘렀다. 보희가 잠에서 깨서 동생 문희에게 그 꿈을 이야기하자 문희가 장난삼아 말하길, '내가 언니의 이 꿈을 사고 싶다.'고 하고, 이에 비단 치마를 주어 값을 치렀다.

며칠 후, 유신이 춘추와 더불어 축국141)을 하다가 춘추의 옷고름을 밟아 떨어뜨리고는 말하길, '우리 집이 마침 가까우니, 가서 옷고름을 답시다.'라고 하고, 이에 함께 집으로 가서 주연을 베풀고 조용히 보희를 불러 바로 바늘과 실을 가지고 와서 옷을 꿰매도록 하였으나 보희는 연유가 있어 나오지 못하고, 문희가 앞에 나와 옷을 꿰매고 고름을 달았다.

연한 화장과 가벼운 차림에 빛나는 미모는 눈이 부셨다. 춘추가 보고 반하여 혼인을 청하여 혼인식을 올리자 바로 임신하여 남자아이를 낳으니, 이 아이를 법민이라 하였다.

참으로 아름다운 이야기가 아닐 수 없다.

그런데 김춘추는 그 후 언니 보희 역시 취하여 왕비로 삼았으니, 문무왕의 입장에서는 큰 이모가 작은 엄마가 된 셈이다. 좀 더 깨는 이야기를 해보자.

서기 654년 왕위에 오른 무열왕은 그 이듬해 자신의 딸 지조를 60세의 김유신에게 시집을 보냈다. 더 충격적인 사실은 지조가 바로 김춘추와 문희의 셋째 딸이라는 점이다.

결국 김유신은 문무왕의 외삼촌이자 매제가 되는 셈인데 그야말로 엽기적이다. 그러나 오늘날 잣대로만 당시 선비족 신라 황실의 가족문화를 재단하려 하지 말자.

중요한 것은 유신과 지조 사이에서 태어난 이가 바로 역사서에 한 페이지를 장식하는 '원술'이라는 사실이고, 역사적으로 더 큰 의미가 있는 것은 문무왕이 고구려를 무너뜨리고 '삼한일통'의 위업을 달성하

---

141) 축국蹴鞠: 삼국시대 유행하던 공차기 놀이의 일종.

였다는 점이다.

그렇다면 이 당시 신라의 영토는 어떠했을까? 이를 짐작케 하는 흥미로운 기록이 있다.

서기 669년 1월, 당고종은 승려 법안을 보내 자석을 구해 보내라고 부탁을 했다. 이에 동년 5월, 문무왕이 자석 두 상자를 보냈다고 한다.

오늘날 중국은 2010년 현재 전 세계 자석 수출량의 70%를 담당하고 있고, 희토류 생산량은 97%에 달한다. 당나라가 과연 수나라에 이어 중국대륙 전체를 석권하고 있었다면, 왜 대동강·원산만 이남의 작은 나라 신라에게 자석을 구해달라는 아쉬운 부탁을 했었던 것일까?

천연자석 광산의 분포나 자석 생산 기업 및 생산량에 관한 자료를 검토해보면 신라의 강역을 추정할 수 있다. 오늘날 중국의 강소, 산동, 안휘, 요령, 하북 등지에 천연 자석광산이 분포하며 자석의 생산지 역시 이 일대에 분포한다. 신라가 이 일대를 아우르고 있었음을 추정해 볼 수 있다.

그렇다면 우리는 그동안 대동강·원산만 프레임에 갇혀 거대한 영토를 차지한 문무왕의 업적을 지나치게 폄하하고 있었던 것이 아닌가?

한편 문무왕은 그의 위업에 걸맞은 훌륭한 인격까지 갖추고 있었음이 그의 유언을 통해 확인된다.

과인은 어지러운 때에 태어난 운명이어서 자주 전쟁을 만났다. 서쪽을 정벌하고 북쪽을 토벌하여 마침내 강토를 평정하였으며, 반란을 토벌하고 제휴를 이끌어 내어 마침내 영토를 안정시켰다. 위로는 조상의 유지를 받들고 아래로는 부자(父子)의 오랜 원한을 갚았으며, 후에 전쟁 중에 죽은 자와 산 자에게 두루 상을 주었고, 안팎으로 고르게 작위를 내렸다.

　병기를 녹여 농기구를 만들어 백성들로 하여금 어질고 오래 살게 하였다. 조세를 가볍게 하고 요역을 살피니 집집마다 넉넉하고 사람마다 풍족하여, 백성들은 자기의 집을 편하게 여기고, 나라에는 근심이 없게 하였다. 창고에는 곡식이 산더미처럼 쌓이고 감옥에는 잡초가 무성하니 가히 이승과 저승을 통 털어 부끄러울 것이 없었고, 백성들에게도 빚진 것이 없다고 할 만하였다.

　과인은 선두에서 풍상을 겪다 보니 고질병이 생겼고, 정사를 고민하고 일하다 보니 더욱 병이 중하게 되었다. 운명이 다하면 이름만 남는 것이 고금의 법도이니, 홀연 죽음의 길로 되돌아가는 마당에 무슨 여한이 있으랴.

　태자는 일찍부터 독자적인 업적을 쌓아, 오랫동안 그 권위를 떨쳤다. 위로는 여러 재상들을 이끌고 아래로는 낮은 관리들까지 극진할 것이며, 죽은 자를 보내는 의리를 어기지 말고, 산 자를 섬기는 예를 잊지 말라. 종묘의 주인은 잠시라도 비어서는 안 될 것이니, 태자는 나의 관 앞에서 왕위를 계승하라.

　산과 계곡도 변하듯이 인간의 시대 역시 변하는 것이다. 오왕의 북산 무덤에서 지금 향로의 광채를 볼 수 있는가? 위왕의 서릉에서는 동작대[142]는 사라지고 동작이란 이름만 들릴 뿐이다. 옛날 세상을 주무르던 영웅도 종국에는 한 줌 흙이 되어, 나무꾼과 목동들이 그 위에서 노래하고, 여우와 토끼는 그 옆에 굴을 팔 것이다.

　따라서 헛되이 재물을 낭비하는 것은 역사서를 욕되게 하는 것이

---

142) 동작대(銅雀臺): 위나라 조조(曹操)가 업(鄴)의 북서쪽에 지은 누대(樓臺).

다. 헛되이 사람을 수고롭게 하더라도 나의 영혼을 구제할 수는 없을 것이다. 조용히 이를 생각하면 마음이 끝없이 아프지만, 이러한 것들은 내가 즐기는 바가 아니다. 숨이 끊어진 후 열흘이 되면, 창고 문밖 정원 쪽에서 불교의 법식으로 화장하라. 상복의 경중은 본래의 규정에 따르고, 장례절차는 검소하게 해야 할 것이다.

변방의 성(城)과 진(鎭)에서 금하고 있는 것과 주현(州縣)에서 부과하고 있는 세금 중에 불필요한 것은 모두 살펴서 폐지하고, 율령과 격식은 불편한 것이 있으면 즉시 바꾸고 개정하라.

이를 모든 지방에 포고하여, 백성들이 이 뜻을 알게 할지니, 다음 임금이 시행하라.

참으로 가슴 뭉클한 내용이다.

그가 죽자 여러 신하들이 유언에 따라 동해 어구 큰 바위에 장사지냈다. 세상 사람들이 전하기를 왕이 용으로 변하여 이에 따라 그 바위를 대왕석이라고 불렀다고 하였다.

그리고 천년의 세월이 더 지나면서, 희안하게도 경북 경주시 양북면 봉길리 앞 바다에 있는 돌덩어리들이 문무왕릉으로 둔갑하더니, 1967년 7월 24일에는 급기야 사적 제158호로 지정되었다.

그 후 KBS 탐사팀이 수중 돌덩어리 사이를 헤집고 다녔다. 역사적으로 아무런 의미 없는 그곳에서 무엇이 나올 수 있었겠는가?

영토 프레임이 낳은 또 한 편의 코미디가 아닐 수 없다.

7. 부여융과 부여풍 그리고 일본

부여융은 의자왕의 장남이다. 그는 615년생으로, 무열왕의 장남 문무왕 김법민이 626년생이니, 융은 법민보다 아홉 살 위다.

두 사람이 처음 만난 것은 서기 660년 7월 13일이다.

사비성이 함락된 그 날은 백제에게도 그렇거니와, 부여융 개인으로서도 가장 치욕스런 날이었다. 이날 의자왕이 좌우의 측근들을 데리고 밤을 틈타 웅진성으로 도자하자, 사비를 지키던 태자 융은 대좌평 천복 등과 함께 나와서 항복하였다.

신라 태자 법민이 백제 태자 융을 말 앞에 '쿵' 소리가 나게 꿇어앉히고 얼굴에 침을 뱉으며 꾸짖어 말했다.

"예전에 너의 아버지가 황망하게도 내 누이를 살해하여 옥중에 파묻었다. 나는 이로 인하여 20년 동안 가슴이 아프고 머리에 병이 났다. 그런데 오늘은 네 목숨이 내 손에 달렸구나!"

융은 바닥에 엎드려 아무 말도 하지 않았다. 그러나 어찌 법민이 융의 목숨을 좌우할 수 있었겠는가? 결국 부여융은 아버지 의자왕과 함께 살아서 당나라로 압송되었다.

사실 백제 황실 입장에서 보자면, 갑자기 당나라의 공격을 받게 된 상황이 황당하였다. 잘 지내던 당나라가 어느 날 뜬금없이 공격을 해왔으니 말이다. 백제와의 우호관계를 하루아침에 갑자기 배신할 줄 누가 알았겠는가? 그래서 부여융은 좌평 각가를 통해 서신을 전하여 군사를 물릴 것을 요청하고, 다시 상좌평을 시켜 선물과 음식을 후하게 보냈으며, 동생인 부여궁과 좌평 여섯 사람을 보내 소정방과 면담을 요청하지 않았던가? 소정방이 끝내 가라고 괴로이 손을 내저었다는 것은 그간 양국관계를 짐작할 만한 대목이다.

그런데 전혀 예상할 수 없었던 당나라의 기습공격으로 사비가 함락되고 의자왕까지 사로잡혔음에도, 백제가 한동안 건재하였다는 사실은 주목할 만하다. 사비성 함락 소식이 전해지자 각 지방이 들불처럼 들고 일어났다. 특히 왜왕으로 있던 의자왕의 다섯째 아들 부여풍이 군대를 이끌고 백제로 돌아와서 의자왕의 뒤를 이으면서, 백제는 부여풍을 중심으로 대당항쟁의 깃발을 높이 들었다. 얼마못가 웅진도독 유인원이 오히려 포위되어 목숨이 경각에 달리게 되었다.

그러나 당나라에게는 부여융이 있었다. 당나라는 그를 앞세워 유인궤와 함께 당나라 수군을 이끌게 하였다. 부여융이 돌아오자 백제군은 크게 흔들렸다.

마침내 당군은 백강 주둔하던 왜선 400척을 불사르고 이어 주류성을 함락시켰다. 부여풍은 다시 왜로 돌아갔다. 그리고 670년 12월 왜국이 국호를 일본으로 고쳤는데, '해돋는 곳과 가까이 있다'는 데서 그 이름을 지었다고 스스로 말하였다.143)

의자왕이 당나라에 온 직후 사망한 마당에 부여융은 자신이 백제의 유일한 승계자임을 만천하에 증명했다. 그러나 당나라가 부여융을 앞세워 백제와 왜의 연합군과 일전을 벌이는 와중에도, 신라는 지속적으로 백제의 영토를 잠식해 들어갔다.

당나라 입장에서는 이제 신라가 골칫거리로 등장하기 시작했다. 고구려를 정벌을 앞두고 서쪽 티벳고원에서는 토번이 흥기하여 괴롭히고 있는 마당에, 신라가 백제의 영토를 차지한다면 당나라에게는 큰

---

143) 출처: 삼국사기 신라본기(咸亨元年 十二月 倭國更號日本 自言近日所出以爲名).

위협이 될 것이 분명했다.

상황이 이렇게 되자 부여융의 주가는 더 올라갔다. 당고종은 부여융을 웅진도독으로 임명하고 백제의 영토를 보전하도록 하였다. 당나라는 백제를 존치시키고 신라와 더불어 화친을 맺게 함으로써 3국동맹의 틀을 만들고, 그 속에 신라를 묶어두려 하였다.

그리하여 당고종은 신라 문무왕을 압박하여 백제와 우호관계를 맺도록 강요하기 시작했다. 문무왕의 입장에서는 고구려가 아직 건재한 마당에 당나라의 요구를 마냥 무시할 수만은 없었다.

그리하여 맺어진 것이 바로 그 유명한 취리산 맹약이다.

서기 665년 가을 8월 가을 8월, 부여융은 웅진 취리산에서 법민과 두 번째 만남을 가졌다.

칙사 유인원이 배석한 이날 회동에서, 부여융은 웅진도독의 자격으로 계림도독 김법민을 만나 당당하게 양군 간 종전협정에 수결을 하였다. 그리고 이 두 사람은 흰 말을 잡아 맹세하였는데, 먼저 하늘과 땅의 신, 그리고 강과 계곡의 신에게 제사를 지낸 뒤, 피를 입가에 바르고 맹약문을 읽고 내려갔다.

지난날 백제 의자왕이 역리와 순리를 혼동하여, 이웃나라와 돈독하지 못하고 친·인척과도 화목하지 못하면서 고구려와 결탁하고 왜국과 통교하더니, 공모하여 잔악하고 포악하게도 신라를 침략하고 성읍을 약탈하여 거의 편안한 해가 없었다.

천자는 한낱 물건 하나라도 잃어버리면 안타까워하고, 무고한 백성들까지도 불쌍히 여겨, 빈번하게 사신에게 명하여 가서 화친하도록 하였으나, 지리가 험준한 것을 의지하고 거리가 먼 것을 믿어 하늘의 이치를 모욕하고 방자하기에, 황제가 버럭 성을 내면서도 공손하게 나아가 불쌍한 마음으로 정벌을 행하였으니, 군대의 깃발이 향하는 곳은 전투 한번으로 완전히 평정되었다. 그리하여 가히 궁을 못으로 만들고 집을 오물로 채워 후세에 경고하고, 그 근원을 막고 그 뿌리를 뽑아 후손에게 교훈을 내려야 마땅하였다.

그러나 복종한 자는 품고 배반한 자는 벌하는 것이 전왕의 법도이고, 망한 것을 다시 일으키고 끊어진 대를 잇게 하는 것은 옛 성인들의 보편적 규범이니, 무릇 만사는 예부터 내려오는 여러 법규를 따라야 하는 법이다. 이에 따라 전 백제대사가정경 부여융을 웅진도독으로 삼아 자기 조상의 제사를 모시게 하고, 그의 영토를 보전케 할 것이니, 신라에 의지하여 길이 우방이 될 것인바, 두 나라는 묵은 감정일랑은 버리고 우호를 맺어 서로 화친하여, 양국 모두 황제의 조칙과 명령을 따라 영원히 당의 번방으로서 복종해야 할 것이다.

이에 사신 우위위장군 노성현공 유인원을 파견하여 친히 참석하여 권유하고, 이에 교지를 선포하여 약속하도록 하니, 혼인의 예로 그것을 읽고, 그 맹세로 짐승을 잡아 피를 입가에 바름으로써, 언제나 함께 화목하고 함께 재난을 극복하고 환난을 구제하며, 마치 형제처럼 은혜로이 여겨야 할 것이며, 삼가 황제의 말씀을 받들어 감히 빠뜨리지 않도록 할 것이다.

맹세를 마친 뒤에는 모두 지조와 절개로써 함께 지켜야 할 것이니, 만약 맹세를 저버리고 변덕을 부려 병력을 일으키거나 무리를 움직이거나 변경을 침범하는 일이 발생한다면, 신명이 굽어보고 수 없는 재앙을 내릴 것이요, 자손을 기르지 못할 것이요, 나라를 보전하지 못할 것이요, 제사가 끊어질 것이니, 남는 것이 없을 것이다. 그러므로 여기에 금서철권을 만들어 종묘에 간직해 두고, 자손대대로 감히 어기거나 범하지 못하게 할 것이다.

신령이여 이를 들으시고, 받아주셔서 널리 복을 주소서.

이 글은 유인궤가 짓고 후대 역사가들에 의해 도색된 것이니, 그 내용은 당나라를 높이고 신라와 백제를 깔아뭉개는 내용이 될 수밖에 없었으리라.

어쨌든 5년만에 다시 만난 법민과 융은 피를 들이키는 절차를 마친 뒤, 제단의 북쪽 땅에 재물을 묻었다. 그리고 유인궤는 그 맹약문을 가져다 신라의 종묘에 보관하게 하였으나, 과연 문무왕이 그렇게 하였는지는 의문이다.

8. 소정방과 유인궤를 능가하는 왕문도의 축지법

취리산 맹약이 성사되자, 유인궤는 신라 사신을 비롯 백제·탐라·왜 등의 네 나라 사신을 거느리고 뱃길로 서쪽으로 돌아가 태산에 모여 제사를 지냈다. 참으로 놀라운 일이다. 소정방도 그랬지만, 유인궤 역시 황해 넘나들기를 무슨 동네 개울 건너듯 한다는 점이다.

그런데, 이 시대 황해 넘나들기를 이보다 더 한 자가 있었으니, 부여융에 앞서 웅진도독으로 임명된 왕문도란 자이다. 왕문도는 이름이 널리 아려진 인물이 아니지만, 우리 영토의 비밀을 밝혀줄 소중한 사람이다.

백제의 사비가 함락된 서기 660년으로 다시 돌아가 보자.

그해 7월 18일 의자왕의 항복을 받은 소정방은 김인문과 함께 백제왕 및 왕족, 신하 93명과 백성 1만 2천 명을 사비에서 배에 태워 당나라로 데리고 갔으니, 그날이 9월 3일이다.

한편, 사비성에는 유인원이 남아, 병력 1만을 거느리고 진을 쳤다. 신라에서는 왕자 인태와 사찬 일원과 급찬 길나가 병력 7천으로 유인원을 도와 백제의 공격에 대항하기로 되어 있었다.

마침내 9월 23일, 백제군이 사비로 곧장 쳐들어왔다.

유인원이 이끄는 나당연합군이 결사적으로 항전하였으나, 백제군은 사비의 남령(南嶺)을 점거하여 목책을 세우고 사비성을 공격하였다. 곧이어 20여 성이 이에 호응하여 추가로 군사를 보내왔다.

이 당시 당나라는 토번 문제로 골머리를 썩고 있었고 고구려와의 싸움도 계속해야 했기에 신라에 도움을 청했다. 같은 날 당고종은 왕문도를 웅진도독으로 삼아 보내면서, 웅진이 아닌 신라로 먼저 향하게 했다.

그리고 9월 23일 서안 또는 낙양을 출발한 왕문도가 그 후 신라에 도착한 것은 9월 28일이다.

기록에 따르면, 신임 웅진도독 왕문도는 동쪽을 향하여 서고, 문무왕은 서쪽을 향하여 섰는데, 왕문도가 당고종의 친서를 전한 후, 문무왕에게 선물을 주려고 하다가 갑자기 병이 도져 곧바로 사망하였다고 한다.

기록을 분석해보면, 왕문도는 당나라 왕성을 출발한지 단 5일만에 신라 왕경에 도착하여 당고종의 친서를 전하였다. 서안 또는 낙양에서 경북 경주까지 5일만에 도착한다는 것이 상식적으로 가능한 일인가?

그러한 탓에 오히려 삼국사기를 믿을 수 없다고 주장하는 자들이 있다. 이 역시 일제 강점기 당시 일본인들이 주장한 '삼국사기 초기기록 불신론'의 아종이다. 사료의 해석을 통하여 역사적 진실을 찾아가는 것이 아니라, 오히려 거꾸로 결론을 먼저 내려놓고 이에 맞추어 사료를 억지로 맞추려다 보니 앞뒤가 맞을 턱이 있겠는가?

결론적으로 소정방이나 유인궤나 왕문도는 황해를 건넌 적이 없다. 그저 배를 탔을 뿐이다. 소정방은 물길을 따라 동쪽으로 내려갔고(隨流東下), 유인궤는 바다에 배를 띄워 서쪽으로 돌아갔다(浮海西還). 그리고 왕문도는 당고종이 그저 보냈을 뿐인데(遣…王文度), 불과 5일후 신라에 나타난 것이다.

그런데 여기서 유인궤만은 바다에 배를 띄웠다고 표현하는데, 혹시 그는 소정방이나 왕문도와 달리 서해를 건너 돌아간 것이 아닐까?

이러한 의문을 뜻밖에도 어느 식당 주인이 풀어주었다. 그 식당의 주인 할머니는 해남 사람이었는데, 자신의 어린 시절의 이야기를 들려주곤 했었다.

그런데 그 노파가 말 중에 육지에서 바다를 건너야 해남을 갈 수 있다고 했다. 이게 무슨 소리인가? '영산강 아닌가요?'라고 하려다 침을 꿀꺽 삼켰다. 더러 옛 해남 사람들은 영산강 하류 일대를 '바다'로 부르고 있었던 것이니…. 고대에는 거대한 황하를 일컬어 바다로 지칭하는 경우가 허다했던 것이다.

9. 나당전쟁의 비밀, 매읍과 호로하

앞서 설명한 바와 같이 백제를 무너뜨리고 고구려를 넘보는 당나라에게 '토번'이라는 골칫거리가 있었다.

토번왕국은 오래전부터 티베트고원에 자리하고 있었다. 토번은 송짼감뽀가 제33대 짼뽀[144]에 오르면서 세력이 커지자 마침내 당나라를 공격하였다. 이에 당 태종은 (마치 몽고가 고려에게 그랬듯이) 조카딸인 문성공주를 토번에 바치고서야 겨우 서북 변경의 안정을 얻었다(641년). 그러나 당 태종이 죽고 당 고종이 즉위한 후에는 양국이 다시 화전을 거듭하였다.

곤경에 처한 당나라 입장에서는 후방을 안정시키기 위해 백제를 존치시키고 신라와 더불어 맹약을 맺게 하였으나, 신라는 당나라의 약점을 정확하게 파고들었다. 신라는 노골적으로 백제의 영토를 경략해 나갔던 것이다. 토번을 다독이느라 바빴던 당나라 입장에서는 신라를 어쩌지 못하였다. 당나라는 신라를 구슬리고 토번을 다독인 끝에 전력을 집중하여 마침내 평양성을 무너뜨렸다.

그러나 7세기 후반에 접어들면서 양국의 사이는 악화되었다. 토번은 안서 4진을 점령하여 동서 통상의 길목을 장악하였다(670년). 그러자 신라는 옛 고구려의 영토까지 넘보기 시작했다. 신라는 당나라와 전면전을 피하고 화전양면 전략을 적절히 구사하면서, 고구려의 영토를 야금야금 잠식하여 갔다.

사실이 이러함에도, 당나라가 고구려 영토를 차지하고도 백제 영토

---

[144] 짼뽀: Tsan Po, tsenpo, 贊普.

▶ 마읍과 호로하

마저 집어삼키려 하므로, 신라가 약속을 어겼다며 반발하여 일어난 것이 나당전쟁이라는 주장이 득세하고 있는데, 이것이야말로 대동강·원산만 프레임의 전형이다.

 신라는 사비성이 함락되자 지속적인 토벌을 통하여 이미 백제 영토를 모조리 집어삼켰고, 평양성이 함락되자 고구려 고토를 잠식해 들어가기 시작했다. 이에 당나라는 수차에 걸쳐 옛 고구려 땅을 침공하여 신라와 승부를 벌이게 되었으니, 그것이 바로 나당전쟁의 실체이다. 결국 신라는 나당전쟁을 승리로 이끌어 옛 고구려의 영토를 대부분 확보하게 되었다.

그런데 당시 나당전쟁의 주요 결전지가 바로 '마읍'과 '호로하'라는 점은 참으로 흥미롭다. 마읍과 호로하는 660년대 초 고당전쟁의 주요 격전지였던 고구려의 고토가 아닌가?

기록을 보면, 서기 672년 8월, 신라가 마읍성을 공격하여 당나라 군대를 무찌르고, 계속 전진하여 백수성에서도 승리를 거두었다.

또, 이듬해인 서기 673년 9월에는 당나라 군대가 신라의 북쪽 변경을 침범하였으나, 아홉 번 전투에서 신라가 모두 승리하여 2천 명을 참수하였다. 당나라 군사들은 호로하에서 물에 빠지니 익사자가 이루 셀 수도 없었다.

여기서 다시 한번 확인하거니와 마읍은 삭주시 삭성구 마읍촌 일대이고, 호로하는 장가구시 위현 일대를 동북으로 흐르는 호류하이다. 산서성과 하북성 등지에서 고당전쟁에 이어 나당전쟁이 치열하게 벌어졌던 것이다.

그 후 신라는 매소성과 기벌포에서 수십만의 당군을 몰살시킴으로써 나당전쟁을 승리로 장식했다.

그러나 일본인들이 씌워 놓은 대동강·원산만의 굴레는 너무나 큰 슬픔으로 다가 온다. 제발 매소성을 오늘날 경기도 양주라고 하지 말자. 기벌포를 충청남도 서천군 장항읍 장암동이라고 하지 말자.

10. 천문령 대전투

　신라가 소위 나당전쟁에서 승리하여 당나라를 쫓아내고 옛 고구려의 영토를 상당 부분 차지한 지 얼마 지나지 않아 대조영이라는 인물이 역사에 등장했다.
　그는 영주 계성으로부터 고구려 유민을 이끌고 홀한(忽汗)에 도착하여 성을 쌓고 도읍을 정하여 나라를 세웠다. 그는 새 나라의 이름을 대진(大震)이라 하고 연호를 천통(天統)으로 정했다.
　이 나라가 '발해'라는 이름으로 널리 알려진 우리의 나라이다. 발해의 등장은 실로 엄청난 사건이었다. 이처럼 거대한 역사의 물줄기가 전환할 때면, 무릇 그 계기가 되는 큰 사건이 있기 마련이다. 대조영이 발해를 세우게 되는 전기가 되는 역사적 사건이 바로 그 유명한 '천문령 전투'이다.
　대조영의 세력이 커지자, 당나라 측천무후[145]가 이해고를 보내 공격해 왔다. 대조영은 말갈의 장수 걸사비우, 거란의 장수 이진영과 손잡고 병력을 연합하여 천문령에서 당군을 크게 무찌르고, 고구려의 옛 땅을 차지하니 땅은 6,000리가 개척되었다.[146] 그나마 당나라에 넘어갔던 옛 고구려의 일부 지역마저 다시 우리 역사의 품으로 돌아오게 된 것이다.
　그런데 수많은 학자들이 영토프레임에 사로잡혀 천문령이 어디인지를 찾지 못한다. 발해가 당나라와 일전을 벌인 천문령은 과연 어디

---

[145] 측천무후(則天武后): 원래 당태종 이세민의 후궁이었으나 그 아들 당고종 이치의 왕비가 되어 당고종 사후 권력을 휘두르다 결국 황제의 자리에 올랐다(624년~705년).
[146] 출처: 태백일사.

에 있을까?

중국고대지명대사전에 따르면, 천문산은 강 남쪽 수무현(修武县) 서북 40리에 있다고 하였다(在河南修武县西北四十里). 수무현은 하남성 초작시에 있는 현급 행정구역이다. 수무현의 지리를 자세히 뜯어보면, 천문령은 오늘날 거치산(锯齿山)을 거쳐 대요(大凹)를 통과하는 고개라는 사실을 쉽게 확인할 수 있다.

중국고대지명대사전에 따르면 그 지세가 두 산이 대치하여 그 형상이 마치 문과 같은데, 산기슭에 백가암(百家岩)이 있다고 한다(两山对峙, 其状如门, 山麓有百家岩). 오늘날 거치산 대요를 통과하면 아래쪽으로 산기슭에 백가암(Baijia Rock)이 있는데 오늘날 수무현의 관광명소로 유명한 곳이다.

이해고가 이끄는 당나라 군대는 낙양을 출발하여 맹진에서 황하를 건너 대조영의 군대를 공격하였다. 당시 대조영은 군사를 천문령으로 후퇴하며 지형을 이용해 매복을 하고 기습공격으로 당나라의 군대를 몰살시켰다.

그 후 대조영은 천문령을 무사히 넘어 홀한에 도착하여 나라를 세웠다.

여기서 홀한이란 지명은 음차로, 졸본(卒本)을 말하는데, 홀승골성(纥升骨城)과 졸본은 동일한 곳이다(則紇升骨城卒本似一處也).147) 이곳이 바로 오늘날 산서성 진중시(晋中市) 유사현(榆社县) 일대임은 이미 설명한 바가 있다.

---

147) 출처: 삼국사기 지리편.

11. 진성여왕과 신라영토의 비밀

진성여왕은 선덕, 진덕에 이어서 여성으로는 세 번째로 신라의 왕좌를 차지한 인물이다. 그녀는 헌강왕의 누이동생으로 서기 887년에 왕위에 올랐다.

왕위에 오른 여성에 대한 역사가의 평가는 대체로 가혹하다. 먼저 선덕여왕에 대한 김부식의 논평을 보자.

논하여 말한다.

신(臣)이 듣기에 옛날에 여와씨(女媧氏)가 있었으나 정식 천자가 아니고 복희를 보좌하여 구주(九州)[148]를 다스렸을 따름이고, 여치(呂雉)[149]와 무조(武曌)[150]에 이르러서는 유약한 임금을 맞아 조정에 임하여 정무를 통제한다고 말하였지만, 사서에서 공연히 왕이라 칭하지는 아니하고, 다만 고황후 여씨니 측천왕후 무씨니 하고 기록한 것이다.

하늘의 이치로써 말하자면 곧 양(陽)은 강하고 음(陰)은 유하고, 사람의 도리로 말하자면 곧 남자는 높고 여자는 낮은 것이니, 어찌 여인의 몸으로 규방을 나와서 국사를 결정하겠는가? 신라는 여인을 모셔 왕위

---

148) 구주九州: 구주九州란 고대에 중원中原을 중심으로 분포하던 9개 지방 또는 세력을 말하는 것으로 대체로 세상 또는 천하의 뜻으로 쓰인다. 요순우대堯舜禹代에는 기冀, 연兗, 청靑, 서徐, 형荊, 양揚, 예豫, 양梁, 옹雍이며, 은나라 때에는 기冀, 예豫, 옹雝, 양揚, 형荊, 연兗, 서徐, 유幽, 영營이고, 주나라 때에는 양揚, 형荊, 예豫, 청靑, 연兗, 옹雍, 유幽, 기冀, 병幷이다. 다만, 이 시대에 殷 또는 周가 이들 모두를 장악하여 관할했다고 생각해서는 안 된다.
149) 여치呂雉: 폐후廢后 여씨呂氏(BC 241년~BC 180년)를 말한다. 여태후라고도 한다. 전한 고조의 황후이며 전한 혜제의 어머니로 고조 사후 국정을 농단했다.
150) 무조武曌: 측천무후則天武后(624년~705년)를 말한다. 당唐 태종의 후궁이자 고종의 왕후로 고종 사후 권력을 장악하여 직접 왕위에까지 올랐다.

에 두게 하였으니 진실로 이는 난세의 일이며 국가가 망하지 않은 것이 다행이다.

서경에 말하기를 '암탉이 새벽을 알린다.' 하고 역경에 말하기를 '약한 돼지가 머뭇거린다.' 하였으니 이를 가히 경계하지 않을 일이겠는가?

김부식의 진성여왕에 대한 다른 기록 역시 가혹하기로 위 논평의 태도와 별반 다르지 않다.

삼국사기의 기록에 따르면, 그녀는 원래 각간 위홍과 간통하고 있었는데, 이후 몰래 젊은 미남자 두세 명을 불러들여 음란하게 지내고, 또 그들에게 요직을 수여하여 국정을 맡기니, 이로 말미암아 아첨하는 자들이 마음대로 하고 뇌물을 주는 일을 공공연하게 행하였으며, 상벌이 공평하지 못하여 기강이 문란해졌다는 것이다.

반면, 최치원은 그녀를 성군이라고 평가했다.

그녀가 성군인지 아닌지 간에, 어쨌든 당시 나라 안에서는 원종·애노 등의 반란이 일어났고, 밖에서는 견훤과 궁예의 세력이 맹위를 떨치고 있었다. 여기에 더하여 적고적의 난이 일어나자, 진성여왕은 그야말로 궁지에 몰리게 되었다.

결국, 여왕은 조카인 태자 요에게 선위하면서, 이 사실을 그들의 혈맹인 당나라에 통보하였다. 다음은 삼국사기에 소개된 내용이다.

알린다.

희중151)의 직을 맡는 것은 짐의 본분이 아니며, 연릉152)을 지키는

---

151) 희중羲仲: 희중羲仲은 우이를 다스렸던 사람이다(출처: 상서).
152) 연릉延陵: 연릉延陵은 춘추시대 강소성江蘇省 무진현武進縣을 일컫던 말이다(출처: 사기).

것이 짐에게 맞는 방도이다.

　짐의 조카 요는 죽은 오빠 정(晸) 자식으로 나이가 열댓 살이 되었고, 자질이 가히 종실을 일으킬만하므로, 인재를 밖에서 구하지 않고 안에서 선택하여, 근일에 이미 나라일을 임시로 맡겨 국가의 재난을 수습하고 있다.

　삼국사기에 기록된 전성여왕의 국서를 분석해보자.
　일단 위 국서에서 진성여왕은 나라 사정이 어려움을 안타까워하면서 자신의 능력이 부족하여 '연릉' 정도 수비하는 것이면 몰라도, '우이' 일대까지 관할하기는 벅차다는 점을 토로하고 있다고 평가된다.
　그런데 여기서 희중이나 연릉이 무슨 뜻일까?
　먼저, '상서'에 따르면, 희중은 우이(嵎夷) 지방을 다스렸던 인물이다.153) '사기'에 따르면, 우이는 곧 청주(青州)라고 하였다.154) 청주는 고대 산동성 일대를 일컫던 이름이다. 당나라가 백제를 정벌할 때 무열왕이 맡았던 직책이 바로 우이(嵎夷) 도행군 총관이 아니었던가? 그렇다면, 우이는 곧 옛 백제의 영토이다.
　다음으로 연릉은 어디인가? 사마천의 사기는 강소성 무진현(武進縣)이 바로 춘추전국시대 연릉이라고 기록한다. 국사편찬위원회 역시 이를 그대로 차용하고 있다.
　이번에는 당시 시대상황을 고려하여 진성여왕의 국서를 다시 해석하여 보자.

---

153) 分命羲仲 宅嵎夷 曰暘谷.
154) 嵎夷, 青州也.

▶ 강소성 무진현

　　진성여왕은 서기 887년에 등극하여 897년 죽을 때까지 10년간 재위했다. 여왕의 재위가 중반에 이르자 궁예와 견훤의 세력이 맹위를 떨치며 신라를 쳐들어오기 시작했다. 특히 견훤은 서기 892년 완산주를 거점으로 후백제를 개창하고, 무진주를 복속하였다. 곧이어 궁예는 신라를 침공하여 10여 군현을 빼앗아 가기까지 했다. 바야흐로 역사는 후삼국시대로 접어들고 있었다.

그렇다면, 진성왕의 국서는 강소성 일대는 원래 신라의 영토요 산동성 지방은 원래 옛 백제의 영토인데, 이 당시 견훤 등이 봉기함에도 자신의 능력이 부족하여 진압할 수 없어 이 일대에 대한 지배권을 상당 부분 상실하고 있다는 의미로 해석된다.

특히 위 기록상 연릉은 곧 신라의 왕성인 월성을 가리키는 것이니, 신라의 왕성은 강소성 무진현에 있었던 것으로 비정된다.

서기 897년 여름에 국서를 보냈던 진성여왕이 겨울에 죽었다. 사람들은 그녀를 황산에 장사지냈다. 전성여왕의 왕릉을 찾기 위해서라도 올해에는 산동성 빈주시 추평현에 있는 학반산을 한번 찾아가 보아야겠다.

우리 영토 이야기

인쇄 2020년 8월 25일
발행 2020년 9월 1일

지은이 정희철
발행인 정희철

발행처 한국인문진흥원
등록 제2020-000186호(2019년 12월 20일)
주소 서울특별시 강남구 선릉로86길 38, 7층 323호(대치동)
전화 1566-6862
메일 telos1004@hanmail.net

정가 23,000원   ISBN 979-11-971505-0-0 [03910]

* 잘못 만들어진 책은 구입하신 곳에서 바꾸어 드립니다.

* 이 책의 무단 전재 또는 복제 행위는 저작권법에 의거,
  5년 이하의 징역 또는 5,000만 원 이하의 벌금에 처하게 됩니다.

> 이 도서는 한국출판문화산업진흥원의 '2020년 출판콘텐츠 창작 지원 사업'의 일환으로 국민체육진흥기금을 지원받아 제작되었습니다.